Das Wort ist der Schlüssel
des Herzens

和一祖大師。
西天ヨリ。
東土御太儀。
九年面壁。

Das Wort ist der Schlüssel des Herzens

Östliche Weisheiten

Herausgegeben und übersetzt
von Karl Noetzel

Anaconda

Dieser Band erschien zuerst 1946 unter dem Titel *Östliche Weisheit* bei Heinrich Bachmair in Starnberg am See. Die vier Holzschnitte stellen dar: den Buddha (Frontispiz), die Göttin Kuan-Yün (Drittes Buch), Laotse (Sechstes Buch), das Einssein mit dem All (Neuntes Buch). Orthografie und Interpunktion wurden auf neue Rechtschreibung umgestellt.

FSC
www.fsc.org
MIX
Papier | Fördert gute Waldnutzung
FSC® C083411

Penguin Random House Verlagsgruppe FSC® N001967

Die Deutsche Nationalbibliothek verzeichnet diese Publikation in der Deutschen Nationalbibliografie; detaillierte bibliografische Daten sind im Internet unter http://dnb.d-nb.de abrufbar.

Umschlagmotiv: Beautiful Batik Pattern, hafizismail / Adobe Stock
Umschlaggestaltung: Druckfrei. Dagmar Herrmann, Bad Honnef
Satz und Layout: InterMedia – Lemke e. K., Heiligenhaus
Druck und Bindung: CPI books GmbH, Leck
Printed in the EU
ISBN 978-3-7306-1142-5
www.anacondaverlag.de

MEINER LIEBEN FRAU SOPHIE
GEWIDMET

Werdet ihr in jeder Lampe Brennen
Fromm den Abglanz hohen Lichts erkennen,
Soll euch nie ein Missgeschick vermehren
Gottes Thron am Morgen zu verehren.

Goethe

Inhalt

Erstes Buch

Gehe mit deinen Gedanken um wie mit Gästen, mit deinen Wünschen wie mit Kindern.

Sei streng zu dir selber und nachsichtig zu andern – so wirst du keine Feinde haben.

Wer seinen Lehrer nicht ehrt und auch nicht seinen Schüler liebt, der irrt, mag er sonst noch so klug sein.

Gute Menschen fördern einander, auch ohne es zu ahnen.

Wenn der Pfeil das Ziel verfehlt, so gibt, der ihn abschoss, sich selber daran Schuld und keinem andern. Ebenso verfährt der Weise.

Nur die Hälfte des Weges zurückzulegen und dann schwach zu werden – das ist es, was du am meisten fürchten sollst.

Wer die Menschen kennt, ist klug, wer sich selber kennt, ist erleuchtet.

Die größten Taten gelingen dann, wenn man sie an ihrem Ursprung fasst.

Der Weg zum Ruhm geht über die Paläste, der Weg zum Glück über die Basare, der Weg zur Tugend aber führt durch die Einöden.

Wer weniger hat, als er wünscht, soll wissen, dass er immer noch weit mehr besitzt, als er verdient.

Nicht der ist arm, der wenig hat, wohl aber der, der mehr zu haben wünscht.

Wünsche nicht ebenso viel zu haben wie die andern, wünsche nicht mehr zu haben als sie – und du wirst der Weise sein.

Das Wort ist der Schlüssel des Herzens.

Bist du allein, so denke an deine eigenen Fehler, bist du in Gesellschaft, vergiss die Fehler der anderen.

Verhalte dich am Tag so, dass du des Nachts ruhig schlafen kannst; verhalte dich in deiner Jugend so, dass dein Alter voller Friede sei.

Wenn du sprichst, so sollen deine Worte besser sein als dein Schweigen.

Die Sprache des Stummen ist besser als die Sprache des Lügners.

Ein dummer Mensch sollte am besten schweigen. Wüsste er das aber, so wäre er kein dummer Mensch.

Die Worte der Wahrheit sind selten angenehm.

Die guten Menschen sind nicht streitsüchtig. Die Streitsüchtigen sind nicht gut. Die Weisen sind nicht gelehrt. Die Gelehrten sind nicht weise.

Die Verzweiflung täuscht häufiger als die Hoffnung.

Überreich ist, wer nichts zu verlieren hat.

Denke so, als könnte jeder sehen, was in deiner Seele vor sich geht.

Nur mit den Augen anderer kann man seine eigenen Fehler erschauen.

Wenn die Menschen sich mit der Wissenschaft beschäftigen für sich selber, so ist dieses Wissen nützlich für sie. Wenn sie es aber tun, nur um gelehrt zu erscheinen, so ist diese Gelehrsamkeit nicht nur nutzlos, sondern schädlich.

Man kann keine Unwahrheit behaupten, ohne eine andere Unwahrheit hinzuzufügen.

Gerechtigkeit ist die einzige Münze, die überall gilt.

Wir alle sind die Folge dessen, was wir denken.

Um sittliche Vollkommenheit zu erlangen, muss man vor allem besorgt sein um die Reinheit der Seele. Die Reinheit der Seele wird aber nur erlangt, wenn das Herz die Gerechtigkeit sucht und der Wille nach Heiligkeit strebt. Und das alles hängt ab vom wahren Wissen.

Du fragst, auf welchem Weg du innere Freiheit erlangst? Dazu musst du selbst das Gute unterscheiden lernen und es nicht unterscheiden nach dem Urteil der Masse.

Der Weise sucht alles in sich, der Tor in andern.

Wenn in dir der Wunsch nicht mehr lebt, das Böse zu tun, und du auch keine Selbstliebe mehr besitzt, so gibt es keine edle Tat, deren du nicht fähig wärest.

So viel Gutes du auch tust, es bleibt immer noch mehr zu tun übrig.

Auf der Wanne des Königs Tschingtschang waren diese Worte eingegraben: »Jeden Tag erneuere dich von Grund auf. Tue das von Neuem und immer wieder von Neuem!«

Arbeite an der Reinigung deiner Gedanken: Wenn du keine schlechten Gedanken mehr hast, so wirst du auch keine schlechten Taten mehr begehen.

Menschen mit großer und schöner Seele sind immer ruhig und zufrieden!

Die Bescheidenheit der wahrhaft guten Menschen äußert sich im Vergessen: Sie sind so ganz erfüllt von dem, was sie gerade tun, dass sie völlig außer Acht lassen, was sie bereits getan haben.

Sorgt euch um die Dinge, bevor sie noch da sind. Führt die Ordnung früher ein, als die Unordnung einsetzt.

Ein weiser Mensch misst die Bedeutung eines Menschen nicht nach seinen Worten und er verachtet auch nicht Worte deshalb, weil sie ein einfältiger Mensch ausspricht.

Hält ein Weiser sich an das Gesetz der Tugend, so verbirgt er dies vor den Blicken der Menschen und wünscht nicht, dass es irgendwem bekannt sei.

Nicht Vater, nicht Mutter, nicht Verwandte, nicht die Deinen tun dir so viel Gutes, als dein Herz dir selber tut, wenn es verzeiht und die Beleidigung vergisst.

Der Zorn ist immer schädlicher als die Beleidigung, die ihn hervorrief.

An die Unsterblichkeit glaubt nur der nicht, der niemals ernsthaft an den Tod gedacht hat.

Einfachheit ist immer die Folge erhabener Empfindungen.

Der Weise grämt sich, wenn er ohnmächtig ist, das Gute zu tun, das er eben tun möchte; nicht aber grämt sich der Weise darüber, dass die Menschen seinen Namen nicht kennen und ihn falsch beurteilen.

Wenn du erst einmal erkannt hast, was alles in diesem Leben vorübergeht: die Berge und die Flüsse und all die reichen Formen des Lebens und alles, was die Erde hervorbringt – wenn du das erst einmal erkannt hast, dann kommt die Erleuchtung über dich, und du weißt, was ist und niemals vergeht.

Willst du, dass andere von dir gut sprechen, so sprich nicht selber gut von dir.

O Gott, sei gnädig den Bösen! Den Guten warst du schon gnädig: Es ist ihnen deshalb wohl, weil sie gut sind.

Wer sich selber lobt, sieht nichts mehr außer sich selbst. Besser wäre es ihm, blind zu sein, als nur immer sein eigenes Antlitz zu sehen.

Als du auf die Welt kamst, weintest *du,* und um dich herum freuten sich alle. Lebe so, dass, wenn du die Welt verlässt, *alle* weinen und du allein lächelst.

Wer das Gesetz kennt und nicht erfüllt, gleicht einem Menschen, der pflügt und nicht sät.

Das wahre Verdienst schaut sich niemals um nach seinem Schatten – dem Ruhm.

Die Menschen zu veranlassen, uns nicht dafür zu halten, was wir wirklich sind, ist meist viel schwieriger, als tatsächlich zu werden, was wir scheinen möchten.

Die Gerechtigkeit vollzieht sich nicht durch Streben nach Gerechtigkeit, sondern allein durch die Liebe.

Das Göttliche lebt in uns und strebt unaufhaltsam seinem Urbeginn zu.

Die Seele ist unsichtbar, doch sie allein sieht.

Wenn du die Hinfälligkeit alles Geschaffenen erschaust, so erblichst du das ewig Unveränderliche.

Religion ist die höchste Form der Liebe.

Ein Mensch, dessen schlechte Taten überwogen werden von seinen guten Werken, gleicht dem Mond, der hinter finstern Wolken aufsteigt.

Besser als die Herrschaft über die ganze Welt sind die ersten Schritte zur Heiligkeit.

Die wirkliche Liebe verlangt, dass du dem Armen außer einem Almosen auch noch einen Platz in deinem Herzen einräumst.

Du kannst doch nicht den hassen, der sich verirrt hat, sonst müsstest du dich selber hassen. Du kannst doch nicht den lieben, den du fürchtest, und auch nicht den, der dich fürchten muss.

Nicht darum gehn die Gedanken der Menschen, wie man dem Arbeitenden die Arbeit erleichtere, sondern darum, wie man den Nichtarbeitenden das Leben noch bequemer macht.

Der Reichtum ist wie Mist: Angehäuft stinkt er, über das Land hin verteilt, macht er die Erde fruchtbar.

Man erlangt nicht die Freiheit, indem man sie sucht. Man erlangt sie nur im Ringen um Erkenntnis. Die Freiheit kann immer nur Folge und Frucht sein.

Einen Gelehrten nennt man einen Mann, der viel gelernt hat. Das bedeutet aber nicht, dass er auch viel versteht.

Das Ziel des Lebens ist nicht, Wissen zu erwerben, sondern Gottes Willen zu erfüllen.

Nichts wird dem Menschen angerechnet als seine ehrlichen Bemühungen. Nur wenn er sich mühen muss, zeigt der Mensch sein wahres Gesicht.

Wissen sei Werkzeug – nicht Ziel!

Sich selber zügeln ist das beste Mittel, um keinen Herrn über sich dulden zu müssen.

Nur liebevolle Worte überzeugen.

Gefährlich ist es, die Ursache eines Übels außer uns selbst zu suchen. So wird die Reue umgangen.

Unsere Handlungen sind nie so gut und nie so schlecht wie unsere Wünsche.

Brauchst du dir Gott erst zu beweisen? Zündet man denn eine Fackel an, um die Sonne zu sehen?

Nicht einmal die Bäume des Waldes machte Gott gleich – wie viel weniger die Menschen.

Woher der Donner kommt, von dort kommt auch der Segen.

Wenn dir dein Leben nicht erscheint wie eine einzige große, unverdiente Freude, so nur deshalb, weil dein Geist ein falsches Ziel hat.

Jeder neue Wunsch ist die Ursache einer neuen Not, der Keim eines neuen Grams.

Erweisen wir unserem Nächsten Gutes, so tun wir, ohne es zu wissen, weit mehr für uns selbst als für den anderen.

Der Sklave seiner Leidenschaften ist aller Sklaven niedrigster.

Dein Glaube bestimmt dein Leben.

Liebe, was du schaffst, doch nicht, was du geschaffen hast.

Wer gar nichts tut, tut Böses.

Die Natur ist ewig in Bewegung und straft jede Untätigkeit.

Gerechtigkeit erreichst du nicht durch Streben, sondern allein durch die Liebe.

Wenn du deine Kräfte ganz nötig hast, so gehe in die Einsamkeit.

Seid dessen eingedenk: Wer sich hervortun will, kann nie etwas Großes hervorbringen.

Ist die Freiheit ein Heil, so kann der freie Mensch nicht freiwillig Sklave sein. Wenn du darum siehst, dass ein Mensch sich vor anderen erniedrigt und ihnen schmeichelt – so wisse: Dieser Mensch ist nicht frei, er ist ein Knecht. Siehst du, dass ein Mensch nicht über sich selber, sondern über andere verfügen will, so wisse, dass er unfrei ist: Er machte sich selber zum Knecht seines Verlangens, über die Menschen zu herrschen.

Wenn wir nur für einen einzigen Augenblick unserm kleinen Ich entsagen und nichts Böses mehr denken, dann werden wir wie ein reines Glas sein, welches das Licht widerspiegelt – und was werden wir nicht alles widerspiegeln! Die ganze Weltschöpfung wird sich um uns drehen im strahlenden Glanz.

Sei nicht Diener eines Einzigen oder einiger Weniger. Mache dich zum Diener aller, dann wirst du der Freund aller werden.

Die Kraft ward dem Menschen nicht gegeben, den Schwachen zu unterdrücken, sondern dass er ihn stütze und ihm helfe.

Bist du nicht mit Bewusstsein gut zu allen, so wirst du immer wieder, ohne es zu wollen, hart sein zu vielen.

Würde man die Menschen lehren, *wie* sie denken sollen, und nicht nur, *dass* sie denken sollen, so kämen sie sich selber und dem Leben näher.

Jede gute Tat beruht auf Mitleid. Dem Dürstenden Wasser zu reichen – ist eine Tat des Mitleids. Steine vom Weg zu nehmen – ist Mitleidstat. Den Nächsten überzeugen, dass er tugendhaft wird – ist Mitleid. Dem Wanderer den Weg weisen – auch das ist Mitleid. Lächeln, wenn man in das Antlitz des Nächsten schaut – auch das ist Mitleid.

Was du weggibst, ist dein, was du behältst, geht dir verloren.

Wird ein Staat nach den Grundsätzen der Vernunft regiert, so sollte man sich schämen, wenn Armut und Bettelei in ihm bestehen. Wird dagegen ein Staat nicht nach den Grundsätzen der Vernunft regiert, dann muss man sich schämen des Reichtums und aller Ehren.

Was in dir ewig ist, was denkt in dir, gehört dem Leben, das niemals schwindet. Dieses Ewige ist ein Wesen, das war, ist und sein wird und dessen Zeit niemals abläuft.

Ein weiser Mann ist stets in Sorge, dass seine Worte über seine Taten hinausgehen.

Denke erst und dann rede. Besinne dich, bevor man dir sagt: »Jetzt ist es genug!« Der Mensch steht über dem Tier durch seine Fähigkeit der Rede, doch er sinkt unter das Tier hinab, wenn er schlechten Gebrauch von ihr macht.

Auf tausend Fälle, da wir bereuen, geredet zu haben, trifft kaum *ein* Fall, da wir bereuen, geschwiegen zu haben.

Die Himmelstür steht für dich genau so weit offen, wie du es nötig hast. Befreie dich von Sorge und Unruhe und richte deine Seele ganz auf das Geistige. Deine Handlungen seien geleitet von deinem Willen, nicht aber von den Geschehnissen. Trenne dich von denen, die nur nach Belohnung streben. Erfülle deine Pflicht, doch lass jeden Gedanken fallen an ihre Folgen. Gleichgültig sei es dir, ob deine Tat für dich gute oder schlechte Folgen hat.

Je weniger du sprichst, desto mehr wirst du vollbringen.

Uns zu ernähren, uns zu bekleiden und ein Dach über dem Haupt zu haben – dazu bedarf es wenig. Was darüber ist, erwerben wir nur zu dem einen Zweck, uns einem fremden Geschmack anzugleichen und anderen die Begriffe zu verwirren.

Leidest du Kummer beim Anblick eines leidenden Geschöpfes, so überlass dich nicht deinem ursprünglichen Gefühl: dem Anblick des Leidens auszuweichen, davonzulaufen vor dem, der leiden muss; im Gegenteil: Laufe hin zu dem, der da leidet und mühe dich im Geist, ihm zu helfen.

Wenn der Mensch nicht hineilt, zu erfüllen, was er für Gottes Gesetz hält, so glaubt er weder an Gott noch an sein Gesetz.

Wie sehr irren jene, die da glauben, ein hohes Geistesleben zu führen, während ihr Körper in Müßigkeit und Überfluss dahinlebt: Der Körper ist stets der erste Schüler der Seele.

Die Wissenschaft diene dazu, den Glauben zu festigen, nicht aber, Reichtümer zu erlangen.

Lebe so, dass du deinem schlimmsten Feind alles anvertrauen kannst, was du auf der Seele hast.

Ein tiefer Strom zeigt keine Erregung, wenn man einen Stein hineinwirft. Wenn ein Mensch durch eine Beleidigung erzürnt werden kann – so ist er kein Strom, sondern eine Pfütze.

Ein Weiser schrieb dem König von Persien: »Du bist wohl imstande, freie Menschen zu Sklaven zu machen, du bist aber nicht imstande, auch nur aus einem Fisch einen Sklaven zu machen. Du kannst den Fisch gefangen setzen, er wird dir darum doch keine Sklavendienste tun. Wird aber der Fisch in deiner Gefangenschaft sterben, was hast du für einen Vorteil davon, dass du ihn gefangen setztest?« – Das ist die Rede eines freien Mannes: Ein solcher Mann weiß, worin die währe Freiheit besteht.

Einen Weisen, der sich zur Unsterblichkeit bekannte, fragte man: »Wie aber, wenn diese Welt zugrunde geht?« Er antwortete: »Um unsterblich zu sein, brauche ich nicht die Welt!« Der letzte Tag bringt uns nicht die Vernichtung, sondern eine Wandlung unseres Wesens.

Hast du jemandem Gutes erwiesen und brachte deine Tat ihre Früchte, weshalb willst du noch Lob und Dank dafür?

Erlischt das Licht in deinem Herzen, dann verhüllt der Nebel vor dir den Weg. Hüte dich vor diesem furchtbaren

Nebel! Kein Licht deines Geistes vermag den Nebel zu erhellen, der ausgeht von deinem Herzen – bis zu der Zeit, da alle selbstsüchtigen Gedanken vertrieben wurden aus ihm.

Ergib dich nicht der Stimmung des Geistes dessen, der dich beleidigt. Folge ihm nicht auf dem Weg, auf den er dich hindrängen will. Pflege gute Gedanken und sie werden reifen zu guten Werken.

Zweites Buch

Glücklich ist, wer ohne Hass lebt unter Feindlichgesinnten – glücklich ist, wer frei von Gier lebt unter Gierigen – glücklich ist, wer nichts sein Eigen nennt! Den lichten Göttern ist er gleich, und die Seligkeit ist seine Speise.

Wenn du deinen Mitmenschen nützlich sein willst und nicht schädlich, so tue ihnen nur, was in Einklang steht mit dem Heil aller. Wer so verfährt – erlangt *sein* Heil.

Suche die Wahrheit im lebendigen Gedanken, doch nicht in modernden Büchern. Wenn du den Mond sehen willst, so schaue zum Himmel, nicht in eine Pfütze.

Eines nur hat Wert im Leben: unaufhörlich im Kampf zu liegen mit der Lüge und mit der Ungerechtigkeit der Menschen – und dabei doch nicht aufzuhören, selber sanft zu sein.

Du leidest unter der Ungerechtigkeit der Menschen – tröste dich: Wahrhaft unglücklich ist nicht, wer darunter leidet, sondern jener, der ungerecht handelt.

Wie die Erde alljährlich sich schmückt mit Blumen und Pflanzen, so schmückt sich mit Tugenden derjenige, in dessen Seele der Herrscher des Lebens wohnt.

Wenn der Mensch Gott in seiner Seele erfasst und empfindet, so erfasst und empfindet er seine Einheit mit allen Menschen in der Welt.

Je näher die Menschen der Wahrhaftigkeit sind, umso geduldiger erweisen sie sich gegen die Verirrungen anderer. Je ferner sie der Wahrhaftigkeit stehen, desto ungeduldiger werden sie sein.

Ein Weiser pflegte zu sagen: »Die in ein fernes Land gehen, beginnen ihren Weg mit dem ersten Schritt. Dagegen fangen jene, die zur Höhe eines Berges hinauf schreiten, am Fuß des Berges an.«

»Strafen« bedeutet in mongolischer Sprache »belehren«. Belehren kann man nur durch das Beispiel. Man belehrt nicht, wenn man das Übel mit einem Übel vergilt. Das verdirbt den Menschen nur.

Wie trostlos wäre die Welt, würden nicht immer wieder Kinder geboren, die in sich die Unschuld tragen und die Möglichkeit jeder Vollendung.

Die Kinder halten in ihren schwachen Händen die Wahrheit, welche die Erwachsenen in ihren Männerfäusten nicht zu halten vermögen, deren Entdeckung aber den Stolz ihrer spätesten Lebensjahre bildet.

Der weise Mann sucht niemals eine Änderung seiner Lage. Er weiß, dass die Erfüllung des Gesetzes Gottes – des Gesetzes der Liebe in jeder Lage möglich ist.

Ist ein Mensch unzufrieden mit seiner Lage, so hat er zwei Wege, um sie zu ändern: Entweder er verbessert die Bedingungen seines Lebens oder den Zustand seiner Seele. Das Erste steht nicht immer in seiner Macht, das Zweite stets.

Jede Gewalt steht entgegen der Vernunft und der Liebe. Nimm nicht teil an ihr!

Könnte ich nicht zweifeln, so könnte ich auch nicht glauben.

Wie leicht vollbringt man schlechte Taten – Taten, die uns selber Unheil bringen. Was dagegen segensvoll ist, verlangt Mühe und Anstrengung.

Achte auf deine Gedanken, achte auf deine Worte, halte dich frei von jeder schlechten Handlung! Wenn du die Reinheit dieser drei Wege wahrhaft beachtest, dann betrittst du den Weg der Wahrheit.

Die Seele wohnt im Körper nicht wie in einem Haus, sie wohnt in ihm wie in einer Herberge.

Das Leben – das ist die Erinnerung an einen Tag, der flüchtig verrann und den man in Gesellschaft heiterer Gäste verbrachte.

Das Bewusstsein unserer Unsterblichkeit – ist die Stimme Gottes, der in uns lebt.

Die Arbeit ist an sich keine Tugend, sie ist aber die Voraussetzung eines tugendhaften Lebens.

»Er beleidigte mich; er trug den Sieg davon über mich; er knechtete mich; er kränkte mich!« – Ist dein Herz beunruhigt von solchen Gedanken, so wird niemals der Hass in ihm erlöschen. »Er beleidigte mich, er trug den Sieg davon über mich, er knechtete mich!« – Wer solchen Gedanken nicht Heimstatt in sich gibt, der wird für immer den Hass in sich vernichten. Denn nicht durch den Hass wird Hass besiegt: Der Hass erlischt nur in der Liebe – das ist das Gesetz der Ewigkeit.

Willst du mich richten, so sei nicht mit mir, sondern in mir.

Der ist wahrhaft vornehm, der die Verirrungen der Menschen leicht verzeiht und gleichzeitig fürchtet, ihnen selber Böses zu tun, als habe er niemals irgendwem verziehen.

Scheue dich niemals, nach dem zu fragen, was du nicht weißt. Sage immer und überall die Wahrheit, auch wenn du weißt, dass sie unangenehme Folgen für dich hat.

Die wahre Weisheit beruht nicht darin, zu wissen, was gut ist und was man tun soll, sondern darin, zu wissen, was das Allerbeste ist, was weniger gut ist und was man zuerst und was man zuletzt tun soll.

Die wahrhaftige Liebe – ist nicht die Liebe zu einem einzelnen Menschen, sondern die seelische Bereitschaft der Liebe zu allen. Das ist der Zustand, in dem allein wir den göttlichen Urgrund unserer Seele erfassen.

Was ohne Liebe geschieht, ist wertlos. Doch jedes Tun, das eingegeben ward von der Liebe, wie unbedeutend und gering es auch erscheinen mag, bringt reiche Frucht.

Die Krankheiten des Gedankens sind zerstörender und häufiger als die Krankheiten des Körpers.

Es gibt keine Krankheit, die einen Menschen hindern könnte, das zu erfüllen, was er tun muss. Kannst du den Menschen nicht durch Arbeit dienen, so diene ihnen durch dein Beispiel und durch liebevolle Nachsicht.

Nicht wenn ich zu ihm komme, sondern wenn ich mich abwende von ihm – dann fühle ich, dass Gott ist. Ich sage »Gott«, doch weiß ich nicht, ob ich ihn so nennen darf. Ihr werdet verstehen, wie ich das meine.

Eine große Bibliothek bringt uns mehr von unseren Gedanken ab, als sie uns belehrt. Weit besser ist es, mit wenig Schriftstellern sich zu begnügen, als ohne Wahl immer neue zu lesen.

Es gibt eine höchste Vernunft, die über allem menschlichen Denken steht. Sie ist fern und sie ist nah. Sie ist höher als alle Welten und dringt ein in das Wesen aller Dinge.

Wenn der Mensch erkennt, dass alle Dinge enthalten sind im höchsten Geist und dass der höchste Geist alle Wesen durchdringt, dann wird er nicht mehr fähig sein, einem einzigen Wesen mit Nichtachtung zu begegnen.

Was unklar ist, muss man klären. Was schwer zu vollbringen ist, soll man mit größter Beharrlichkeit durchsetzen.

Gott geht zu den Menschen, er geht in die Menschen. Es gibt keine Seele, die wahrhaft schön wäre, wenn nicht Gott in ihr weilt.

Selbst im Toren lebt ein Geist, der seine Torheit ahnt; doch wahrscheinlich lebt kein Geist in einem Menschen, der überzeugt ist von der eigenen Weisheit.

Sein ganzes Leben mag der Tor neben einem Weisen verbringen, er wird die Wahrheit nicht erfassen – so wenig wie der Löffel den Geschmack der Speise schmeckt.

Die Blättchen der Blumen fallen ab, wenn die Frucht zu reifen beginnt. So fallen deine Schwachheiten von dir ab, wenn in dir das Bewusstsein Gottes zu reifen beginnt.

Und wenn tausendjähriger Nebel den Raum erfüllte, er wird licht und hell, sobald das Licht Gottes auf ihn fällt. So ist auch deine Seele: Mag sie noch so lange verdunkelt sein vom Nebel des Irrtums, sie erhellt sich, sobald Gott seinen Blick auf sie richtet.

Hätte Gott uns Lehrer gegeben, von denen wir wissen, dass er sie geschickt hat, wir würden uns ihnen frei und freudig fügen. Solche Lehrer aber haben wir: Die Not ist es und alles Unglück des Lebens.

Jedes Vöglein weiß, wo es sein Nest bauen soll. Da nun das Vöglein weiß, wo seine Wohnstätte ist, beweist es, dass es seine Bedeutung kennt. Vermag der Mensch wirklich nicht zu erkennen, was ein Vöglein erkennt: Worin die Bedeutung des Lebens liegt?

Ein Mensch, der das Licht der göttlichen Kraft erschaut in den geringsten Dingen dieser Welt, ein solcher Mensch achtet sich selber und andere, für ihn gibt es keine nichtigen Dinge. Er blickt auf alle Dinge hin als auf Offenbarungen der göttlichen Kraft.

Die Tugend ist der Dienst, den der Mensch sich selber leisten soll. Wäre im Himmel nicht Gott, so würde gleichwohl die Tugend das Gesetz des Lebens sein. Zu wissen, was gerecht ist, und es zu erfüllen, hierin liegt die Pflicht und der hohe Vorzug des Menschen.

Nicht freiwillig, sondern nur durch Gewalt wird die Seele des Menschen der Wahrheit und dem Guten entfremdet. Je klarer dir dies wird, umso sanfter wirst du zu den Menschen sein.

Wer Gelehrsamkeit erstrebt, der wächst mit jedem Tag, und höher und höher steigt er in den Augen der Menschen. Wer nach Tugend strebt, der wird jeden Tag kleiner und niedriger, immer niedriger wird er in den Augen der Menschen. Mehr und mehr demütigt er sich, bis er endlich die volle Demut erlangt hat. Dann freilich ist er völlig frei und, ohne es zu wollen, wird er ein Lehrer der Menschen.

Je tiefer sich ein Mensch in sich selber versenkt und je weniger er aus sich selber macht, umso höher erhebt er sich zu Gott.

Wer auf Zehenspitzen steht, vermag nicht lange zu stehen. Wer sich selber hervorhebt, kann nicht leuchten. Wer mit sich zufrieden ist, bleibt stehen. Wer prahlt, kann keine Verdienste besitzen. Wer stolz ist, vermag sich nicht zu erheben. Vor dem Richterstuhl der Vernunft sind solche Menschen wie Speiseabfälle und erregen den Abscheu aller. Der Weise aber ist all diesem fern.

Meine Vernunft lehrt mich, dass die Erde nicht verkäuflich ist. Der große Geist gab sie seinen Kindern, dass sie auf ihr wohnen und sie zu ihrem Unterhalt bebauen – und solange sie das tun, besitzen sie ein unzweifelhaftes Recht auf diese Erde.

Verfalle nicht der Sünde, auch wenn dir Schande droht.

Der Mensch kann dem Unheil entgehen, das ihm vom Himmel gesandt wurde, doch nicht entgeht er dem Unheil, das er sich selber schuf.

Die Tugend des Menschen wird ermessen an seinen außergewöhnlichen Bemühungen, doch auch an seinem Alltagsleben.

Durch Mitleid und Sanftmut, durch Selbstentsagung entwaffnen wir unsere Widersacher: Jedes Feuer muss erlöschen, wenn ihm der Brennstoff fehlt.

Wir sollen nicht das Leben missachten, weil das Übel verbunden ist mit ihm. Das Übel gehört uns an, es ist die Folge unseres Nichtwissens um das wahre Gesetz. Dieses Nichtwissen macht uns unglücklich in diesem Leben und wird uns überall unglücklich machen. Lasst uns endlich damit beginnen, uns von unserem Nichtwissen zu befreien, und all unser Unglück wird von selber von uns abfallen.

Seid gütig zu den Armen, auch wenn sie ungeduldig und erzürnt sind. Denkt daran, wie schwer es ein Unglücklicher hat, Leiden jeder Art zu ertragen in einer kleinen Kammer, während wenige Schritte von ihm entfernt satte und reiche Menschen einherwandeln.

Sei ein Licht für dich selber! Sei dir selber ein Zufluchtsort! Achte auf die Flamme deiner Kerze und suche keinen anderen Zufluchtsort!

Der Ehrwürdige sagte: »Wer für seine Seele zu leben beginnt, gleicht einem Menschen, der Licht trägt in ein finsteres Haus. Die Finsternis schwindet sogleich.« Sei beharrlich in solcher Lebensführung und du wirst volle Erleuchtung erfahren.

Man sagt, am Jüngsten Tag werde allgemeines Gericht gehalten werden. Indes von Gott, dem Gütigen, kann nichts ausgehen, was nicht gut wäre. Fürchte dich nicht: Das Ende wird voller Freuden sein! Welchen Glauben du auch auf dieser Welt hattest, der wahrhafte Glaube besteht darin, dass Gott die Liebe ist. Von der Liebe aber kann nichts kommen als das Gute.

Wissen ist nur dann wirkliches Wissen, wenn es erlangt wurde durch Anstrengungen des eigenen Denkens, nicht aber durch das Gedächtnis.

Der Weise gleicht sein Herz den Herzen aller Menschen an. Zu einem tugendhaften Menschen verhält er sich wie zu der verkörperten Tugend, zu einem lasterhaften Menschen aber verhält er sich wie zu einem Menschen, der fähig ist der Tugend.

Seid bestrebt, unaufhörlich in euch jedes Machtverlangen zu vernichten, suchet nicht Ruhm und suchet auch kein Lob – dies alles kann nur eure Seele verderben. Vor allem aber hütet euch vor dem Gedanken, ihr wäret im Besitz solcher Tugenden, die anderen nicht zugänglich sind!

Wer ist ein guter Mensch? Gut ist nur der gläubige Mensch. Was bedeutet aber der Glaube? Das ist die Eintracht des Willens mit dem Gewissen, mit der Vernunft der ganzen Welt.

Wenn ein Mensch die Weisheit sucht, so ist er ihr nahe. Wer aber glaubt, er habe die Weisheit gefunden, der ist ein Tor und ihr fern.

Der Misserfolg ist ein besserer Lehrer als der Erfolg.

Man fragte einen chinesischen Weisen: »Worin besteht die Wissenschaft?« Er sprach: »Darin, dass man die Menschen kennt.« Man fragte ihn dann: »Worin besteht die Tugend?« Er antwortete: »Darin, dass man die Menschen liebt.«

Unser Leben ist die Folge unserer Gedanken: Es wird in unserem Herzen geboren, und unser Gedanke bringt es zum Licht. Spricht oder handelt ein Mensch aus einem guten Gedanken, so folgt ihm die Freude auf dem Fuß nach wie der Schatten, der ihn niemals verlässt.

Wer erfasst ist von der Gier nach körperlicher Lust – von diesem Durst, der voll von Gift ist, den umgeben die Leiden wie die Schlingpflanze den Körper. Wer aber diese Gier besiegt, von dem fallen alle Leiden ab wie die Wassertropfen vom Blatt der Lotosblume.

Wer in dem, was an ihm vergeht: in seinem Namen und in seiner Körperlichkeit, nicht mehr sich selber erblickt, der kennt das wahre Leben.

Gott – ist all das, wovon wir uns als Teil bekennen. Gott ist in der ganzen Natur und in der Seele jedes Einzelnen. Die Glaubensbekenntnisse sind verschieden, doch es gibt nur einen Gott. – Wenn der Mensch sich selber nicht fasst, wie soll er Gott fassen?

Güte ist die Grundeigenschaft der Seele. Ist ein Mensch nicht gütig, so nur deshalb, weil er irgendeinem Wahn unterliegt, einer Verführung, einer Leidenschaft, und diese zerstören sein ursprüngliches Wesen.

Drittes Buch

Wir sind geboren, um vereint zu sein: Unsere Gemeinschaft gleicht einem steinernen Gewölbe, das zusammenstürzen würde, wenn nicht ein Stein sich auf den andern stützte.

Weise ist, wer sich selber für unweise hält; und das tut nur derjenige, der stets Gottes Vollkommenheit vor sich hat.

Einen Menschen lieben, der uns wieder liebt und der uns angenehm ist – das ist menschliche Liebe. Doch seinen Feind lieben, das ist göttliche Liebe. Wenn man in menschlicher Liebe liebt, kann die Liebe in Hass übergehen. Doch die göttliche Liebe kann sich niemals ändern. Nichts, auch nicht der Tod, vermag sie zu zerstören. Sie ist das Wesen unserer Seele.

Verzeih den andern vieles, dir selber – nichts.

Erblickt in all euren Veranlagungen und in all eurem Wissen nur Mittel, anderen zu helfen.

Öffne deine Seele, aber wolle sie nicht selber erfüllen.

Hasse die Sünde, aber liebe die Sünder.

Was wahrhaft frei aus deinem Innern hervorgeht, ist immer liebenswert.

Erst wenn du dich nicht mehr an andern misst, wenn du geistig neidlos wardst, stehst du im Geist.

Die Liebe lebt nur in der Gewissheit ihrer Allmacht.

Du musst die Liebe als Weltschöpferkraft vor dem inneren Auge tragen, wenn sie in dir lebendig bleiben soll.

Weil wir unvollkommen sind, erschauen wir den Menschen nur in seiner Endlichkeit und Unvollkommenheit.

Je mehr der Mensch seinen Willen eingehen lässt in den Willen Gottes, umso sicherer ist er in all seinen Handlungen.

Der Tod ist gewisser als der morgige Tag, als die Nacht nach dem Tag, als der Winter nach dem Sommer. Weshalb aber bereiten wir uns vor auf den morgigen Tag, auf die Nacht und auf den Winter, jedoch nicht auf den Tod? Die Vorbereitung auf den Tod kann nur eine sein – ein gutes Leben. Je besser dein Leben ist, umso weniger schrecklich ist der Tod und umso leichter ist er. Für einen Heiligen gibt es kein Sterben.

Glaube nicht, du könntest Gott gefällig sein allein durch das Gebet und nicht durch Gehorsam. Das Gebet ist nur die Erinnerung daran, was du bist und worin der Sinn deines Lebens besteht.

Was willst du noch eine Belohnung für eine gute Tat? Die Belohnung hast du bereits empfangen in der Freude, die der Mensch erfährt, wenn er Gutes tut. Jede Belohnung mindert nur diese Freude. Gutes tun und Belohnung dafür erwarten, heißt die Wirkung und die Kraft des Guten vernichten.

Tue freudig das Gute! Deine Freude wächst, wenn du weißt, dass niemand davon erfährt.

Gäbe es keine Gier, so würde kein Vogel ins Netz gehen. Mit derselben Verlockung fängt man auch die Menschen. Der Bauch – das ist eine Kette um die Hände und Fesseln um die Füße. Der Sklave seines Bauches ist immer Sklave. Willst du frei sein, so befreie dich zunächst von der Gier des Bauches. Iss, um deinen Hunger zu stillen, doch nicht, um Lust zu empfinden;

Gott sandte den Menschen die Speise, der Teufel aber – die Köche.

Unenthaltsamkeit in Speise und Trank gilt nicht als Sünde, weil sie anderen Menschen keinen merkbaren Schaden zufügt. Doch gibt es Sünden gegen das Bewusstsein der Würde, die im Menschen lebt. Unenthaltsamkeit in Speise und Trank ist eine dieser Sünden.

Vertreibe aus dir, was dich hindern kann, deine Einheit zu empfinden mit allem, was lebt.

Mit freundlichen Worten und mit Güte kann man einen riesigen Elefanten an einem Haar führen.

Wenn die Übung deiner Kräfte dich befriedigen und freuen soll, musst du sie üben in dem, was nützlich ist, am besten im Dienst anderer. Das ist die beste Verwendung deiner Kräfte.

Jedes lebendige Wesen wünscht das Gleiche, was auch du wünschst; jedes lebendige Wesen hängt an seinem Leben. Begreife dich selber in allem, was lebt.

Schiebe niemals ein gutes Werk auf, wenn du es jetzt tun kannst, denn der Tod fragt nicht danach, ob der Mensch tat, was er tun sollte, oder ob er es unterließ. Der Tod wartet auf niemanden und auf nichts. Er kennt nicht Freund noch Feind.

Dazu, dass die Menschen besser werden, ist nur eines dir in die Hand gegeben: selber besser zu werden.

Wenn du, deiner eigenen Mängel eingedenk, bestrebt bist, sie auszugleichen, so kommst du nicht auf den Gedanken, andere zu verurteilen, und du wirst auch nicht Zeit dazu finden.

So stellst du dir die eigene Erlösung vor: als ein Freisein von allen Hemmungen zur höchsten Auswirkung im Geist und in der Liebe.

Nur dann vermagst du dich selber zu ertragen, wenn du dich selbst nicht wahrnimmst.

Nur im Gebet erkennst du dich; was du Gott vortragen kannst, das bist du.

Höher schätze kein Wissen als das Wissen von dem, was alles du deinem Menschenbruder verzeihen musst.

Die Liebe, die vom Geist kommt, bleibt auch am Geist haften.

Rein und frei von Staub und Schmutz müssen wir die Bahn der eigenen Lebensführung halten, wenn wir im Angesicht der allgemeinen Not vor uns selber bestehen wollen.

Wo das Leben in reiner Dankbarkeit hingenommen wird, da werden alle Dinge zum Gleichnis.

Die Liebe aber ist Wahrhaftigkeit im innern Sein und damit auch in allem Tun.

Des Menschen Geist wird wachgerufen von der Liebe. Auf jeden andern Anruf bleibt er taub und stumm.

Werde nicht matt im Geist und verzage nicht, wenn es dir nicht gelingt, in deinen Taten all das Schöne zu verwirklichen, das du tun möchtest. Bist du von deiner Höhe hinabgefallen, so bemühe dich, wieder emporzusteigen. –

Gewöhne dich daran, mit Sanftmut die Prüfungen des Lebens zu ertragen, dann kehrst du bewusst zurück zu deinem geistigen Urbeginn.

Siehst du einen Heiligen, so denke daran, ob du ihm nicht gleich werden kannst; siehst du einen Menschen, der vom Weg abglitt, so denke, ob du nicht die gleichen Laster besitzest wie er.

Mit der Sünde streite, mit dem Sünder versöhne dich. Hasse das Schlechte im Menschen, aber liebe ihn selber.

Wenn ungeachtet aller deiner Bemühungen die Leidenschaft den Sieg davonträgt über dich, so glaube nicht, du seiest außerstande, deiner Leidenschaft Herr zu werden. Das beweist nur, dass du dieses Mal dazu nicht imstande warst. Der Wagenlenker lässt nicht die Zügel locker, um die Pferde anzuhalten, sondern er fährt fort, die Pferde zu zügeln, bis sie stehen bleiben. So auch du. Bist du unterlegen, so beginne von Neuem den Kampf, und sicherlich wirst *du* der Sieger sein und nicht die Leidenschaft.

Das sind meine Hauptwünsche: Ich möge niemals in Zorn geraten, immer die Wahrheit sagen und sie stets in Liebe vorbringen, so, dass ich niemanden beleidige. Ich möge duldsam sein mit den Unduldsamen, gütig mit denen, die da urteilen, frei von Leidenschaft unter denen, die verstrickt sind in sie. Das sind meine Hauptwünsche.

Bereuen heißt die ganze Fülle der eigenen Lasterhaftigkeit und Schwachheit vor dem inneren Auge haben.

Ein persischer Weiser sagt: Als ich jung war, wollte ich die ganze Wissenschaft erfassen, und ich kam dahin, dass es wenig Dinge gab, von denen ich nichts wusste. Als ich aber alt wurde und im Geist hinsah auf all das, was ich wusste, da ging mir auf, dass mein Leben dahingegangen war und ich nichts erkannt hatte.

Wenn ein Mensch sich in seiner Seele schuldig fühlt vor Gott, nicht aber seine Schuld eingestehen will vor seinen Mitmenschen noch vor sich selber, so wird ein solcher Mensch gern andere Menschen beschuldigen und ganz besonders diejenigen, vor denen er sich selber schuldig fühlt.

Wenn das wirkliche Leben darin besteht, seinen Körper durch die Macht des Geistes zu beherrschen und damit Gott näher zu kommen, so bedarf es dazu immerwährender Anstrengung, und diese Anstrengung gibt dem Leben erst seine Freude und seinen Wert.

Der wahrhaft weise Mann ist stets heiteren Mutes.

Das beste Mittel, in Freude zu leben, ist, überzeugt zu sein, dass das Leben gegeben ward zur Freude. Verlässt dich die Freude, so prüfe dich, worin du geirrt hast.

Besiege den Zornigen durch Sanftmut, den Geizigen durch Großmut, den Lügner durch Wahrhaftigkeit.

Wer jemals die Freude empfand. Böses mit Gutem zu vergelten, der wird sich niemals mehr die Gelegenheit entgehen lassen, sich selber diese Freude zu bereiten.

Vernichte *ein* Laster in dir, und zehn andere werden mit ihm schwinden.

Je mehr der Mensch an Gott glaubt, je weniger fürchtet er die Menschen.

Niemand weiß, was der Tod ist, ob er ein Übel ist oder ein Gut. Doch alle Menschen fürchten ihn so, als wüssten sie genau, dass er ein Übel sei.

Drei Dinge sind es, die ein weiser Mann vor allem beachtet: selber zu tun, was er andern rät – niemals gegen die Gerechtigkeit zu handeln – in Geduld die Schwächen der anderen ertragen.

Hohe Gedanken entspringen der Tiefe des Herzens.

Wenn wir ein Einkommen haben, das wir nicht selber erarbeiten, dann erarbeitet es ein anderer – der nichts dafür bekommt.

Ein Gelehrter, der nichts hervorbringt, gleicht einer Wolke, die keinen Regen spendet.

Wie erst das Dunkel der Nacht die Sterne des Himmels erschauen lässt, so enthüllen erst die Leiden die wahre Bedeutung des Lebens.

Ohne Leiden gibt es kein geistiges Wachstum, keine Erhöhung des Lebens. Deshalb begleiten die Leiden auch immer den Tod. Das Leiden – – ist eine unerlässliche und heilsame Bedingung des Lebens. Darum sagt man auch im Volk: Wen Gott liebt, den sucht er heim.

Zweifellos ist es wichtiger, wie der Mensch sein Schicksal aufnimmt, als wie es in der Tat ist.

Suche nicht das Glück jenseits der Meere. Dem Schöpfer sei Dank, dass er das wahrhaft Nützliche leicht machte, das Schwere aber – unnütz.

Ein Mensch, der geistig lebt, kann nicht umhin, zu erkennen, dass die Leiden ihn dem ersehnten Ziel der Vollkommenheit näherbringen; und für einen solchen Menschen verliert das Leiden seine ganze Bitternis und wird zu einem Heil.

Das höchste Wissen ist das Wissen von sich selber: Wer sich erkennt, der ahnt auch Gott.

Ich weiß, dass man immer auf sich achtgeben muss; ich weiß, dass der Himmel alles weiß und dass seine Gesetze unveränderlich sind; ich weiß, dass der Himmel alles sieht, in alles eindringt und in allem vorhanden ist. Der Himmel dringt ein in die Tiefe aller Herzen, wie das Tageslicht ein dunkles Zimmer erhellt. Wir sollen uns mühen, sein Licht ebenso widerzustrahlen wie zwei Musikinstrumente, die gleichgestimmt sind, einander antworten.

Die Anerkennung Gottes ist einfach und jedem möglich. Seine Erkenntnis aber bleibt dem Menschen verschlossen.

Du siehst die Schwäche deines Nächsten, doch du weißt nicht, ob nicht vielleicht eine einzige seiner Taten Gott angenehmer ist als dein ganzes Leben. Hatte dein Nächster das Unglück, zu fallen, so hast du doch nicht die Tränen gesehen, die er vorher vergoss noch seine Reue, die darauf folgte; und während Gott, der Zeuge seines Kummers und seiner Zerknirschung, ihn schon freisprach, fährst du fort, ihn zu verurteilen.

Viertes Buch

Die Hand, die schafft, bewegt ein Kopf, der denkt. Ist er erfüllt von seinem Werk, so magst du es Hand- oder Kopfarbeit nennen. Jede Arbeit ist stets beides gleichzeitig.

Handarbeit ist Pflicht und Glück für uns alle. Die geistige Tätigkeit ist immer auf wenige beschränkt. Sie wird Pflicht und Glück lediglich für jene, die zu ihr berufen sind. Die Berufung aber kann man nur erkennen und beweisen durch das Opfer, das der Gelehrte oder der Künstler an seiner Ruhe und seinem Wohlleben bringt, um sich ganz hinzugeben seinem Werk.

Arbeit ist ein Bedürfnis, doch keineswegs eine Tugend. Will man aber die Arbeit erheben zu einer Würde an sich, so ist das der gleiche Irrtum, wie wenn man der Ernährung des Menschen Würde und Tugend zuschreiben wollte.

Begehrst du gute Stimmung des Geistes, so arbeite, bis du müde bist, doch nicht über deine Kraft hinaus. Eine gute Seelenstimmung wird stets gestört durch Müßiggang, selten aber durch übermäßige Arbeit.

Krankheiten heben keineswegs unsere Tugenden und Laster auf. Selbst wenn du nicht mehr sprechen kannst, vermag dein Blick die ganze Fülle der Liebe auszuströmen.

Würde der Mensch nicht zweifeln an der Unzerstörbarkeit seines Lebens durch den Tod, so würden ihm alle Krankheiten nur vorkommen wie eine Annäherung zum Übergang aus einem Leben in das andere – und dieser Übergang wäre eher wünschenswert als unerwünscht. Und dann würde er das Weh der Krankheit ebenso ertragen, wie wir das Unbehagen übermäßiger Arbeit auf uns nehmen, wenn wir wissen, dass sie zum Guten führt. Während wir Schmerzen leiden, wüssten wir, was sich mit uns vollzieht, und wir würden uns in Ruhe vorbereiten auf den neuen Zustand unserer Seele.

Der wahre Sinn des Lebens besteht darin, seine Unendlichkeit zu erfassen.

Ein berühmter persischer Gelehrter wurde ins Gesicht geschlagen. Da sagte er dem Menschen, der ihn geschlagen hatte: »Ich kann auf Beleidigung mit neuer Beleidigung antworten, doch ich werde das nicht tun. Ich kann mich über dich beim Kalifen beklagen, doch ich werde mich nicht beklagen. Ich kann in meinen Gebeten vor Gott über die Beleidigung klagen, die du mir angetan, doch ich werde mich dessen enthalten. Am Tag des Gerichtes werde ich die Möglichkeit haben, gegen dich die göttliche Gerechtigkeit anzurufen. Doch wenn dieser Tag anbricht und meine Gebete erhört werden, werde ich zugleich mit dir ins Paradies eingehen.«

Die Feigheit beruht darin, zu wissen, was man tun soll, und es doch nicht zu tun. Unser Mut bleibt stets zurück hinter unserem Wissen.

Glaube nicht, Männlichkeit bestehe nur in Tapferkeit und Gewalt: Die höchste Männlichkeit besteht darin, über dem Zorn zu stehen und den in Liebe zu umfassen, der uns beleidigt.

Fürchtest du dich vor irgendetwas, so wisse: Die Ursache deiner Furcht liegt nicht außer dir, sondern in dir.

Sobald wir in Zorn geraten während eines Wortstreites, streiten wir nicht mehr um der Wahrheit willen, sondern um unser selbst willen.

Möge der Sprechende ein Tor sein – wenn nur der Hörer weise ist.

Sanftes Antworten verscheucht den Zorn, beleidigende Worte lassen ihn aufflammen – und der Zorn gibt dich geistig in die Hand dessen, der dich kränkte.

Fragt man dich, woran du einen Propheten erkennst, so antworte: Das ist ein Mensch, der mich das Wissen lehrt von meinem eigenen Herzen.

Wird ein guter Rat von ganzem Herzen gegeben, so ist er ebenso nützlich wie ein gutes Beispiel.

Fürchtet Gott und quält niemals ein Tier! Nützt seine Kraft, solange es gerne dient, lasst es frei, wenn es ermüdete, und gebt willig Speise und Trank dem Wortlosen.

Nicht der ist gut, der keine Ungerechtigkeit begeht, sondern wer keine Neigung zu ihr verspürt.

Nicht deshalb steht der Mensch über den Tieren, weil er sie herzlos quälen kann, sondern weil er Mitleid zu empfinden vermag mit ihnen.

Ich durchwanderte die ganze Welt und suchte nach dem Licht, das mich führen könnte. Ohne Unterlass suchte ich, Tag und Nacht, und endlich vernahm ich einen Propheten, der mir die Wahrheit enthüllte. Dieser Prophet wohnte in meiner Seele, und das Licht, das ich gesucht hatte in der ganzen Welt, es offenbarte sich in meines Innern Reinheit.

Dein Körper, das ist eine Stadt, in der es Gutes und Böses in Fülle gibt. Du bist der Sultan dort, dein Gewissen aber, das ist der Großwesir.

Nichts ist anziehender als Friedfertigkeit gepaart mit Güte. Doch muss man sie suchen, sie zeigt sich nicht auf offenem Markt.

Achmed sprach zu einem Mann, der hinter ihm herging und ihn beschimpfte: »Wenn du noch etwas gegen mich zu sagen hast, so sage es, bevor wir die Stadt betreten. Sonst werden andere es vernehmen und über dich herfallen.«

Einem Weisen erzählte man, er werde für einen schlechten Menschen gehalten. Er antwortete: »Nur gut, dass man mich nicht wirklich kennt, sonst würde man noch ganz anderes von mir sagen.«

Wie tief der Mensch auch gesunken sein mag, stets bleibt er imstande, die Vollkommenheit zu schauen, zu der er hingelangen könnte.

Vermeide das eigene Urteil über dich, und vor allem, vergleiche dich nicht mit anderen! Vergleiche dich nur mit der Vollkommenheit, deren reines Bild in deiner Seele wohnt.

Solange du lebst, suche dich zu belehren! Warte nicht, bis das Alter von selbst dir die Weisheit bringe; sonst lässt die Reue dich nicht los über ein nutzlos vergeudetes Leben, das nie mehr wiederkehrt.

Wenn du glaubst, es bestehe nur, was du mit Händen greifen kannst, so bist du noch weit vom Ziel. Du gehst vorüber an der Wirklichkeit.

Die Vollkommenheit steht uns so fern, dass, wie verschieden auch unsere Lebensführung sein mag, der Abstand von der Vollkommenheit der gleiche für uns alle ist.

»Hier will ich hausen zur Regenzeit, dort will ich mich ansiedeln im Sommer«, so meint der Tor, und denkt nicht an den Tod. Doch plötzlich kommt er und nimmt den Menschen hinweg mit all seinen Sorgen, mit all seiner Selbstsucht und von all seiner Lust. Weder Sohn noch Vater noch

Verwandte und Nahestehende, niemand wird uns helfen, wenn der Tod uns naht. Diese Erkenntnis ist der Weg, der zur Seelenruhe hinführt.

»Mir gehören diese Söhne, mein sind diese Reichtümer«, so denkt der Tor. Wie aber können Söhne und Reichtümer ihm gehören, da er nicht einmal sich selber angehört?

Wirklich ist nur das Geistige, alles Körperliche ist nichts als Schauspiel.

Dein ganzes Leben – ist ein winziger Teil der unermesslichen Zeit. So sieh denn zu, dass du aus ihm alles machst, was in deiner Macht steht. Sei eingedenk, dass du nicht immer in dieser Welt lebst, sie vielmehr nur durchschreitest.

Die Seele lernt nichts; sie entsinnt sich nur dessen, was sie von jeher wusste.

Magst du auch auf die Fragen nach Leben und Tod die Antworten anderer dir zu eigen machen, die vordem lebten, weiser und kluger Männer, so ist gleichwohl dein eigenstes Tun in der Auswahl und Anerkennung dieser Antworten.

Das Wissen von der Göttlichkeit der Seele gibt uns Leidenschaftslosigkeit gegenüber allen Übeln des Lebens.

Gott lebt in allen Menschen, doch, nicht alle Menschen leben in Gott. Hierin liegt die Ursache des Leidens in dieser

Welt. Wie die Lampe nicht brennen kann ohne Feuer, so kann der Mensch nicht leben ohne Gott.

Fürchte niemanden und nichts. Was in dir das Kostbarste ist, kann nicht leiden oder Schaden nehmen.

Unbesiegbar ist, wer nicht mehr Hass und Rache gegen sich erregt – weil er damit unangreifbar ward dem Menschen.

Wie leicht scheint es, die Wahrheit zu sagen. Doch wie viel innere Arbeit erfordert es, um das zu erreichen. Der Grad der Wahrhaftigkeit eines Menschen ist der Maßstab seiner sittlichen Vollendung.

Nur der erlebt die Gegenwart in Wahrheit, der in jedem Augenblick das Leben von Neuem anfängt. Und das ist allein der immer Liebende. Nur in der Liebe greifen wir die Gegenwart. Uns ward kein anderer Hebel, sie zu fassen.

Wo du erkanntest, dass du unrecht hast, beginnt für dich ein neues Leben.

Wer innerlich unabhängig ist vom Menschen, ist unangreifbar: »Ein nicht zu beleidigender Mensch.«

Mit dem Verstand misst du deinen Nächsten niemals aus. Du musst den Glauben an ihn haben, wenn du ihn auch nur so weit erfassen willst, als er im Geist deiner Liebe offensteht.

Es muss der Mensch sich einem Streben widmen, das länger dauert als sein Leben hier – sonst wird ihm unerträglich diese Endlichkeit. Und solches Streben, das geistig nie enden kann, liegt einzig und allein im Willen zur Liebe, ob sie am geringsten deiner Brüder sich auswirkt oder zum schöpferischen Kunstwerk sich erhebt.

Was dich im tiefsten Seelengrund am Dasein hält, ist das Bewusstsein deiner inneren Freiheit: das ganz untrügliche Wissen davon, dass du auch hättest anders machen können, was du eben jetzt bereuen musst.

Nur aus der inneren Freiheit wird das Nichtwillkürliche geboren: In ihm nur wirkt das ewige Gesetz.

Du brauchst dich gegen nichts im Geist zu verschließen, sobald du nicht mehr fürchten musst, abhängig und unfrei zu werden.

Du bist in deiner eigentlichen Wesenheit, wenn du die Triebe fest im Zügel hältst und den großen Verzicht vollziehst auf alles, was Lust ist. Und wisse: Dieser Verzicht ist weit schwerer in der Vorstellung als in der Wirklichkeit.

Verleumdungen, gegen die man sich nicht rechtfertigen kann – sind die beste Schule der Güte.

Wahrhafte Selbsterkenntnis ist das Ahnen Gottes.

Eines ist zweifellos Offenbarung Gottes: die Gesetze des Guten, die der Mensch in sich trägt, und in deren Anerkennung er vereinigt ist mit all seinen Mitmenschen.

Wer die Freiheit leugnet, gleicht dem Blinden, der behauptet, es gäbe kein Licht. Ein solcher Mensch kennt nicht das Reich der Freiheit.

Um an das Gute zu glauben, muss man beginnen, es zu tun.

Wenn ein Mensch die eigenen Fehler nicht sehen will, sondern immer sie zu rechtfertigen sucht, so wird er die Stimme des Guten in sich bald zum Schweigen bringen.

Alles kommt von Gott, und deshalb ist alles ein Heil, auch das Übel. Wir sehen dies nur nicht, weil wir kurzsichtig sind.

Wer mit allen Menschen umzugehen weiß, ist wahrhaft friedlich. Er übt die Tugend des Nichtwiderstehens. Man nennt das: in Eintracht stehen mit dem Himmel.

Das Suchen nach Wahrheit vollzieht sich nicht mühelos und in Heiterkeit, sondern unter Mühen und Leiden. Gleichwohl muss man die Wahrheit suchen; denn wenn man sie nicht findet und sie nicht lieben lernt, geht man unter in Irrtum und Wahn. Du wirst sagen: »Würde die Wahrheit wollen, dass ich sie finde und liebe, so würde sie sich mir selber offenbaren.« – Sie will sich dir offenbaren, du aber wendest ihr keine Aufmerksamkeit zu. Suche die Wahrheit und du wirst erkennen: Dem Suchenden steht das Tor zur Wahrheit offen.

Möge jeder Morgen für dich wie der Beginn eines neuen Lebens sein und jeder Abend wie das Ende deines Lebens; und möge jeder Tag in dir die Spur hinterlassen einer liebevollen Tat für andere und einer Entsagung für dich selber.

Siehe die Natur, wie sie lebt in der Weisheit Gottes! Lebe mit ihr und du wirst außerstande sein, dich schlechten Gedanken hinzugeben.

Fünftes Buch

Schmücke jeden Tag durch eine gute Tat! Denke beim Erwachen daran, ob du nicht heute einem Menschen eine Freude bereiten kannst!

Tatest du deinem Nächsten etwas Böses, so sieh es als ein großes Unrecht an, es mag noch so geringfügig gewesen sein; erwiesest du ihm aber eine große Wohltat, so achte sie für unbedeutend. Doch das kleinste Gute, das du andern erwiesen, gelte dir seinem Wesen nach als unendlich wichtig. Wenn du Gutes tun kannst, sei im Herzen dafür dankbar.

In der Natur vollzieht sich alles unmerklich in allmählicher Wandlung, nicht durch plötzliche Ausbrüche; so ist es auch im geistigen Sein. Alles wahrhaft Erhabene vollzieht sich allmählich in unmerklichem Wachstum.

Der Nachtschmetterling fliegt um das Licht der Lampe, denn er kennt nicht Brandwunden. Auch der Fisch verschlingt den Wurm an der Angel, denn er ahnt keine Gefahr dabei. Und da wollen wir nicht ablassen von unseren Lüsten, wenn wir gleich wissen, dass sie umgeben sind von einem ganzen Netz von üblen Folgen? So bodenlos ist die Tiefe der Unvernunft.

Wovon der Mensch sich lossagt, das kann ihm nicht mehr Leiden bringen.

Unsere Wünsche – sind wie kleine Kinder: Je mehr man ihnen nachgibt, umso anspruchsvoller werden sie.

Der Lust entspringt das Leid, der Lust entspringt die Angst. Wer frei ist von allem Streben nach Lust und Genuss, für den gibt es weder Leid noch Angst.

Die Vermehrung der Bedürfnisse bedeutet keine Vervollkommnung, wie man oft sagen hört, im Gegenteil. Je mehr aber der Mensch seine Bedürfnisse einschränkt, umso mehr wächst in ihm seine Würde als Mensch, umso freier wird er und vor allem umso fähiger, Gott zu dienen im Dienst an seinesgleichen.

Um glücklich zu sein, bedarf es nur des einen: Wirf aus dein Netz nach allen Seiten, und wer in seine Maschen gerät, der ist dein Bruder.

Wer von uns Lebenden kennt nicht jenes Gefühl der Seligkeit, hat es nicht wenigstens einmal empfunden, am häufigsten in früher Kindheit: Man will dann alle lieben: die Nächsten, den Vater, die Mutter, die Brüder, auch die schlechten Menschen, auch die Feinde, auch das Hündchen und das Pferd und das Gräslein am Weg. Man wünscht dann eines nur: Es möchte allen wohlergehen, und dass man selber es wäre, der dies bewirkt. Man will sich selber hingeben, sein ganzes Leben dafür, dass es stets allen wohlergehe und freudig zumute sei. Das aber ist die Liebe, in der das Leben des Menschen beschlossen ist und die im Geist zu dir redet.

Menschenliebe schließt alle Gerechtigkeit in sich.

Verlassen dich die Kräfte und bist du schwach, so soll noch deine Schwäche voll von Liebe sein.

Du brauchst nur die Menschen lieben zu wollen, und die Menschenliebe naht sich dir ganz von selber.

Aufmerksamkeit auf die Fehler anderer entspringt immer der Unachtsamkeit auf sich selber.

Es gibt keinen offenbareren Schaden für einen Menschen als allzu große geistige Gewandtheit: Denn das ist eine Verführung, den Nächsten zu verspotten.

Du brauchst nur dann nicht vorher zu bedenken, was du sagen willst, wenn du Ruhe und Wohlwollen empfindest. Je unruhiger du aber bist, umso mehr hüte dich, zu verfallen der Sünde des Wortes.

Tod nennen wir sowohl die Vernichtung des Lebens selber wie auch die Augenblicke oder die Stunden des Sterbens. Das Erste – steht außerhalb unserer Macht. Das Zweite dagegen, das Sterben selber, ist die letzte Aufgabe im Leben und von tiefer Bedeutung. Wie wichtig es auch sein mag, ein gutes Leben zu führen, fast ist es wichtiger, schön und in Würde zu sterben. Ein schlechter Tod vermag die Einwirkung eines ganzen langen, gut geführten Lebens abzuschwächen. Dagegen sühnt ein schönes, gottergebenes Sterben ein ganzes langes, schlechtes Leben.

Erkanntest du Schwächen bei deinem Nächsten, so sprich zu niemand davon.

Höre niemals diejenigen an, die schlecht sprechen von anderen und dabei sich selber loben.

Du wunderst dich bisweilen, dass die Menschen immer wieder die seltsamsten Behauptungen aufrechterhalten. Denke nach und du wirst finden, dass sie nur ihre eigene Lage zu rechtfertigen suchen.

Leben heißt erkennen, dass das göttliche Wesen in uns an Schranken gebunden ist.

Wirklich ist nur unser Bewusstsein, und seine Sonne ist die Liebe.

Suche in deinem eigenen Herzen, du wirst Gott nirgend sonst finden.

Es ist nun einmal so: Die Menschen streben nicht danach, zu tun, was sie für gut halten, sondern danach, möglichst viele Dinge ihr Eigen zu nennen.

Die Hauptursache unserer Unzufriedenheit mit dem Leben ist die durch nichts begründete Annahme, dass uns allen das Recht zusteht auf ein Glück, das niemals endet. Würden wir das ganze erhabene Heil des Lebens begreifen und schätzen, das uns die Möglichkeiten gibt, uns im Geist und in der Liebe mit der körperlichen und geistigen Welt zu vereinigen – so würde uns niemals der Gedanke kommen, dass man auch noch etwas anderes begehren könnte.

In Wahrheit lebt nur deine Seele. Was ist aber dann das übrige? Schatten, Vorwand, Gleichnis, Sinnbild, Traumgesicht. Was wir allein zu erkennen vermögen, ist das Geistige. Die Welt, das ist eine Art von Spiel, und ihr Zweck ist – die Bildung und das Wachstum der Seele.

Höchste Gottesverehrung ist dankende Freude über das Leben.

Willst du glücklich sein, so glaube an die Möglichkeit des Glücks für den Menschen.

Wenn sich ein Mensch den Magen verdirbt, so muss das Essen daran schuld sein. Das Gleiche gilt von den Menschen, die unzufrieden sind mit dem Leben. Wenn wir unzufrieden sind mit unserem Dasein, so bedeutet das nur, dass wir Grund haben, unzufrieden zu sein mit uns selber.

Tue lieber gar nichts als etwas, das einem deiner Brüder schaden könnte.

Ein harmloses, heiteres Spiel ist notwendiger und wichtiger als viele Geschäfte. Die Geschäfte, mit denen sich vielbeschäftigte Leute brüsten, sind häufig derart, dass es besser wäre, sie zu unterlassen.

Wie das Pferd am Wagen nicht anders kann, als ihn zu ziehen, so vermag auch der Mensch nicht untätig zu sein. Und deshalb liegt darin, dass ein Mensch arbeitet, das gleiche Verdienst wie darin, dass er atmet. Entscheidend ist allein, womit der Mensch sich beschäftigt

Arbeit und Freude in richtigem Wechsel machen das Leben schön. Jedoch nicht jede Arbeit und nicht jede Freude.

Ein seltsames Vorurteil hat sich eingenistet in den Seelen der Männer: kochen, nähen, waschen, Kinder pflegen sei ausschließlich Sache der Frau, tue ein Mann solches, so sei das schmachvoll. Dabei ist das Gegenteil schmachvoll: schämen soll sich der Mann, der häufig unbeschäftigt ist, seine Zeit mit Nichtigkeiten zuzubringen oder überhaupt nichts zu tun, während seine ermüdete, häufig schwache und vielleicht schwangere Frau über ihre Kräfte kocht und wäscht und Kinder pflegt.

Die ganze Welt und alles in ihr ist vortrefflich, doch das Allerschönste in dieser Welt – ist eine tugendhafte Frau. Die Tugenden der Frau und des Mannes sind die gleichen: Entsagung, Wahrhaftigkeit, Liebe. Indes erlangen diese Tugenden in der Frau eine ganz besondere Kraft.

Die rechte und dauernde Verbindung zwischen Mann und Frau gründet sich allein auf geistige Gemeinschaft. Entbehrt die körperliche Bindung der geistigen, so ist dies eine Quelle steter Leiden.

Das Werk, in dem niemand die Frau ersetzen kann, besteht darin, Kinder zur Welt zu bringen und ihnen die erste Erziehung zu geben.

Je mehr Hochschätzung Dinge, Gewohnheiten und Gesetze genießen, umso aufmerksamer solltest du ihr Recht auf Hochschätzung prüfen.

Niemals werde ich für mich allein das Heil suchen, ein ganz persönliches Heil. Ich will nicht für mich allein Beruhigung empfangen. Doch immer und überall werde ich mich bemühen und danach streben, dass jedes Geschöpf in allen Welten das volle Heil erlangt. Solange nicht alle befreit sind, werde ich nicht diese Welt verlassen, diese Welt der Sünde, des Leides und des Kampfes.

Der Mensch ist bestimmt, ein Knecht zu sein. Er hat nur die Wahl: Ist er ein Knecht seiner Leidenschaften und damit auch der Menschen, oder will er ein Knecht sein seines geistigen Ursprungs, das heißt Gottes.

Die äußere Welt ist ihrem Wesen nach in Wirklichkeit durchaus nicht so, wie sie uns erscheint, und deshalb ist alles, was dinglich ist in dieser Welt, nicht wesentlich. Was ist dann aber wesentlich? Nur, was überall das Gleiche und für alle Wesen gleich ist: der geistige Ursprung des Lebens.

Das Leben ist kein Geschäft, das Dasein ist eine geistige Gegebenheit.

Weder im Himmel noch im Meer noch auf der Höhe der Berge noch irgendwo in der ganzen Welt gibt es einen Ort, wo der Mensch sich befreien könnte von dem Bösen, das er tat.

In der Einstellung zur eigenen Sünde enthüllt sich dein sittliches Ich. In deiner Einstellung zu den Sünden anderer enthüllt sich deine ganze Geistigkeit.

Das Böse in dieser Welt zeigt nicht sogleich seine Früchte, doch reifen sie allmählich und zu ihrer Zeit. Und es werden schlechte Früchte sein.

Liebst du dich selber, so tue niemand etwas Böses, so gering es auch sein mag.

So sicher, wie der emporgeworfene Stein nicht in der Höhe bleibt, sondern zur Erde zurückkehrt, so sicher ist auch, dass entsprechend deinen guten und schlechten Taten dir die Erfüllung der Wünsche deines Herzens zugemessen wird in welcher Gestalt und welcher Welt du auch wandeln mögest.

Loszukommen von sich – darin liegt die Berufung des Menschen.

Erst in der Reue erkennst du, dass du in deinem Innern unabhängig bist von dieser ganzen Außenwelt.

Fühlst du dich von jemand beleidigt, so stellst du dich geistig unter ihn.

Wie du niemals die geistigen Kräfte einbüßt, auch wenn du ihnen ganz entgegen handelst, so sind sie auch für den Nächsten unverlierbar, selbst wenn du ihn in seinem Tun und Treiben noch so tadeln musst.

Es gibt eine Tiefe der Geistigkeit, in die kein Begehren mehr hineindringt – weil es nicht mehr bestehen könnte. Hier ist die Heimat deiner Seele, hier sollst du hausen.

Du willst in Freiheit vor dem Menschenbruder stehen – und darum musst du seine Selbstbestimmung achten.

Sei erst ein guter Mensch – dann magst du nach Wissen streben.

Die Armut lehrt uns Weisheit und Geduld.

Gibt es denn Menschen jenseits der Gemeinschaft? Gibt es denn eine Welle, die für sich allein ist im Weltenmeer?

Wenn du glaubst, dass du dich vervollkommnest, wenn du meinst, das zu bemerken – so wisse, dass du irrst: Du bist dann stehen geblieben oder gehst gar zurück.

Vergeblich zürnst du mir und willst nicht meine Gegenwart ertragen: So wisse, dass wir alle gleich sind, und sei nicht stolz, wie hoch auch deine Stellung sein mag.

Zu denken und zu lieben sind wir da.

Sechstes Buch

Wer sich fügt, wer bescheiden ist, der erlebt Freuden, die dem Selbstzufriedenen und dem Stolzen unerreichbar sind.

Hochmut und Selbstüberheblichkeit vermögen nichts zu erwerben. Sie glauben ja, schon alles zu besitzen.

Fürchte nicht die Erniedrigung, wenn du sie in Bescheidenheit hinzunehmen vermagst: Sie wird um ein Vielfaches wieder gutgemacht durch die geistigen Güter, die mit ihr verbunden sind.

Ohne Wahrhaftigkeit gibt es keine Güte. Ohne Güte kann die Wahrheit nicht übermittelt werden. Güte und Wahrheit bedingen einander.

Zwei Wege führen zur Tugend: Sei stets gerecht und tue kein Leid dem lebendigen Geschöpf. Das kannst du stets, hier bist du mächtig. Denn wisse: Jegliche Bosheit entspringt nur der Ohnmacht.

Die Tugend und die Kraft der Seele erhöhen und vervollkommnen sich im Unglück, im Leiden, in der Krankheit. Darum brauchen wir die Prüfungen nicht zu fürchten, die auf uns fallen. Lasst sie uns mit Festigkeit ertragen, denn jede Prüfung führt uns näher zu Gott: Das Unglück ist der Schleifstein des menschlichen Daseins.

Nur eine Aufgabe gibt es für den Menschen, gab es für ihn und wird es für ihn geben, eine Aufgabe, auf die es lohnt, das ganze Leben zu gründen: Zerstöre das Trennende, das die Menschen unter sich errichten.

Wie der Mensch sich selber auffasst, damit bestimmt er auch sein Schicksal.

Alle Leiden gereichen uns zum Heil: Sie helfen uns, Gott näher zu kommen in zunehmender Reinigung unseres Herzens.

Ist deine Seele in Not, so sprich darüber zu niemandem außer zu Gott. Wichtig ist es, zu Schweigen und zu dulden. Sonst gehen die Leiden auf andere über und machen auch sie leiden. Lass alles Leiden bei dir selber enden, und es wird dir helfen, höher hinaufzugelangen und näher zu kommen der Vollkommenheit, die du ersehnst.

Suche den Sinn des Leidens für dein seelisches Wachstum zu erfassen – dann schwindet alle Bitternis.

Solange du selber sündig bist – und wann bist du das nicht? – sprich nie ein Wort von den Sünden anderer. Lass ab, den Nächsten zu verurteilen, und die Liebe wird in deiner Seele wachsen.

Liebst du einen Menschen, ohne Gott in ihm zu lieben, das heißt das Gute, so erwartet dich nur Enttäuschung und Leid.

Wir lieben es, in den Irrtümern unserer Nächsten herumzuwühlen, doch wir verheimlichen uns die eigenen, so wie der Dieb bestrebt ist, seine Nachschlüssel zu verbergen.

Gott lieben – heißt das höchste Gute lieben, das wir uns vorstellen können. Immer wieder hört man: Ich begreife nicht die Liebe zu Gott. Richtiger wäre es zu sagen: Ich begreife keine andere Liebe außer der Liebe zu ihm.

Völlig würdig der Liebe ist nur die Vollkommenheit. Wollen wir eine vollkommene Liebe erleben, so müssen wir entweder dem Gegenstand unserer Liebe Vollkommenheit zuschreiben oder in ihm die Vollkommenheit selber lieben: Gott, den Schöpfer.

Du kannst das allgemeine Übel nur durch *ein* Mittel bekämpfen: Vervollkommne dein Leben im Geist und in der Liebe.

Sind Geist und Herz gereinigt, so offenbart sich ihnen Gott.

Bei jedem Leid, das dich trifft, denke nicht so sehr daran, wie du dich von ihm befreien könntest, sondern was es von dir verlangt zu deiner sittlichen Vervollkommnung. Du leidest niemals allein. Jedes Leid, das dich trifft, es kann auch andere Menschen treffen. So macht das Leid dich sehender für deinesgleichen, und unser aller Bestimmung zu Leid und Kummer wird dir stets deutlicher. Wer dies erkannt hat, dem schwinden Zorn und Rache hin.

Lasst uns bestrebt sein, das Übel in uns auszujäten, bevor es tiefe Wurzeln fassen kann. Das Gute und das Böse wachsen in uns in dem Maß, als wir ihnen Zugang gewähren in unser Herz. Und wenn es auch stets weiß, was gut und böse ist, so hängt es ganz von seiner Reinheit ab, dass wir erfassen, wo das Gute eben nach uns ruft.

Nur das ist wirklich eine Pflicht, was nicht zum Ziel unsere Knechtschaft hat. Nur das ist wahrhaftes Wissen, was unsere innere Freiheit fördert. Jedes andere vermeintliche Wissen ist nur etwas, das du in müßigen Stunden dir erdachtest.

Bei jeder Entscheidung der Frage, ob du so oder so handeln sollst, frage dich, wie du handeln würdest, wenn du wüsstest, dass du noch an diesem Abend sterben wirst – und dabei werde niemand jemals erfahren, wie du gehandelt hast.

Der Tod lehrt die Menschen, wie sie ihre Werke vollbringen sollen. Von allem, was die Menschen tun, ist nur *ein* Werk immer vollendet – das ist das Werk der Liebe, die auf jeden Dank verzichtet.

Je weniger du den Menschen nach dem Mund redest, umso leichter fällt es dir, Gott zu dienen.

Du trägst in dir den Richter über dich, der niemals irrt.

Die Liebe weist dem Menschen seines Lebens Ziel. Die Vernunft gibt ihm die Mittel an die Hand, es zu erreichen.

In die besten unserer Taten mischt sich ein Körnchen Eitelkeit, ein ganz klein wenig von dem Wunsch, dass uns die Menschen loben möchten. Und dieser Wunsch ist nur dann unschädlich, wenn der Mensch sich sagen kann: Würde er auch getadelt werden statt gelobt für sein Tun, er würde es gleichwohl nicht ändern. Es gibt hier nur einen Ausweg: Halte dich unentwegt an das, was deinem Nächsten wirklich nützt und wo du ihm helfen kannst. Was dabei in deinem Innern vorgehen mag, das kümmere dich nicht; daran zu denken bleibt dir keine Zeit.

Den Tieren gab Gott alles, was sie brauchen. Doch dem Menschen gab er es nicht, der Mensch soll selber sich schaffen, was ihm unentbehrlich ist. Die höchste Weisheit ward nicht mit ihm zugleich geboren, er muss sich mühen, sie zu erfassen. Und je stärker er sich müht, umso höher ist der Lohn.

Was uns von einem Menschen trennt, hält uns von uns selber fern und hemmt uns innerlich.

Nur aus der Sehnsucht nach der inneren Reinheit wird das schöpferische Werk geboren.

Der Mensch ist selten groß in seinem Tun, doch häufig riesenhaft in seinem Wollen.

Erst wenn du Brosamen ausstreust, wirst du inne, dass Vogelaugen nach dir ausspähen. Erst wenn du reinen Helferwillen im Gesicht trägst, umdrängen dich die Menschen. Und wer um deine Hilfe fleht, der führt dich über dich hinaus.

Ehrfurchtslosigkeit ist ein Nichtachten der inneren Unzerstörbarkeit des Menschen.

Würden die Menschen danach streben, sich selber zu vervollkommnen, statt die ganze Welt zu retten, selbst innerlich frei zu werden, statt die ganze Menschheit zu befreien – wie viel hätten sie getan zur Rettung der Welt, wie viel hätten sie getan zur wahrhaften Befreiung der ganzen Menschheit.

Erst wenn du beim Durchschreiten einer Wiese einsiehst, dass du hier unausdenkbare Wunder niedertrittst; erst wenn du beim Töten der kleinsten Mücke innewirst, dass hier ganz Unwiederbringliches vernichtet ward – erst dann hast du den Sinn deines Daseins in der Gotteswelt wahrhaft erfasst.

Das ist der wahre Fortschritt: Das Reich der Unschuld weitet sich vor deinem inneren Blick, das Reich, in dem du ohne alle innere Hemmung fördern kannst und lieben.

Du magst die Lehren aller Religionen erforscht haben, einzig die Güte gibt dir Heil. Der, in dessen Seele sie lebt, wird niemals in das Reich des Dunkels und des Leides eingehen. Kein Übel holt den ein, der gütig ist und allen Wesen dient.

Unsere Schwächen und unsere Unvollkommenheiten bringen Feindschaft und Zwietracht in das Menschenall. Denn der Mensch nimmt es dem Menschen übel, wenn er nicht die gleichen Unvollkommenheiten aufweist wie er selber.

Was von dir bleiben wird? Ein freundliches Gesicht, ein liebevolles Wort, eine selbstlose Tat – und dein innerer Widerspruch gegen das Unrecht und gegen die Lüge.

Du bist nicht vertrieben aus dem geistigen Reich, du kannst daraus nicht vertrieben werden – mag auch dein Wandel ungeistig sein: Die Pforte zum Himmel steht dir immer offen. Du trägst den Schlüssel unverlierbar in dir.

Der Mensch bemächtigte sich der Erde, bevor er noch die Herrschaft über sich gewann – und jetzt will er die Herrschaft über sie mit Gott nicht teilen. So ging das eigentliche Ziel verloren.

Wo immer man das innere Band zerreißt, das einen Menschen an den anderen bindet, da wird der Geist in Fesseln gelegt: Denn er duldet keine Trennung zwischen denen, die seine Träger sind.

Man ist nur wirklich in der Gegenwart, und sie fasst allein der Liebende. Hass und Begierde leben von der Zukunft. Der Neid hängt an der Vergangenheit.

Wenn wir uns nur für einen Augenblick lossagen von unserem kleinen Ich, nichts Böses mehr denken, dann werden wir zu einem reinen Glas, das widerspiegelt das Himmelslicht. – Und was spiegeln wir damit alles wider! Die ganze Weltschöpfung dreht sich um uns im Strahlenglanz – und geblendet vom Göttlichen werden wir auf unser Antlitz niederfallen und die heilige Erde küssen.

Wenn das Regenwasser die Dachrinne hinabläuft, so scheint es uns, es fließe aus ihr heraus, während es doch vom Himmel herabfällt. Ganz so ist es mit den heiligen Lehren, die uns gottbegeisterte Menschen vortragen. Es scheint, als gingen sie aus ihrem Mund hervor, tatsächlich aber kommen sie von Gott.

Und wirklich, nichts als Wahn ist alles, was nicht dem Wollen in uns Richtung gibt zur Tat.

Wenn du ein Ding als bloßen Stoff bezeichnest, so hast du nicht sein Geistiges erlebt.

Nichts Schönes kannst du tun, wenn du dich hervortun willst vor anderen. Nichts wahrhaft Edles schafft der Stolz.

Die Kunst vereinigt die Menschen und weckt in ihnen edle Empfindungen. Sie nimmt den Dingen, die sie nachgestaltet, das Endliche, das unsere Furcht ihnen andichtet und das uns ratlos macht vor dieser Welt der Dinge.

Werde nicht Diener eines oder einiger weniger. Diene allen und du wirst aller Freund sein. Würde und Freiheit sind dem Menschen zugehörig, lasst sie uns bewahren oder in Würde sterben!

Übles tun kann nur der Mensch. Alles, was ohne seine Mitwirkung geschieht, ist letzten Endes doch ein Gutes. Jedem Geschöpf ist nützlich, was ihm die Vorsehung sendet, und gerade zu der Zeit, da es ihm durch die Vorsehung wird.

Die eigentliche Wirklichkeit alles Bestehenden liegt in seiner Gleichnishaftigkeit. Jenseits des Sinnbildes beginnt die – tote Stofflichkeit und damit die Ratlosigkeit und die Angst und jeder Wahn. Das Endliche bleibt uns stets unfassbar. Nur in der Anknüpfung an das Endlose ergreifen wir die Wirklichkeit.

Das wahre Mitleid – ist das Mitleid des Starken, der seine Kraft und seine Arbeit dem Schwachen gibt. Das Almosen ist nur dann ein gutes Werk; wenn du das, was du verschenkst, durch deine Arbeit erworben hast. Das Sprichwort sagt: Die trockne Hand ist hart, die schweißige Hand ist freigebig. So möge denn dein Almosen gereicht werden, wenn du mit Schweiß bedeckt bist.

Was für ein furchtbares Leiden – zu wissen, dass ich leide, nicht durch die Fülle von Gram, nicht durch Krankheit, sondern durch Menschen, durch meine Brüder, die mich lieben sollten und die mich doch hassen, wenn sie mich der Pein überlassen!

Opfere dein Leben, wenn du im Geist leben willst. Entferne deine Gedanken von den äußeren Dingen und von allem, was von außen her kommt. Weise von dir die Bilder, die in dir aufsteigen, damit sie nicht Schatten auf deine Seele werfen.

Siebentes Buch

Vom Tod Dschelaledin-Rumis wird Folgendes erzählt: Er ging seinem Volk voran durch die glühende unendliche Wüste, aus der er keinen Ausweg mehr wusste. Und es murrte das Volk und dürstete und hungerte und wollte nicht mehr weitergehen. Da riss Rumis sein glühendes Herz aus der Brust, hob es hoch in der Rechten, und es strahlte hell wie ein Stern und wies ihnen den Weg. Neuer Mut belebte das Volk. Als der Abend nahte, hatten sie das Ende der Wüste erreicht. Schlanke Palmen schaukelten sich im kühlenden Abendwind, und in der Ferne lächelte das blaue Meer. Dschelaledin aber war ganz still verblutet. Niemand hatte es gemerkt. Er sank um und neben ihm lag sein verglühendes Herz. Einer der Vorwärtsstürmenden trat darauf – und siehst du: Die Funken, die dort in der Wüste am Rand der Steppe aufsteigen, wenn das Gewitter naht, das sind die Funken aus dem glühenden Herzen Dschelaledin-Rumis, des großen, unvergleichlichen Dichters der Rosenkränze.

Wie die Wächter aufmerksam die Festung bewachen und nach dem Feind ausspähen, so soll auch der Mensch unablässig sich selber bewachen. Keinen Augenblick lasse er sich unbeachtet, ganz besonders in seinem Verhalten zum Nächsten. Wer den entscheidenden Augenblick seines Lebens vorübergehen lässt, der betritt fast stets den Weg in die Welt der Finsternis und des Bösen.

Verbirg dich vor dem Unglücklichen, dem du geholfen hast. Deine Wohltat, soll er genießen, doch unbekannt bleibe ihm der Name dessen, der ihm half.

»Schau dir einmal den Vollmond an«, sprach der alte Kalmück. »Siehst du dort den heiligen Hasen? Einst war unser Stamm von Feinden umzingelt. Uns allen drohte qualvoller Tod, wenn nicht das Bruderheer zu Hilfe kam. Einem jungen, kühnen Burschen gelang es, sich durch die Reihen des Feindes hindurchzuschleichen. Tage und Nächte eilte er durch Wüsten und Steppen ohne Speise und Trank, und die Kräfte wollten ihn verlassen. Da saß am Weg der Hase, den du jetzt da droben siehst. Nimm mich, töte mich, trinke mein Blut und iss mein Fleisch, dann eile weiter – und dein Volk ist gerettet. So tat der opferfreudige Hase, und dafür ward er in den Mond versetzt, damit ihn alle sehen und sich an ihm ein Beispiel nehmen können.«

Falsch ist der Glaube, der da meint, es sei vorteilhaft, dem wirklichen Leben zu entsagen. Erkennst du denn nicht, dass das ewige Leben schon hier im Diesseits beginnt? Wenn ein Mensch der Vollkommenheit nahe ist, macht er keinen Unterschied mehr zwischen der Seele, dem Weltall und der Natur, zwischen sich und anderen … Wenn du weißt, dass der Ursprung des Lebens von jeher in deiner Seele lag, weshalb suchst du ihn und glaubst, man könne ihn finden an einem anderen Orte? Wer so handelt, gleicht einem Menschen, der eine Kerze anzündet bei strahlendem Sonnenschein.

Tue das Gute und wirf es ins Meer, sieht es der Fisch nicht, so sieht es der Herr.

Helfet dem Armen, doch suchet niemals die Ursachen seiner Armut zu ergründen, damit ihr nicht auf etwas stoßet, was euer Mitleid schwächen könnte.

Wenn der Zusammenhang zwischen deinen Leiden und deinen Sünden auch nicht sichtbar ist, er besteht gleichwohl – und du fühlst das in deinem Innern.

Erst als ich schwere Leiden erfuhr, erkannte ich die nahe Zusammengehörigkeit der menschlichen Seelen. Wer selber viel gelitten hat, dem werden alle verständlich, die da leiden müssen, und er weiß genau, welches Wort er ihnen sagen muss. Und nicht nur das, der Geist selber erhellt sich: Die Verhältnisse und Schicksale der Menschen, bis dahin dir verborgen, werden dir klar, und du erschaust, was ihnen frommt. Wie groß ist doch Gott der Herr, der uns weise macht! Und wodurch tut er das? Durch denselben Kummer, vor dem wir davonlaufen und uns zu verbergen trachten. Durch Leiden und Gram erlangen wir jene Weisheit, die man aus keinem Buch lernt.

Suche keinen sichtbaren Lohn für das Gute, er ward dir gegeben in der Tiefe deines Gewissens. Und wenn du die Vergeltung nicht zu sehen vermagst für ein Übel, das du tatest, so glaube nicht, dass die Vergeltung nicht da ist. Sie lebt schon in deiner Seele – und du irrst, wenn du ihr Leiden einer anderen Ursache zuschreibst.

Du wirst umso besser, je mehr du hinstrebst zum Unendlichen, unabhängig von der Stufe, auf der du stehst. Dein Hinschreiten zum Licht hängt stets ab von deiner Zufriedenheit oder Unzufriedenheit mit dem Zustand deiner Seele.

Lang ist die Nacht für den, der nicht schlafen kann. Lang ist der Weg für den, der ermüdete. Lang ist das Leben für den, der ohne Vernunft ist … Nur wer die eigenen Schwächen kennt, vermag den Schwächen seines Nächsten gerecht zu werden.

Fast immer ist es so: Suchen wir tief in uns selber, so finden wir die gleiche Sünde, um derentwillen wir den Nächsten verurteilen. Können wir aber in uns selber nicht die gleiche Sünde entdecken, so brauchen wir nur weiter zu suchen und wir werden noch schlimmere finden.

Alles lebt in Gemeinschaft und alles lebt für sich: Es lebt für sich der Mensch, es lebt für sich der Wurm; und jedes Wesen glaubt, es sei allein am Leben und verlangt vom Leben alles für sich allein. Und dabei nähert sich jedes gesonderte Dasein unaufhaltsam dem Tod – und das ist die Vernichtung des Einzeldaseins.

Ich bin die Nacht. Sei meine Sternenkrone, Herr, dass mir im Dunkel vor mir selbst nicht graut!

In die Weite fliegen die körperlosen Gedanken; leise, leise schleichen sie heran, tief verborgen. Wer sie sich unterwirft, wer sie zügelt, der befreit sich von ihrer Verführung.

Du hast entsagt: Das heißt, du hast dich losgesagt von dem, was überflüssig ist.

Scheich Ali fragte seinen Freund Said, weshalb er tue, womit er selber nicht einverstanden sei. »Weil es alle so machen«, antwortete dieser. »Nun, nehmen wir an, nicht alle«, sprach Scheich Ali, »denn siehst du, ich zum Beispiel tue das durchaus nicht, und noch einige andere, die ich dir nennen könnte.« – »Nun, wenn nicht alle, so doch die meisten.« – »Aber so sage mir doch«, sprach von Neuem Scheich Ali, »was für Menschen bilden die Mehrheit in dieser Welt, die Klugen oder die Dummen?« – »Natürlich die Dummen.« – »Wenn dem so ist, so hältst du dich also an die Dummen, wenn du dich an die Mehrzahl hältst!«

Holt dich das Unglück ein, so suche seine Ursache nicht so sehr in deinem Tun, wie in den Gedanken, die dich zu ihm veranlassten.

Der Mensch handelt stets nur in der Gegenwart. Sie aber ist außerhalb der Zeit, sie ist nichts als der Berührungspunkt zweier Zeiten: der Vergangenheit und der Zukunft.

Und deshalb ist der Mensch stets frei im Augenblick der Gegenwart.

Du solltest dich freuen, wenn du daran denkst, dass Gott unendlich mehr Schönes schuf, als der Blick des Menschen zu fassen vermag. Doch betrübt solltest du sein, wenn du daran denkst, dass der Mensch bei Weitem mehr Böses tut, als seine Seele fassen und seine Hand wieder gutmachen kann.

Selber begehst du die Sünde, selber denkst du das Böse aus, selber entrinnst du der Sünde, selber reinigst du deine Gedanken: Nur durch dich selber bist du böse oder rein, kein anderer kann dir dabei helfen.

Du suchst das Paradies; du begehrst dort zu sein, wo es weder Leiden gibt noch Feinde. Befreie dein Herz, mache es rein und licht, und es wird schon hier das Paradies für dich sein, nach dem du dich so sehnst.

Glück nennen wir, was der Mensch für sich allein erstrebt. Heil nennen wir, was der Mensch für sich und zugleich für alle andern will. Das Glück erreicht man durch Kampf, das Heil – nur durch Liebe.

Machst du einen Unterschied zwischen dir und deinem Mitmenschen, so mache diesen Unterschied nur zu seinen Gunsten: Ihm gelte jede Entschuldigung; denn du weißt ja nicht, wie er wurde. – Für dich selber aber gelte keine Entschuldigung: Du kennst dich viel zu gut.

Die Liebe kann nicht schaffen, um zu vernichten. Im Licht der Ewigkeit wird alles vergeben, alles vergessen: wir können uns niemals eine Vorstellung machen von der unermesslichen Güte unseres Schöpfers.

Das Ziel des geistigen Schaffens ist das Werden eines neuen Lebens, mit dem der Mensch auf das Geschenk der Freiheit antwortet, das ihm von Gott wurde.

Erst muss der Mensch vor Gott in Demut niederfallen – bevor er aufrecht stehen kann vor seinem Nächsten.

Dein Herz ist noch nicht frei, noch nicht bereit zur Liebe, wenn es nicht endlich müde ward, zu hassen.

Und wenn du nichts mehr dein Eigen nennst von allen Gütern dieser Welt und völlig ungeschützt dastehst im Leben – dann liebe selbstlos! Das kannst du immer.

Du bleibst den Menschen unangreifbar, wenn du die Bosheit, die dir gilt, niemals so annimmst, wie sie gemeint ist.

Wem du Unrecht tust, von dem machst du dich abhängig. Wer uns beleidigt, liefert sich uns geistig aus.

Die Liebe ist ein inneres Verstehen von unseres Nächsten eigentlichem Wesen: ein plötzliches Erfassen seiner Geistigkeit, die alle seine Mängel überstrahlt.

Betrüge dich nicht selbst: Im eigenen Entsagen liegt oft ein sich dem anderen Versagen.

Denn wo die Liebe in uns aufersteht, da werden wir des Schöpferischen in uns inne.

Dem Ochsen gleich altert ein Mensch, der nicht nach Weisheit strebt. Wohl wächst sein Fleisch, doch nimmer seine Einsicht.

Was du an einem Menschen tadeln musst, macht nie sein eigentliches Wesen aus, sondern bleibt immer einbeschlossen in seiner ganzen dir unfassbaren Fülle – und du weißt nicht und kannst nicht wissen, mit welchen Vorzügen es dort vereinigt ist.

Die ihr im Dunkel steht, fasst euch nicht Sehnsucht nach dem Licht?

Es gibt keinen guten Menschen, der nicht, wenn er danach sucht, Menschen finden wird, die besser sind als er selber, und der so keinen Anlass finden würde, *unzufrieden* zu sein mit sich selber. Es gibt keinen Nichtsnutz, der nicht, wenn er danach sucht, Nichtsnutze finden wird, die noch schlechter sind als er selber, und der deshalb keinen Anlass finden würde, *zufrieden* zu sein mit sich selber.

Deine Taten sind der Spiegel deiner Seele: Sie zeigen dir, wer du bist. Blicke in diesen Spiegel und du wirst dich selber erkennen! Blicke immer wieder in diesen Spiegel und trachte, dass immer reiner und schöner werde, was sich darin spiegelt!

Wenn du einem Menschen Übles zugefügt hast, so sollst du doppelt gütig sein zu ihm: einmal um gutzumachen, was du ihm Übles getan; zum andern um deinen Dank abzutragen dafür, dass du an dem Leid, das du ihm zugefügt, dich selber kennenlernst. – So kannst du das Üble, das du getan, in ein Heil wandeln für dich selber und für den, der es erdulden musste.

Wenn alle unsere Taten vollkommen wären und nicht stets weit zurückblieben hinter dem Wollen unserer Seele, so hätten wir als Geisteswesen das körperliche Dasein nicht nötig zu unserer Entfaltung und Vollendung.

Vergiss nie deine Pflichten gegen den Nächsten, auch nicht deshalb, weil du ihn gerade speisen musst.

Beten heißt, sich bewusst werden der Bindung an das Unendliche.

Das Böse lebt nicht in der Welt der Dinge, es lebt allein im Menschen.

Jede Begierde glaubt willkommen zu sein, erwidert zu werden. Wäre dieser Wahn nicht in der Begierde, wir würden ihre nackte Hässlichkeit nicht ertragen.

Wie das Unkraut den Acker verdirbt, so verderben den Menschen seine Wünsche.

Nicht das beachtet der Weise, was alle für wichtig ansehen; er achtet aber auf alles, was die Welt für unwichtig hält.

Die Furcht vor dem Tod steht einem denkenden Wesen nicht an. Furcht vor dem Tod ist das Bewusstsein unserer Schuld.

Es gibt für uns kein bloßes Sein: Der Mensch hat immer Pflichten und Aufgaben.

Achtes Buch

Gelehrsamkeit schießt leicht in die Blätter, ohne Frucht zu tragen.

Die Wahrheit ist nur schädlich dem, der Übles tut. Der Gute liebt sie und vermag nicht ohne sie zu leben.

Würden wir begreifen, wer wir wirklich sind, wie nichtig würde uns all unser Kummer erscheinen.

Wer den Höchsten verehrt, aus dessen Herz schwindet aller Hochmut, wie das Licht des brennenden Holzstoßes schwindet vor dem Strahl der Sonne. Wessen Herz rein ist und frei von Hochmut, wer sanftmütig, beständig und einfach ist, wer auf jedes Wesen schaut wie auf seinen Freund und jede Seele liebt wie die eigene, wer sich zu jedem Menschenbruder in gleicher Freundlichkeit und Liebe verhält, wer das Gute zum Werk werden lässt und alle Eitelkeit von sich weist – in dessen Herz lebt der Herrscher des Lebens.

Was mühst du dich zu wissen, ob Er, der Höchste, wirklich ist? Diene ihm, als sei er überall zugegen. Sonst brauchst du nichts.

Das Kind hütet seine Seele wie das Augenlid das Auge, und ohne den Schlüssel der Liebe lässt es niemand hinein.

Noch niemand drang ein in das Geheimnis unseres erhabenen Ursprungs. Niemand tat einen Schritt, der aus ihm selber herausführte. O Du, nach dem die ganze Welt in ewiger

Verwirrung sucht, der Heilige wie der Lasterhafte, der Bettler wie der Reiche – alle sind gleich weit davon entfernt, Dich zu erfassen: Dein Name klingt zugleich mit dem Dasein von uns allen, doch wir sind alle taub. Du stehst vor unser aller Augen, doch wir sind alle blind.

Du kannst deine Arbeit verkaufen, doch niemals deine Seele. Du kannst dich erniedrigen, doch niemals dich entgeistigen. Denn unverlierbar bleibt die höchste Würde, die dir wurde.

In den Kindern liegen die höchsten Möglichkeiten. Ihr Geist ist noch nicht getrübt durch Aberglauben, durch Verführung, durch die Sünde. Auf ihrem Weg nach Vollkommenheit steht noch kein Hindernis. Bei uns Erwachsenen aber stehen da die Sünden und die Verführungen und alle Angst und aller Aberglaube. Die Kinder brauchen nur zu leben, doch wir Erwachsenen müssen ewig kämpfen.

Kinder erkennen die Wahrheit, wenn sie es auch nicht in Worten auszudrücken vermögen. Sie können nicht sagen, worin das Gute besteht, sie verstehen nicht zu sagen, was böse ist, aber unbewusst wenden sie sich ab vom Bösen.

Was du im tief Verborgenen schaffst, ist dein Lohn! Es gehört dir allein. Doch deiner Mühen Früchte gib liebend hin ins Menschenall.

Wenn Menschen sich Rat holen bei erleuchteten Mitmenschen über das, was ihnen zweifelhaft ist und was sie nicht wissen, und keine Erleuchtung dabei erfahren – so sollen sie nicht verzweifeln. Wenn Menschen außerstande sind, eine klare Vorstellung vom Sinn des Lebens zu gewinnen – so sollen sie nicht verzweifeln. Wenn Menschen nachdenken über Gut und Böse und keine klare Vorstellung erlangen – so sollen sie nicht verzweifeln. Wenn Menschen, die Gutes tun, ihm nicht alle ihre Kräfte widmen – so sollen sie nicht verzweifeln! Was die andern auf einmal vollbringen, das müssen sie zehnmal beginnen, was die andern hundertmal wiederholen, das müssen sie tausendmal wiederholen.

Wer dieser Rede in unbeirrbarer Beharrlichkeit folgt, wird die Erleuchtung erlangen und, wie schwach er auch gewesen sein mag, er wird zu einem Starken werden.

Es steht nicht in unserer Macht, die Vögel zu hindern, über unserem Haupt dahinzufliegen, wohl aber können wir ihnen verwehren, auf unserem Haupt zu nisten. Ebenso wenig sind wir imstande, schlechten Gedanken den Eintritt in unser Denken zu verwehren, wohl aber steht es in unserer Macht, nicht zuzulassen, dass sie sich dort ein Nest bauen und brüten und schlimme Gedanken zur Welt bringen.

Besser weniger zu wissen, als man wissen könnte, als mehr zu wissen, als man zu wissen braucht. Fürchte nicht die Unwissenheit, sondern das unnötige, belastende, nur aus Eitelkeit erworbene Wissen.

Wer in das Irrsal der Leidenschaften gerät, dreht sich im Kreis selbstsüchtiger Gedanken, wie ein Mensch, der sich im Wald verirrt hat und im Kreis läuft.

Alles was wertvoll ist, wird nur durch Mühe erlangt und bewahrt.

Bewache deine Gedanken, bewache deine Worte, bewahre dich vor jeder schlechten Tat! Hältst du die Einheit dieser drei Wege ein, so betrittst du den Weg der Wahrheit. Eine Sünde darf man nicht nur nicht tun, an sie nur zu denken, ist schon ein Übel.

Was du selber tun kannst, bürde niemand anderem auf.

Jeder fege vor seiner Tür – dann wird die ganze Straße sauber werden.

Es gibt drei Wege, auf denen der Mensch zu Reichtum gelangen kann: durch Arbeit, durch Betteln und durch Diebstahl. Und wenn der Arbeitende so wenig erlangt, so nur deshalb, weil allzu viel den Bettlern und Dieben zufällt. Ist ein Mensch müßig, so muss ein anderer für ihn über seine Kräfte arbeiten. Wenn ein Mensch mehr als satt ist, so ist ein anderer hungrig geblieben. Die meisten Beschäftigungen müßiger Menschen sind Spielereien – und sie erleichtern nicht nur nicht die Arbeit anderer, sie zwingen ihnen vielmehr immer noch mehr Arbeit auf. Das gilt besonders von den Bedürfnissen des überfeinerten Lebens.

Die Furcht vor dem Tod kommt wohl auch daher, dass die Menschen nur einen kleinen, beschränkten Teil des Lebens überschauen können, nicht aber das ganze große Leben.

Der Tod ist die Auflösung der körperlichen Organe, durch die ich die Welt in mich aufnehme. Der Tod, das ist die Zerstörung des Spiegels, durch den ich die Welt sehe. Doch der Bruch des Glases schließt durchaus nicht den Verlust des Auges in sich.

Sei dessen eingedenk, dass es einen Gott gibt, dem es nicht um Ruhm und Lob bei den Menschen geht, die er selber nach seinem Bild schuf, vielmehr darum, dass sie von der Vernunft, die er ihnen gab, sich zu Taten leiten lassen, durch die sie ihm ähnlicher werden. Der Feigenbaum bleibt treu seiner Bestimmung, das Hündchen und die Bienen gleichfalls. Wird nur der Mensch seine Berufung nicht erfüllen? Doch diese erhabene und heilige Wahrheit dämmert erst in deiner Seele auf. Die Nichtigkeit des Alltags, die unvernünftige Furcht, die Schwäche des Geistes und die Gewöhnung an Knechtschaft verhüllen diese Wahrheit.

Guten Menschen fällt es ebenso schwer, das Böse bei andern vorauszusetzen, wie es bösen Menschen schwerfällt, an das Gute im Menschen zu glauben.

Wir sehen sehr klar und weit, wenn es sich darum handelt, am andern Übles zu erschauen, doch das Üble in uns sehen wir nicht.

In jedem Streit wird über dem Streit die Wahrheit vergessen. Der Kluge lässt ab vom Streit.

Jedes Mal, wenn du fühlst, dass du nicht aus eigener Überlegung handelst und aus eigenem Antrieb, sondern durch Einwirkung anderer und von außen her – dann halte ein und überdenke, ob die Einflüsterung, der du nachgeben willst, gut oder schlecht ist.

Je einsamer du bist, umso mehr vernimmst du den Ruf Gottes an dich, der niemals verstummt.

Schweige, verbirg dich, behalte für dich deine Gefühle und deine Gedanken! In deiner Seele Tiefe lass sie auf- und niedersteigen, so wie bei Nacht am Himmel die hellen Sterne. Freue dich ihrer, aber schweige! Wie soll dein Herz sich künden? Wie soll ein anderer dich verstehen? Wird er begreifen, was dich bewegt? Der ausgesprochene Gedanke ist nicht mehr dein. Nur in dir selber sei zu Hause. Eine ganze Welt birgt sich in deiner Seele von tief geheimnisvollen, wundervollen Fantasien. Sie betäubt der Lärm der Außenwelt; sie verschwinden im Licht des Tages. Du lausche ihrem Lied – und schweige.

Ich weiß, dass es in dieser Welt nicht angeht, dem Guten treu zu sein, ohne sich selbst zu opfern. Die Welt erlaubt ja nicht, dass man sich selber lebt – wohl aber, dass man für andere stirbt. Nie will ich sagen: Nötig ist mein Leben! Doch werde ich auch nie sagen: Nutzlos ist mein

Tod! Ich weiß sehr wohl den Weg, den mich das Schicksal führen wird.

Könntest du aus allen Stimmen, die durcheinander sprechen in der Tiefe deiner Seele, ohne zu irren, die Stimme deines wahren, ewigen Ich heraushören, so stündest du jenseits allen Irrtums und würdest auch nichts Böses mehr tun. Dazu aber müsstest du vor allem dich selber kennen.

Wer kämpfend erlag, nur vom Schicksal geschlagen, der riss aus den Händen der Götter den Kranz.

Im Zusammenklang lebendiger Worte liegt eine Kraft, die Heil und Segen spendet; es atmet eine unbegreifliche heilige Kraft und Herrlichkeit aus ihnen.

Ich will nicht, dass die Welt erfährt, was sich in meinem Innern abspielt: Wie ich geliebt, wofür ich litt, das geht nur Gott und mein Gewissen an. Das Herz gibt ihnen beiden Rechenschaft in seinem Fühlen, und beide fleht es um Erbarmen an. Doch strafen soll mich der allein, der meine Qualen sich erdachte.

Befällt dich Leidenschaft mit Stürmen und Gewittern, so bleibe fern dem lärmenden Zusammensein der Menschen. Erniedrige dich nicht! Sei dir zu gut, um dich auf Handeln einzulassen, bald mit dem Zorn, bald mit dem Gram, der immer so gefügig ist.

Die unbegrenzten Verpflichtungen deines geistigen Seins bestehen in jedem Augenblick. Du kannst ihnen nicht entgehen.

Heil dem, der mit Taten, des Ruhmes wert, seine flüchtigen Jahre verewigt! Heil dem, der im Leben einmal nur die ewige Gerechtigkeit fasste! Gesegnet sei stets, wer nach Wahrheit sucht! Heil dem auch, der kämpfend den Tod fand für einen Gedanken, erhaben und hehr, inmitten gleichgültiger Menschen!

Wenn böse Menschen dich verurteilen, dann sage ihnen, dass uns jener droben richten wird und dass das heilige Vorrecht des Verzeihens von dir erkauft ward durch dein großes Leiden.

Nur wer den ewigen Zielen seiner Zeit sein Leben hingibt ganz und ungeteilt, im Kampf für den Menschenbruder, nur der bleibt leben – mag er längst gestorben sein.

Wenn nicht Entsagung hinter dem Gedanken steht, erreicht er nie des Geistes Tiefen.

Durch aufrichtiges, nicht überhebliches Mitleid in geistigem Sichversenken in die Schwachheit anderer, in die Schwachheit als menschliches Los – überwinden wir die eigene Schwäche, verdrängen wir sie fruchtbar auch im Augenblick der Versuchung.

Diene deinem Menschenbruder so, wie du deinem Ich dienen willst.

Was uns besser machen kann und glücklicher, hat Gott vor uns hingestellt: Denn wo immer ein Mensch vor uns hintritt, da ist auch die Gelegenheit, sich gegenseitig im Geist zu fördern.

Wenn du einen Menschen liebst, erschließt sich dir das Geistige in ihm.

Die wahre Liebe will, dass du jenem, dem du ein Almosen gibst, auch einen Platz in deinem Herzen einräumst.

Der Mensch, der sich berufen fühlt, kennt keine anderen Schranken für sich selber an, als sie dem Guten selber hier gezogen sind.

Erlerne du, wo Gottesdienst im Menschendienst beginnt und wo der Menschendienst im Gottesdienst endet.

Für den nur ist das Böse, das ihm zugedacht, ungefährlich, der selber nichts Böses will.

Kein Werden gibt es für den Geist – nur ein sich mehr und mehr enthüllendes Sein. Damit bist du nicht beraubt der schöpferischen Tätigkeit. Dein Tun ist ein Herausschälen dessen, was in dir schon vorhanden ist: ein Sich-Vollenden. Ist das Sein von Gott gegeben, so ist alle Arbeit an dir selber nichts anderes, als dass du dich ausgräbst aus den tiefen Verschüttungen deines Ich.

Gott hat dich so geschaffen, dass allein die Liebe dich zusammenhält. Wo du sie aufgibst, flatterst du auseinander, und ganze Seelenbereiche werden lahmgelegt in dir.

Der Mensch bleibt immer in der geistigen Schuld des Menschen – weil keiner je die Liebe findet, die ihn zur vollen Entfaltung bringt.

Neuntes Buch

SICH zeitweilig vor der Welt zu verschließen und in sich selber das göttliche Wesen zu schauen, ist so unerlässlich zur Nahrung der Seele, wie Speise und Trank für den Körper.

Die Weisheit fürchtet nicht das Nichtwissen, sie fürchtet nicht die Zweifel, sie fürchtet nicht die Arbeit noch das Forschen und Sinnen. Die Weisheit fürchtet eines nur: Sie möchte jemals behaupten, dass sie wisse, was sie nicht weiß.

Es gibt Dinge im Leben, die nicht leicht sind: arm zu sein und dabei mitleidig; reich zu sein und angesehen und dabei voll Gottesverehrung; etwas Schönes zu sehen und nicht zu begehren; Beleidigung zu ertragen und nicht zu zürnen; den Bösen nicht zu verurteilen; allen Streit zu vermeiden; sich völlig loszusagen von jeder Selbstliebe und sich gleich zu verhalten zu allen Menschen in Gesinnung und Tat.

Arbeite, als würdest du ewig leben, und verhalte dich so zu den Menschen, als müsstest du im nächsten Augenblick vom Leben Abschied nehmen.

Erwirb dir solchen Reichtum, den kein Dieb dir stehlen, kein Mächtiger dir nehmen kann, der dir auch nach deinem Tod verbleibt und sich niemals verringert. Dieser Reichtum aber liegt nur in deiner unsterblichen Seele.

Alles, was ich weiß, weiß ich deshalb, weil Gott ist und ich ihn erfühle. Nur darauf vermag ich meine Beziehungen zu den Menschen zu gründen und zu mir selber und zu dem

Leben jenseits der Erde und jenseits der Zeit. Auf die Frage: Was ist denn Gott?, antworte ich: Gott – ist das Endlose, ist alles, wovon ich mich selber als ein Teil empfinde. Gott ist für mich das, wohin ich strebe und in dem das Streben meines ganzen Lebens gipfelt. Zweifellos gibt es, was ich weder begreifen noch nennen kann. Würde ich alles begreifen, so wäre ich zu ihm hingelangt und es wäre kein Grund mehr, nach ihm hinzustreben. Ich kann ihn nicht begreifen und nicht nennen, doch erfühle ich ihn. Ich kenne den Weg, der zu ihm hinführt, und von allem, was ich weiß, ist dies mein sicherstes Wissen. Furcht ist in mir, wenn ich ihm ferne bin, doch meine Furcht schwindet, wenn ich mich eins fühle mit ihm.

Wenn der Mensch nicht weiß, dass es die Luft ist, die er einatmet, so weiß er doch, dass er etwas entbehrt, sobald ihm die Luft fehlt. Ganz so ist es mit dem Menschen, der seinen Gott verlor, mag er ihn auch niemals anerkannt haben.

Ist es dir schwer zumute, so vertiefe dich in dich selber, und in der Tiefe deiner Seele wirst du Gott finden. Sobald du ihn aber in dir erkannt hast, wird alles leicht, was dir bisher schwer war, und liebevolle Freude füllt dich ganz. Fühlst du aber nicht in dir die göttliche Kraft, so beweist das nicht, dass sie nicht in dir lebt, vielmehr nur, dass du noch nicht gelernt hast, sie in dir zu erfassen.

Nur wer niemals nachgedacht hat über die tiefsten und wesentlichsten Fragen des Lebens, kann glauben und sagen, alles sei zugänglich dem menschlichen Verstand.

Bist du ein solch trefflicher Gelehrter, so miss doch den Verstand des Menschen aus, so sage mir doch, wie groß oder klein er ist. Du weißt, was eine gerade Linie ist. Was nützt dir das, wenn du den geraden Weg im Leben nicht kennst? Alle Wissenschaften erweisen sich als unnütz zum Erlernen der Tugend. Mögen sie auch zu vielem taugen, für die Tugend sind sie wertlos. Sie führen den Geist nicht hin zu ihr: Höchstens säubern sie den Weg, der zu ihr hinführt. Wir sollen nicht mit Händen fassen nach dem Heiligen im Leben. Versuchen wir das, so finden wir nichts als Täuschung und Schein.

Sind wir des Glaubens, dass alles, was uns zustieß im Leben, zu unserem Heil war – und wer an das Gute glaubt als den Ursprung alles Seins, der kann nicht umhin, dies zu glauben – dann können wir auch nicht von uns weisen den Glauben, dass auch der Tod einzig zu unserem Heil dient.

Von der Kindheit bis zum Tod wächst die Seele des Menschen, immer tiefer erkennt sie ihren geistigen Kern, immer mehr nähert sie sich Gott und vervollkommnet sich. Ob du es weißt oder nicht weißt, ob du es willst oder nicht willst, dieser Vorgang ist nicht aufzuhalten. Weißt du aber und willst du, was Gott von dir will, so wird dein Leben frei und voller Freude.

Stolz ist etwas anderes als das Bewusstsein der menschlichen Würde. Der Stolz nimmt zu im Maß des äußeren Erfolges, das Bewusstsein der menschlichen Würde dagegen im Maß der inneren Bescheidenheit. Ein stolzer Mensch achtet nicht sich selber, sondern nur die Meinung, die die Menschen von ihm haben. Wer aber seine menschliche Würde begreift, der achtet nur sich und gibt nicht acht auf die Meinung der Leute. Sie ist ihm nur Mittel zu seiner Vervollkommnung.

Bedenklich ist es, die Menschen zu reizen, indem man abweicht von den Gewohnheiten, zu denen sie sich bekennen; doch schlimmer, weit schlimmer ist es, den Forderungen des Gewissens und der Vernunft entgegenzuhandeln nur aus Furcht vor den Überlieferungen der Menschen.

Begegnest du einem Menschen, so denke nicht daran, ob und wie er dir nützlich sei, sondern wie du ihm zu dienen vermagst, worin er dir Vorbild sein kann und wie du ihn im Geist hinzugeleiten vermagst zu jener hohen Freiheit, die allein das Göttliche in der Seele auferstehen lässt. Suche ein Leben im Einklang mit dem Willen Gottes – und du erfüllst den Dienst, zu dem du hierher gerufen wurdest.

Lass das Lob der Menschen die Folge deiner Taten sein, doch keineswegs ihr Ziel. Willst du dich aber dazu erziehen, nur für Gott zu leben, so vollbringe nur solche Taten, von denen niemand erfährt. So wirst du höchste Freude gewinnen.

Es gibt viele Menschen, die unglücklicher sind als du. Freilich, diese Erkenntnis vermag dir nicht als Dach zu dienen, unter dem du dein Leben führen kannst, gleichwohl ist sie ein genügender Schutz, um dich vor einem Wolkenbruch zu bewahren. Du stöhnst über dein eigenes Unglück. Würdest du aber daran denken, was andere leiden müssen, so würdest du dich nicht so sehr über dein Leid beklagen. Rette dich ins Mitleid: Wahrhaftiges Mitleid beginnt aber erst dann, wenn du dich an die Stelle des Leidenden versetzt und selber Leiden erfährst.

Jede Reue heiße willkommen: Stets liegt in ihr ein Bedauern darüber, dass du den gegenwärtigen Augenblick nicht so nutztest, wie es der Kraft zukommt, die sich im Gegenwärtigen offenbart. Die Reue ist nichts als ein Innewerden dessen, wie man die niemals wiederkehrende Gegenwart nutzen soll.

Das Licht bleibt Licht, mag auch der Blinde es nicht sehen.

Wie die Empfindung des Schmerzes die unerlässliche Bedingung zur Erhaltung unseres Körpers ist, so sind die Leiden nicht zu entbehren, um unsere Seele in voller Lebendigkeit zu bewahren. Das Leiden ruft uns auf zu Gott. Und nur in ihm erleben wir, dass wir lebendig sind im Geist. Und was wir Glück und Unglück nennen, ist uns in gleicher Weise nützlich, wenn wir darauf hinschauen wie auf eine Prüfung. Und Prüfungen sind eine Schule der Seele. Prüfung aber ist alles, was uns hier begegnet.

Enthalte dich des Streitens – Streit ist der schlechteste Weg, einen anderen zu überzeugen. Meinungen – sind wie Nägel: Je mehr du auf sie einschlägst, umso tiefer dringen sie ein.

Je stärker du den Drang verspürst, zu reden, umso mehr bist du in Gefahr, Unnützes und Böses zu sagen. Wer Gott kennt – schweigt, so sagt der Weise.

Auch eine Reise von tausend Meilen fängt mit dem ersten Schritt an. Achte auf deine Gedanken – sie sind der Anfang deiner Taten!

Würde ich mich auch täuschen in der Annahme, dass meine Seele unsterblich ist, so wäre ich gleichwohl glücklich und zufrieden mit meinem Irrtum. Und solange ich am Leben bin, ist kein Mensch imstande, mir diese Überzeugung zu nehmen, die mir eine solche unwandelbare Ruhe gewährt, eine so tiefe innere Zufriedenheit. Was aber reuelose Freude schafft, muss im Schöpfungsplane Gottes stehen.

Glaube niemals, du seiest zu alt, um noch zu lernen, du habest bereits deine volle Reife und Entwicklung erlangt und dein Herz und deine Seele seien schon so, wie sie sein müssten, und könnten nicht besser werden. Niemals hat der ausgelernt, der nach dem Guten strebt. Er bleibt immer ein Schüler und Anfänger.

Wer nach Vervollkommnung strebt, schaut stets voraus. Es schaut zurück auf das, was er getan, nur der, der stehen blieb im Leben.

… und deshalb sind alle Versuche, das Leben besser zu gestalten, vergeblich, solange die Menschen nicht selber besser werden. Der sicherste Weg zur Vervollkommnung des Lebens in dieser Welt ist das Besserwerden jedes einzelnen Menschen.

Wichtig ist es, die Gesetze des Lebens zu erkennen. Doch wichtiger ist das Wissen, das uns zur Vervollkommnung führt. Besser, du besitzt in aller Demut nur einen kleinen Teil gesunden Verstandes, als in Selbstzufriedenheit die größten Schätze aller Wissenschaften. Nichts Tadelnswertes liegt in der Gelehrtheit, und jedes Wissen, wovon es auch handeln möge, ist ein Wert; doch das gute Gewissen und das tugendhafte Leben stehen über allem Wissen.

Nur der ist wahrhaft gelehrt, der recht handelt.

Lausche den Reden eines weisen Mannes in voller Aufmerksamkeit, auch wenn seine Taten seiner Lehre nicht entsprechen. Der Mensch soll immer lernen, mag auch die Lehre, die ihm wird, auf eine Wand geschrieben sein.

Der Glaube antwortet auf Fragen, auf die der Verstand keine Antwort weiß, die er aber nicht umhin kann, zu stellen.

Vergangenheit und Zukunft sind nur Träume – die Gegenwart allein ist Wirklichkeit. Achte auf den gegenwärtigen Augenblick. Nur er ist Ewigkeit. Alles ist unwichtig, außer dem, was du in diesem Augenblick vollbringst.

Dein Wille kann nicht auf Gerechtigkeit hinzielen, solange du nicht die Gewohnheiten deines Denkens säuberst, denn sie wirken mehr als alles auf den Willen.

Wir Menschen sind so beschaffen, dass wir uns mehr der Beleidigungen erinnern, die uns zugefügt wurden, als der guten Taten, die wir empfangen haben.

Ein abgeschiedener Einsiedler flog Hand in Hand mit einem Büßer, in dessen selbstlosem Tun er sein Vorbild gefunden hatte, zum Himmel empor, entgegen der sinkenden Sonne. Da erhob sich plötzlich im Aufleuchten des Sonnenuntergangs zwischen ihnen eine Schranke – über den ganzen Himmel war mit großen Buchstaben, wie mit Kohle, das eine Wort hingeschrieben: »Hochmut.« – »Hier ist meine Grenze!«, dachte der Einsiedler und blieb stehen. Doch der Büßer nahm sein Gewand und wischte mit einem Zug das Wort aus – und alsogleich erschaute sich der Einsiedler in unsagbarem Licht und fühlte, dass er wieder zur Höhe stieg, Hand in Hand mit dem Büßer. »Wie konntest du die Sünde meines Lebens auslöschen?«, fragte der Einsiedler im Flug den Büßer. Der aber antwortete: »Ich weiß nicht, wie ich das tat; ich sah, dass du in Sorge warst, und wollte dir helfen, so gut ich konnte. So tat ich stets, solange ich auf Erden wandelte, und damit will ich auch jetzt in jenen andern Wohnort eingehen!« Eine Wolke verhüllte die aufwärts Fliegenden – und mit dem flammenden Rot des Sonnenuntergangs verschmolzen ihre heimgegangenen Seelen.

Wer dich beleidigt, den hast du nicht genug geliebt.

Ein vergeistigtes Leben – das ist es, was der Schöpfer von uns will.

Gerechtigkeit geht nur hervor aus unserem Sinn für unsere Würde, und sie vollendet sich allein nur in der Güte.

So sprach der Weise aus Syrerland zu einem Mädchen; es hatte all sein Besitztum den Armen hingegeben, um sie aus Schmach und Schande zu retten – dann war es aus übergroßer Not dem Laster verfallen: »Wenn die glühende Kohle die Füße verbrennt, so gleitet der Fuß von selber in den kühlenden Schlamm. Die Liebe aber deckt viele Sünden zu und bleicht blutrote Flecken weiß wie das Fell eines Lämmchens.« Die Sünderin zog den Hungertod dem Weiterleben in Schande und Laster vor. Als ihre Leiche im Schlamm verscharrt werden sollte, kehrte der Syrer durch eine plötzliche Eingebung auf seinem Heimweg um und ging zu der Toten. Lange schaute er ins Weite. Begeisterung ergriff ihn, und lautlos bewegte er die Lippen. Man fragte ihn: »Sicherlich erschaust du etwas Wunderbares?« – »Ja«, antwortete er, »ich sehe, der Himmel hat sich geöffnet … und irgendwer … geht in ihn ein …« – »Doch nicht jene Buhlerin?« –

»O nein! … Die Buhlerin habt ihr im Schlamm begraben. Ich sehe … ein leichtes Leuchten, wie von einer glühenden Kohle, vereinigt sich mit dem Licht … Mir scheint, da geht die Tochter des Trostes heim!«

Wenn es dir schwer zumute ist, dann leidest du an Erinnerungen an Vergangenes oder an Sorgen um deine Zukunft. Bedenke, dein Leben spielt nur in der Gegenwart. Auf sie richte alle deine Kräfte – und all dein Leiden um Vergangenes und all dein Sorgen um Kommendes, sie schwinden dahin, und du fühlst nichts als Freiheit und Freude.

Nur selbstlos liebend sind vom Geist wir ganz durchdrungen.

Wo keine Güte ist, sind immer Hindernisse.

Der Denkende kann sich das Nichtsein nicht vorstellen. Der bewusst Lebende lehnt das Nichtsein ab mit der ganzen Kraft seines Wesens.

Wo das Ziel über den Wolken fehlt, da ist nur ein ewiges Schwanken zwischen Selbstvergötterung und Selbstverachtung.

Die Liebe kann nur in der Wahrheit leben. Sie schwindet vor der kleinsten Lüge hin.

Vor der Fülle der Liebe zerfließt die Rache.

Rührend in seinen Bedürfnissen, abstoßend in seinen Begierden – das ist der Mensch. Blick auf seine Bedürfnisse und diene ihm selbstlos – bei seinen Begierden denke an deine eigenen.

Bei allem, was du für dich selbst tust, denke auch an deinen Nächsten! Damit verwirklichst du dich selber.

Den Hunger des Geistes zu stillen – das ist unser unbewusstes Ziel. Denn der Geist ist das Unersättliche.

Wo Ehrfurcht lebt, da hat die Rache keinen Raum, und alle Schuld ist überwunden, wenn sie eingesehen wird.

Du aber wisse, dass du von der Liebe erfüllt sein musst, wenn du in ihr lebendig bleiben willst.

Es gibt nur ein Mittel, über sich selber hinüberzukommen: wenn man den andern höher führen will, als man selber steht.

Wir müssen annehmen, dass alles, was geschieht, gewusst wird, da Gott in uns lebt.

Wer innerlich frei ist von den Menschen, der ist unabhängig von jeder äußeren Lage.

Sei immer so bereit zur guten Tat – dass die Tat nur noch Folge ist.

WIR WOLLEN EINANDER DIE GÖTTLICHE
FACKEL ENTLEHNEN UND SIE
IMMER WEITERREICHEN.

Nachwort

MIT diesem Büchlein möchte ich dem deutschen Leser eine kleine Auswahl aus dem Reichtum östlicher Weisheit und östlichen Denkens vorlegen. Das Material habe ich zum größten Teil während meines langjährigen Aufenthalts im Vorkriegsrussland (1893–1910) gesammelt, wobei meine Quellen vorwiegend die damals in Russland so sehr beliebten Zusammenstellungen asiatischer Spruchweisheit waren. Der Ursprung (türkisch, arabisch, iranisch, persisch, indisch, malaiisch, chinesisch, japanisch usw.) war in der Regel für die ganze Spruchsammlung angegeben, doch nur selten bei den einzelnen Sprüchen; nur ausnahmsweise wurde auch der persönliche Verfasser genannt, soweit er bekannt war. Denn den russischen Sammlern kam es nur auf die praktische Auswirkung auf das Leben an.

Die gleiche Absicht leitete auch mich bei Auswahl und Übersetzung. Nichts anderes wollte ich schaffen als ein Gebrauchsbuch für den Alltag. Ich bin daher auch überzeugt, dass die Anonymität der ausgewählten Weisheitssprüche durchaus der Absicht ihrer Verfasser entspricht, was übrigens auch in vielen Fällen unmittelbar aus deren Worten hervorgeht. Sie alle leitete der eine Gedanke, dass die Völker dieser Erde auf den höchsten Höhen des Gedankens im Wesentlichen einander nahekommen und sich gegenseitig im Geist erheblich zu fördern vermögen. Die Verfasser wollten nichts anderes, als über das Wahre aufklären, im Guten bestärken und gegen das Böse wappnen. Nichts anderes will auch der Herausgeber und Übersetzer.

Selbstverständlich befindet sich in dieser Sammlung auch eine ganze Reihe von Aussprüchen russischer, meist anonymer Denker. Dass diese keineswegs aus dem Ganzen herausfallen, beweist, dass die russischen Herausgeber bei ihrer Auswahl aus der asiatischen Weisheit einem wahlverwandten Denken folgten.

Was nun die Anordnung betrifft, so habe ich die einfache Einteilung in Bücher gewählt. In diesen neun Büchern selber besteht ein rein innerer Zusammenhang. Jedes einzelne Buch schlägt mehrere Themen an und beleuchtet dabei den wesenhaften Inhalt von verschiedenen Standpunkten aus. Eine schematische Einteilung würde daher zu zahlreichen Überschneidungen führen. Denn ein Weisheitsspruch – so sagt ein Weiser – ist wie ein kleines Fenster, von dem aus man nach allen Seiten unendliche Weiten überblickt. Hunderte solcher kleiner Fenster sind hier aufgetan. Aus jedem geht der Blick in alle Himmelsrichtungen; natürlich streift er dabei wiederholt die gleichen Flächen, doch jedes Mal in besonderer Blickrichtung. Der Übersetzer und Herausgeber glaubt deshalb, dass die Einteilung nach Büchern die gegebene Anordnung sei; denn diese Spruchsammlung soll ja nicht gelesen werden wie eine fortlaufende Erzählung oder Abhandlung, sondern jeder einzelne Spruch will für sich aufgenommen und erlebt werden. Erst so kann er zu seiner vollen Auswirkung gelangen.

Karl Noetzel

NLP in der Praxis

CHERRY MEDIA

Valentina Marie Reiter

ISBN (Hardcover): 978-3-96583-208-4
ISBN (Softcover): 978-3-96583-207-7
ISBN (E-Book): 978-3-96583-206-0

Impressum:

Cherry Media GmbH
Bräugasse 9
94469 Deggendorf
Deutschland

E-Mail des Verlags: info@cherrymedia.de

E-Mail der Autorin: Valentina.Marie.Reiter@cherrymedia.de

Druck: Amazon Inc. oder eine Tochergesellschaft

NLP in der Praxis

Unterbewusstsein kontrollieren und das volle Potenzial entfalten!

Inklusive Praxisnaher Methoden für spürbar mehr Glück, Erfolg und Zufriedenheit

Ein Buch von: **Valentina Marie Reiter**

INHALTSVERZEICHNIS

Kostenfreies e-Book Inklusive

Beim Kauf jedes Taschenbuches von Cherry Media ist das e-Book **kostenfrei** für Sie **inkludiert**. Gehen Sie dazu einfach auf

https://link.cherrymedia.de/EPUB

oder scannen Sie den QR Code oben. Auf der Seite können Sie dann Ihren einmalig gültigen Zugangscode eingeben. Den **Zugangscode** zum e-Book finden Sie auf der **letzten Seite** des Taschenbuchs

Wir wünschen **viel Freude** mit Ihrem **kostenfreien** e-Book!

Haben Sie Fragen zu Ihrem e-Book? Wir sind gerne für Sie da!

Sie erreichen Sie uns unter info@cherrymedia.de

EINLEITUNG

* * * * * *

SEHNEN SIE SICH NACH Veränderung in Ihrem Leben? Möchten Sie erfolgreicher sein, Ängste besiegen und einfach zufriedener werden? Es handelt sich hierbei um eher rhetorische Fragen. Denn wer würde nicht gerne erfolgreicher im Leben sein, etwas mehr Geld verdienen und dieses nutzen, um eigene Träume zu verwirklichen?

Der normale Lebensweg sieht in etwa so aus, dass Sie versuchen einen guten Schulabschluss erreichen. Diesen nutzen Sie, um eine geeignete Ausbildung zu finden oder Sie nutzen die Zeit, um ein Studium zu beginnen. Haben Sie einen passenden Job gefunden, versuchen Sie die Karriereleiter zu erklimmen. Nebenbei wird eine eigene Familie gegründet und die Ziele im Leben scheinen vorbestimmt zu sein.

Sind Sie mit diesem Leben glücklich oder sehen Sie sich nach mehr? Möchten Sie nicht einfach nur einen gewöhnlichen Bürojob haben, bei dem Sie kaum gefordert werden und die langfristigen Aussichten nicht gerade besser aussehen?

Dann ist es an der Zeit, dass Sie an sich arbeiten. Sie haben so viel ungenutztes Potenzial, dass Sie nutzen können, um in allen Lebensbereichen gravierende positive Veränderungen zu vollziehen. Möchten Sie am Ende Ihres Lebens zurückblicken und erkennen, dass Sie Ihr Leben vollends genutzt und genossen haben, sollten Sie versuchen Ihr Potenzial auszuschöpfen.

Weshalb sollten Sie sich mit dem einfachen Job zufriedengeben, wenn Sie doch eigentlich in der Lage wären, so viel mehr zu leisten? Oder haben Sie bestimmte Ängste, die Sie davon abhalten Ihr Leben so zu leben, wie Sie es

eigentlich mal erträumt haben?

Wenn Sie auf Ihre Kindheitsträume zurückblicken, wäre Ihr kindliches oder jugendliches Ich, mit Ihrer Entwicklung glücklich oder würde dieses ungläubig an Ihnen zweifeln?

Sie merken also, dass es einen alternativen Weg gibt und wenn Sie nun ehrgeizig an Ihren Zielen arbeiten und eine positive Veränderung erreichen möchten, dann gibt Ihnen die Neuro-Linguistische Programmierung (NLP) geeignete Werkzeuge an die Hand. Dabei geht es vor allem darum, dass Sie Ihre geistigen Fähigkeiten voll ausschöpfen. Ein Sprichwort besagt, dass der Glaube Berge versetzen kann. Dieser Glaubenssatz wird aufgegriffen und auch wenn Sie in diesem Moment noch etwas skeptisch sind, werden Sie merken, dass Ihr Geist das mächtigste Werkzeug ist, dass Ihnen zur Verfügung steht.

Es ist kein Geheimnis, dass Menschen einen Großteil der mentalen Kapazitäten ungenutzt lassen. Viel Energie wird dafür verwendet, die eigenen Ängste zu vermeiden. Gedanken werden daran verschwendet, dass Sie sich einreden, eine Aufgabe unmöglich lösen zu können. Herausforderungen in Ihrem Leben werden zu unlösbaren Hindernissen.

Die Neuro-Linguistische Programmierung schlägt eine Brücke, die es Ihnen ermöglicht auf allen Wegen voranzukommen. Egal ob Sie Ängste besiegen möchten oder einen Motivationsschub benötigen. Sie erhalten die passenden Werkzeuge, um diese Herausforderungen zu meistern und im Leben glücklicher zu werden.

Im Beruf werden Sie Chancen, die sich Ihnen bieten eher ergreifen. Sie sind in der Lage Ihren Vorgesetzten und Ihre Kollegen von sich zu überzeugen. Die Kontaktaufnahme mit fremden Personen wird nicht mehr durch Ihre Schüchternheit überlagert, sondern als freudiges Ereignis wahrgenommen.

Wie genau kann Ihnen die Neuro-Linguistische Programmierung helfen, all diese Ziele zu erreichen und klingt dieses Versprechen nicht etwas unrealistisch?

Die Neuro-Linguistische Programmierung wurde mit dem Ziel gegründet, eine Alternative zu den bisherigen psychologischen Erkenntnissen zu bieten.

Die Psychologie konzentriert sich vor allem auf Krankheitsbilder und versucht diese zu ergründen. Dies hat natürlich seine Berechtigung und es ist wichtig, dass psychologische Krankheiten genauso wahrgenommen werden, wie physische Beschwerden.

Dennoch lässt die Wissenschaft hier vollkommen außer Acht, dass für den Geist nicht nur Krankheiten eine hohe Beeinträchtigung sind. Wenn Sie die physischen Voraussetzungen des Menschen anschauen, dann sind Ärzte dafür verantwortlich, dass der Körper gesund ist und seine normale Leistungsfähigkeit abrufen kann. Darüber hinaus gibt es aber noch Möglichkeiten, die Leistungsfähigkeit weiter zu steigern. Durch sportliches Training können Sie schier unglaubliche Leistungen vollbringen. Menschen können einen Marathon absolvieren, Berge erklimmen oder hohe Gewichte bewegen. Die Leistungsfähigkeit der Menschen, die diese Training absolvieren, geht weit über das hinaus, was eigentlich vom menschlichen Körper erwartet wird.

Was auf körperlicher Ebene längst erkannt wurde, wurde im Geist aber lange Zeit nicht beachtet. Erst in den 1960er Jahren haben sich renommierte Wissenschaftlicher zusammengefunden, um eine Art Trainingsplan zu entwerfen, der aus verschiedenen Übungen besteht. Diese Übungen sind für Jedermann gedacht und Sie benötigen keine psychologische Ausbildung, um diese zu Ihrem Vorteil zu nutzen.

Durch das Anwenden dieser NLP-Techniken werden Sie Ihre eigenen Leistungsgrenzen sprengen und mit der Zeit lernen, Ihr volles Potenzial auszuschöpfen. Sie werden lernen, wie Sie konzentrierter Arbeiten und produktiver werden. Wenn Sie an bestimmten Tagen mal keine Motivation verspüren, werden Sie lernen, wie Sie diese mithilfe des Geistes heraufbeschwören können. Probleme und Hindernisse sind nicht mehr unlösbar, sondern werden als Herausforderungen wahrgenommen, denen Sie begegnen können. Kurzum, Sie können alles schaffen, was Sie sich vorstellen.

Dazu werden Sie zunächst eine kurze Einführung in die Neuro-Linguistische Programmierung erhalten. Im zweiten Kapitel werden Ihnen die Hintergründe aufgezeigt und welche Ziele mit dieser psychologischen Richtung verfolgt werden. Dies wird Ihnen zeigen, ob Sie diese Techniken und Methoden lernen möchten oder ob Sie lieber andere Möglichkeiten wahrnehmen, um Ihr geistiges Potenzial auszuschöpfen.

Vorab sei allerdings gesagt, dass es sich bei den Techniken nicht um irgendwelche „Wunderwaffen“ handelt. Sind Sie in den Medien oder in der Öffentlichkeit schon Mal auf die Neuro-Linguistische Programmierung gestoßen, werden Sie vielleicht ein verzerrtes Bild wahrgenommen haben. Dort besteht die Vorstellung, dass mittels weniger Tricks Gespräche so beeinflusst werden können, dass der Gesprächspartner nach den eigenen Vorstellungen manipuliert wird. Dies hat allerdings nichts mit dem Kern der Neuro-Linguistischen Programmierung zu tun, sondern ist ein oftmals falsches Bild, dass in der Öffentlichkeit besteht.

Zudem sollten Sie sich im Klaren darüber sein, dass die Erfolge nicht über Nacht entstehen. Ähnlich wie der Marathonläufer Monate und Jahre dafür trainiert, um diese Leistungen abrufen zu können, müssen Sie Ihren Geist ebenfalls über einen langen Zeitraum trainieren. Es ist einiges an Ausdauer und Einsatz gefragt, damit die mentalen Übungen eine Wirkung zeigen.

Um ein besseres Verständnis dafür aufzubauen, was Sie in diesem Buch erwartet, werden im zweiten Kapitel weitere Grundlagen gelegt. Hintergründe der Neuro-Linguistischen Programmierung werden aufgezeigt und welche konkreten Veränderungen Sie umsetzen können.

Nachdem die ersten Grundlagen gelegt wurden und Sie verstanden haben, worauf die Neuro-Linguistische Programmierung sich beruft, werden Sie herausfinden, welche Ziele Sie eigentlich im Leben verfolgen. Wie die meisten Menschen werden Sie sich wahrscheinlich darauf berufen, dass Geld eines der wichtigsten Ziele für Sie sei. Schließlich bedeute Geld ein gewisses Maß an Freiheit und Sie könnten sich besser selbst verwirklichen.

Geld sollte allerdings nicht aus dem Selbstzweck heraus angestrebt werden. Es ist nur ein Mittel zum Zweck und es zeigt sich, dass Menschen, die bereits über eine gewisse Menge an Kapital verfügen, durch einen Zugewinn nicht unbedingt glücklicher werden. Insbesondere, wenn Sie durch die starke Fokussierung auf die wirtschaftlichen Ziele andere Aspekte des Lebens außer Acht lassen, werden Sie nicht glücklich im Leben werden.

Doch wo liegen eigentlich Ihre kurz- und mittelfristigen Ziele? Bevor Sie den neuen Weg beschreiten können, müssen Sie herausfinden, wohin Sie eigentlich gehen möchten. Daher werden Ihnen in diesem Kapitel Hilfestellungen

geboten, damit Sie mehr über sich und Ihre Werte erfahren können. Denn vielen Menschen sind Ihre wahren Werte entweder unbekannt oder Sie verletzen Sie mit Ihrer Lebensweise. Dies führt zu inneren Konflikten und einer tiefen Unzufriedenheit.

Um Ihre Ziele zu definieren, müssen Sie also herausfinden, welche Werte Ihnen im Leben wichtig sind und wie Sie sich als Person überhaupt wahrnehmen. Nachdem diese Definitionen abgeschlossen sind, können Sie sich darauf konzentrieren, die Ziele zu erreichen.
Das Stecken von Zielen ist nicht gerade unbekannt. Zum Jahreswechsel werden einige Wünsche und Ziele definiert. Raucher möchten endlich von Ihrer Sucht loskommen, das Fitnessstudio soll wieder öfter besucht werden und das Studium soll endlich wieder zu einem Erfolgserlebnis werden. Diese Vorsätze kennt wohl jeder, doch in den wenigsten Fällen sind diese auch erfolgreich.

In den ersten Wochen mögen Sie noch voller Motivation sein, doch sobald es etwas schwieriger wird, verfolgen Sie die Ziele nicht mehr so hartnäckig und verlieren diese aus den Augen. Die Motivation ist ein wichtiger Faktor, damit Ziele verwirklicht werden. Haben Sie sich Ihre Ziele gesteckt, lernen Sie im dritten Kapitel, wie Sie Ihre Motivation steigern können.

Zu Beginn wird die Motivation sehr hoch sein. Erfolgserlebnisse sind sichtbar und Sie werden von dieser Erfolgswelle getragen. Dies hält jedoch nicht immer an und nach der Anfangszeit müssen Sie sich selbst motivieren können.

Die Neuro-Linguistische Programmierung bietet Ihnen hierfür verschiedene Techniken. Sie können die Ziele zum Beispiel in kleinere Unterziele abstecken. Dadurch erhalten Sie viel mehr Erfolgserlebnisse und die natürliche Motivation wird aufrechterhalten. Eine andere Methode liegt in dem Ankern.

Das Ankern ist eine Technik, die Sie häufig in diesem E-Book vorfinden werden. Mit dieser Methode werden Emotionen mit bestimmten Symbolen verknüpft. Diese Symbole können eine Gestik, Berührung oder ein Geräusch sein. Wird dieses Geräusch hervorgerufen, wird automatisch diese Emotion geweckt.

Diese Technik mag etwas abstrakt erscheinen. Sie werden solche Verknüpfungen aber natürlicherweise schon haben. Bestimmte Kindheitserinnerungen werden Sie in diese Zeit zurückversetzen und die gleichen Emotionen auslösen. Bekannt dafür ist der Urlaub, da dieser mit sehr starken Emotionen verbunden wird. Die Urlaubszeit ist meistens unbeschwert und gehört zu den schönsten Zeiten im Jahr. Erinnern Sie sich an einen besonders schönen Urlaub zurück, werden diese Gefühle wahrscheinlich wieder hervorgerufen. Das Ankern mag zu Beginn noch nicht so einfach zu verstehen sein, doch mit einiger Übung werden Sie immer mehr in der Lage sein, gewünschte Emotionen zu erzeugen. Dies wird Ihnen helfen, die Motivation zum Bewältigen einer Aufgabe zu erhalten. Darüber hinaus werden diese Emotionen Ihnen noch nützlich sein, wenn Sie Ängste besiegen.

Nachdem Sie Ihre Werte und mittelfristigen Ziele erörtert haben, sollten Sie tief in sich gehen und herausfinden, was eigentlich der Sinn des Lebens für Sie ist. Welches ist das größte Ziel, dass Sie sich vorstellen können, das Sie im Leben erreichen möchten. Egal wie hoch gegriffen dieses Ziel ist, Sie sollten dieses verfolgen. Alle anderen Ziele werden diesem Lebensziel untergeordnet.

Haben Sie im vierten Kapitel gelernt, wie Sie die Motivation herbeiführen können, entdecken Sie im fünften Kapitel den Sinn Ihres Lebens. Damit wissen Sie, wohin Ihre Reise gehen soll.

Die Neuro-Linguistische Programmierung ist nun ein wichtiger Begleiter, damit Sie Ihre Ziele erreichen. Um Herausforderungen bewältigen zu können, müssen Sie über zahlreiche Fähigkeiten verfügen. Diese Fähigkeiten besitzen Sie zwar schon, wissen aber nicht, wie Sie diese anwenden können. Haben Sie in der Vergangenheit negative Erfahrungen gehabt und leiden Sie unter einem negativem Selbstbild, erfahren Sie hier, wie Sie dieses wieder zum Positiven wenden können.
Denn entgegen der weitläufigen Meinung ist die Vergangenheit nicht starr und unveränderbar. Die Ereignisse mögen zwar bereits eingetreten sein, die Wahrnehmung können Sie aber weiterhin beeinflussen.

Um die eigene Wahrnehmung zu verändern, werden Sie eine weitere Technik lernen, die Sie im Rahmen der Neuro-Linguistischen Programmierung noch häufiger antreffen werden. Das Reframing beschreibt eine Methode, bei der Sie vergangene Ereignisse nochmals durchleben. Anstatt die negativen

Erfahrungen wahrzunehmen, werden Sie allerdings die positiven Seiten hervorbringen. Dies hilft Ihnen, die Erfahrungen zu verarbeiten und Sie werden merken, dass viele negative Vorstellungen sich alleine in Ihrem Geist festsetzen. Diese beschreiben selten die Realität und für den weiteren Werdegang ist es wichtig, wenn Sie diese negativen Erlebnisse in positive Erkenntnisse umwandeln.

Möchten Sie Ziele erreichen, werden Sie schnell merken, dass dies alleine nicht so einfach ist. Selbst wenn Sie Ihre Fähigkeiten ausbauen und darauf gefasst sind, alle Probleme eigenständig zu bewältigen, werden Sie an gewissen Stellen Unterstützung brauchen. Im sechsten Kapitel lernen Sie, wie Sie in sozialen Situationen am schnellsten das Vertrauen anderer Personen gewinnen können. Dadurch bauen Sie schneller Freundschaften auf und es besteht ein beidseitiger Zugewinn.

Sind Sie eher schüchtern und meiden Sie soziale Interaktionen? Haben Sie das Gefühl nicht immer auf einer Wellenlänge zu sein und Probleme damit, auf neue Personen offen zuzugehen? Dann werden Sie in diesem Kapitel lernen, wie Sie viel offener und selbstbewusster mit anderen Menschen umgehen.

Die Kommunikation ist ein sehr wichtiger Aspekt, um Ziele zu erreichen und ein glückliches Leben zu führen. Eine wichtige Technik, um das Vertrauen aufzubauen, ist das Spiegeln. Bei der Methode werden Sie sich der Körpersprache des Gegenübers anpassen und dadurch signalisieren, dass Sie sich einander vertraut sind. Haben Sie das entsprechende Vertrauen aufgebaut, können Sie das Gespräch nach Ihren Vorstellungen lenken.

Diese Technik wird häufig missverstanden und gibt Anlass dazu, zu behaupten die Neuro-Linguistische Programmierung biete Werkzeuge, um Menschen zu manipulieren. Dies ist allerdings nicht das Ziel, denn es geht lediglich darum Menschen in sozialen Situationen zu helfen. Nicht jede Person hat diese sozialen Fähigkeiten in jungen Jahren natürlicherweise aufgebaut und es ist in der Tat so, dass schüchterne Personen Nachteile in vielen Lebensbereichen erfahren. Sie gelten als weniger durchsetzungsfähig im Beruf und im Privatleben werden Ihre Bedürfnisse möglicherweise auch übergangen.

Daher ist das Anwenden dieser Methoden wichtig, um sich besser anderen Menschen mitteilen zu können. Es geht auch nicht darum, sich komplett zu

verstellen, sondern die eigene Persönlichkeit etwas anzupassen. Das ganze Verhalten muss weiterhin natürlich wirken und darf nicht aufgesetzt sein. Andernfalls würde genau das Gegenteil erreicht werden.

So lernen Sie, wie Sie mit anderen Menschen einen engeren Kontakt aufbauen. Von dieser Freundschaft können beide Seiten profitieren und Ihre Fähigkeiten ergänzen.
Ein Großteil des Tages verbringt der Mensch eher unbewusst. Dies beginnt schon am Morgen, wenn Sie eine bestimmte Routine durchführen. Der Weg zur Arbeit ist immer der Gleiche und innerhalb der Woche sind Ihre Abende immer mit den gleichen Terminen belegt. Gewohnheiten sind hilfreich, damit nicht zu viele Gedanken damit verbracht werden müssen, wie der Alltag bewältigt wird.

Es gibt allerdings auch einige negative Gewohnheiten, die eher Energie kosten und Sie nicht Ihrem Lebensziel näherbringen. Das Rauchen ist eines der häufigsten Laster, welches gerne abgelegt werden soll. Das siebte Kapitel zeigt Ihnen auf, wie Sie Ihre Gewohnheiten ändern können.

Diese automatischen Tätigkeiten sind tief im Unterbewusstsein verwurzelt und mithilfe der Neuro-Linguistischen Programmierung können Sie dieses Bewusstsein so verändern, dass Sie diese Laster ablegen. Dadurch erhalten Sie mehr Energie, um sich auf Ihre eigentlichen Ziele konzentrieren zu können.

Leiden Sie unter starken Phobien, die Sie im Leben stark einschränken, können Sie diese ebenfalls verändern. Allerdings ist hierbei der Hinweis notwendig, dass starke Ängste am besten mit professionellen Mitteln behandelt werden sollten. Es gibt zwar einige Methoden, die Sie heranziehen können, um die Phobien abzulegen, die Erfolgswahrscheinlichkeit ist jedoch sehr gering. Eine professionelle Therapie kann durch die Neuro-Linguistische Programmierung nicht ersetzt werden.

Der Arbeitsalltag nimmt einen großen Teil des Lebens ein. Er bietet die finanzielle Grundlage und die Zeit, die Sie in der Woche auf der Arbeitsstelle verbringen ist nicht zu unterschätzen. Möchten Sie mit guten Leistungen überzeugen, ist es wichtig, dass Sie sich auf die Aufgabe fokussieren können. Wie Sie den Fokus erhalten, erfahren Sie in Kapitel acht. Durch die gute Leistung werden Sie nicht nur Ihren Vorgesetzten davon überzeugen können,

dass Sie eine Beförderung verdient hätten, sondern Sie werden viel weniger Stress ausgesetzt.

Stress gilt als eine der größten Gefahren im Arbeitsleben. Müssen Sie viele Aufgaben gleichzeitig erledigen, kann dies schnell zu einer Überforderung führen. Sie haben Angst, dass Sie die Aufgaben nicht erfüllen können und diese Angst stellt eine hohe Belastung dar. Wird die Angst zum ständigen Begleiter im Beruf, kann dieser Dauerzustand nicht nur mentale Folgen haben, sondern sich auch körperlich bemerkbar machen.
Um im Arbeitsleben erfolgreicher aufzutreten und die richtige Balance aus Karriere und Privatleben zu finden, erhalten Sie einige Tipps und Übungen. So erhalten Sie den notwendigen Ausgleich, um nicht unter dem Arbeitsdruck zusammenzubrechen.

Eine weitere Komponente, die im Beruf immer mehr zu einem Problem wird, ist das Mobbing. Der Arbeitsdruck und die Unzufriedenheit der Kollegen führt dazu, dass sich dieser Druck entlädt. Eine sehr schädliche Methode, um sich diesem Druck zu entledigen, ist das Mobbing. Der eigene Frust wird an einem Kollegen ausgelassen. Bemerken Sie das Mobbing in Ihrem Umfeld oder sind Sie selber Opfer des Mobbings, erhalten Sie Strategien, wie Sie gegen das Mobbing vorgehen können.

Sind Sie selber dem Mobbing ausgesetzt, ist es nur sehr schwer diese Situation zu lösen. Scheuen Sie sich nicht davor, professionelle Hilfe in Anspruch zu nehmen, wenn die vorgeschlagenen Tipps nicht zum gewünschten Erfolg führen. Ist das Mobbing bereits sehr stark in der Unternehmenskultur verankert, können Sie sich diesem nur sehr schwer
entziehen.

Benötigen Sie Unterstützung und sind auf der Suche nach einem Coach oder möchten Sie selber Ihre Erkenntnisse im Rahmen der Neuro-Linguistischen Programmierung weitergeben, dann erhalten Sie im neunten Kapitel Hinweise darauf, worauf Sie bei der Wahl des Coaches achten sollten. Ebenso sollte Ihnen bewusst sein, dass das Anwenden der Techniken an anderen Personen eine sehr verantwortungsvolle Aufgabe ist.
Dennoch ist die Zusammenarbeit vorteilhaft und Sie werden schneller Ihre Ziele verwirklichen können. Besonders skeptisch sollten Sie sein, wenn monetäre Interessen im Vordergrund stehen und unrealistische Versprechen

geleistet werden.

Diese Kritik wird im zehnten Kapitel aufgegriffen. Die Neuro-Linguistische Programmierung hat für sich zwar den Anspruch eine Wissenschaft zu sein, in der Psychologie wird diese jedoch selten als solche anerkannt. Zudem sind die Methoden und Techniken in der Öffentlichkeit häufiger Kritik ausgesetzt.

So bestehen Vorurteile, dass es sich um eine wirkungslose Pseudowissenschaft handele oder das Ziel nur sei andere Menschen gegen Ihren Willen zu beeinflussen. Diese Kritik wird offen aufgearbeitet und mit Gegenargumenten entkräftet.
Zudem werden einige Fragen beantwortet, die im Zusammenhang mit der Aufarbeitung der Neuro-Linguistischen Programmierung entstehen werden. Denn Sie werden merken, wie komplex diese Gebiet ist und dass Sie dieses nicht mit dem Lesen eines Buches komplett aufarbeiten werden können.

Sie erhalten aber einen umfassenden Blick über die Themengebiete der Neuro-Linguistischen Programmierung und wie Sie diese zu Ihrem Vorteil nutzen können. Der Hauptfokus liegt hierbei auf das langfristige Ziel, dass Sie sich im Leben setzen.

Um dieses zu erreichen, ist das Nutzen des vollen geistigen Potenzials notwendig. Die Neuro-Linguistische Programmierung bietet Ihnen die Unterstützung, damit Sie die Ziele erreichen werden.

Auf diese Weise werden Sie zufriedener und können Ihre eigenen Wertvorstellungen ausleben. Egal welches Ziel Sie sich setzen, mit der Neuro-Linguistischen Programmierung werden Sie diesem näherkommen. Mithilfe dieser Erfolgserlebnisse können Sie sich selbst verwirklichen und das wahre Glück im Leben finden.

In den kommenden Kapiteln finden Sie mit der Neuro-Linguistischen Programmierung die passende Anleitung dafür. Es liegt aber an Ihnen, diesen Weg zu beschreiten und kontinuierlich an sich zu arbeiten.

Ihr NLP Quiz

Testen Sie Ihr Wissen und stellen Sie sicher, dass Ihr Fachwissen zum Thema Neurolingusitisches Programmieren on-point ist! mit unserem Online - NLP Test.

Scannen Sie jetzt einfach den QR Code oder öffnen Sie die unten angeführten Website.

https://link.cherrymedia.de/NLP2QUIZ

GESCHICHTE DER NLP

DIE GESCHICHTE DER NEURO-LINGUISTISCHEN Programmierung ist lang und wahrscheinlich viel länger, als Sie annehmen würden. Die ersten Grundlagen und Beiträge wurden bereits in den 1960er Jahren gelegt. In Kalifornien begannen die erste Schritte in Richtung NLP mit der Frage, was der Psychologie noch fehlen würde.

Denn auch wenn die Psychologie ein sehr komplexes Feld ist, wurde sie oftmals als sehr theoretisch und nicht gerade praxisnah bezeichnet. Vor allem, wenn es um Menschen, deren Beziehung zu sich selbst und den Mitmenschen kam, wurde festgestellt, dass die psychologischen Erkenntnisse dieser Zeit einige Lücken aufwiesen.

Gerade im Bereich der seelischen Zustände wurde die Psychologie als sehr unzureichend beschrieben. Gerade wenn es darum ging, die Kräfte des eigenen Geistes zu mobilisieren, stieß die Psychologie an ihre Grenzen. Diese war weitestgehend damit beschäftigt, Krankheiten und deren Ursachen zu erforschen. Hierbei ging es also vor allem um Geisteszustände, die von der Norm abwichen.

Wie aber konnten gesunde Menschen von der Psychologie profitieren? Schließlich wird gerne gesagt, dass der Mensch nur einen Bruchteil seines Geistes nutzen würde. Es sind also noch einige Potenziale versteckt, die gesunde Menschen für Ihre Zwecke nutzen könnten.

Für diese Menschen bat die Psychologie keine Lösungsansätze. Sie fokussierte sich zum Großteil nur auf Krankheitsbilder, aber nicht darauf, das Positive im Menschen zu entwickeln und zu fördern. Doch genau diese Entwicklung der Potenziale ist wichtig, wenn Sie im Beruf mehr Erfolg haben oder generell ein glücklicherer Mensch werden möchten. Schließlich ist der menschliche

Geist die Grundlage allen Handels und das größte Werkzeug, dass uns zur Verfügung steht.

Die ersten Grundlagen der modernen Neuro-Linguistischen Programmierung wurden in der „Human Potential“ Bewegung gelegt. Hierbei ging es noch nicht so zielgerichtet darum, bestimmte Techniken oder Methoden anzuwenden. Grundsätzlich war erst das Ziel, die Möglichkeiten des menschlichen Geistes zu erörtern und auf Basis dieser Erkenntnisse, die Fähigkeiten zu verbessern.
Im Rahmen dieser Bewegung in Kalifornien stand das Ziel, das menschliche Potenzial besser ausschöpfen zu können. Welch große Bedeutung diese Bewegung haben würde und welch umfangreiche Arbeit noch folgen sollte, war zunächst nicht abzusehen. Schließlich stand nur eine lose Bewegung im Vordergrund, deren Ziel zwar definiert, aber die Methodik dahinter noch völlig unbekannt war.

Dennoch war die Bedeutung dieser Bewegung schon durch die Teilnahme herausragender Persönlichkeiten jener Zeit abzusehen. Zu den Gründern der Bewegung zählte zum Beispiel Abraham Maslow. Dieser ist der Begründer der Maswlow'schen Bedürfnispyramide, die eine objektive Anordnung der menschlichen Bedürfnisse vornimmt. Danach möchten Menschen grundsätzlich die gleichen Bedürfnisse befriedigen und um wirklich glücklich zu werden, müssen die Bedürfnisse jeder Stufe erfüllt sein. Dazu gehört unter Anderem das Existenzbedürfnis und das Bedürfnis nach Sicherheit. In späteren Stufen kommt es dann zur Selbstverwirklichung des Menschen, bei der der Mensch seinen wahren Interessen nachgehen kann und von innen heraus glücklich wird.
Eine weitere herausragende Persönlichkeit, die sich dieser Bewegung zu Beginn anschloss, war Carl Rogers. Er hatte einen maßgeblichen Einfluss auf die Gesprächsführung im Rahmen von Therapiegesprächen. Seine Erkenntnisse stellen selbst heute noch eine wichtige Grundlage für die Verhaltensweisen im Therapiegespräch dar.

Diese Personen galten in den 1960er Jahren schon als bedeutsame Wissenschaftler und ihnen eilte ein exzellenter Ruf voraus. Es handelte sich bei der Bewegung also nicht etwa um eine flüchtige Idee von jungen Studenten, die ein gemeinsames Ziel verfolgen wollten, sondern es vereinten sich renommierte Wissenschaftler der Psychologie, um grundlegende Veränderungen

zu schaffen.
Dennoch engagierten sich natürlich auch viele junge und kreative Wissenschaftler im Rahmen dieser Bewegung, die ebenfalls einen Einfluss auf die weiteren Entwicklungen nehmen sollten. So entwickelten sich neue Modelle der Kommunikation, die die bisherigen Erkenntnisse auf den Kopf stellen sollten.

Als eine große Entdeckung wird hierbei vor allem die Bedeutung der nonverbalen Kommunikation gesehen. Zu diesem Zeitpunkt galt die Kommunikation vor allem als das gesprochene Wort. Es galt viel mehr der Inhalt und was gesprochen wurde, wenn die Kommunikation zwischen zwei oder mehreren Personen untersucht wurde.

Erst im Rahmen der neuen Bewegung, wurde überhaupt die Idee erörtert, dass die nonverbale Kommunikation einen wesentlichen Bestandteil bei einem Gespräch ausmacht. Anstatt also nur den Inhalt des gesprochenen Wortes zu analysieren, wurden jetzt Sprachmuster und die Elemente der nonverbalen Kommunikation untersucht.
Um diese Erkenntnisse zu vertiefen, wurden die Therapiesitzungen von drei zu dieser Zeit herausragenden Therapeuten analysiert. Hierbei ging es vor allem um Therapeuten, die jeweils auf einem anderem Gebiet herausragende Arbeit leisteten. So war Milton Erickson in der Hypnotherapie erfolgreich, während Virginia Satir vor allem auf dem Gebiet der Familientherapie große Erfolge vorzuweisen hatte.

Aus den Analysen der Therapiesitzungen konnte abgelesen werden, dass nicht unbedingt die Methoden für den Erfolg verantwortlich waren, sondern das vor allem die Art und Weise der Kommunikation für den Erfolg der Therapeuten verantwortlich war. Die Therapeuten waren sich dieser Sachlage gar nicht bewusst und machten grundsätzlich Ihre Inhalte und Ihren Ansatz in der Therapie verantwortlich für Ihren großen Erfolg.

Es ist also anzunehmen, dass die Therapeuten vor allem aus der Intuition heraus bereits Verhaltensmuster angewandt haben, die zu den Therapieerfolgen führen. Die Therapeuten haben diese Verhaltensweisen wahrscheinlich unbewusst gelernt und angewandt.

Der große Erfolg der Therapiesitzungen sollte aber nicht nur den wenigen

Therapeuten vorenthalten bleiben, die über die gleiche Intuition verfügen, um solche Verhaltensmuster auf natürliche Art und Weise zu erlernen.

Daher wurde mit der Neuro-Linguistischen Programmierung der Versuch unternommen, diese Verhaltensmuster zu beschreiben und festzuhalten. Als Konsequenz hat sich mit der Neuro-Linguistischen Programmierung ein ganz neues Feld innerhalb der Psychologie ergeben, bei dem eine Veränderung des Menschen im Vordergrund steht.

Ähnlich wie die Therapeuten auf Ihre Patienten eingehen, können bei der Neuro-Linguistischen Programmierung die Menschen nun lernen, sich selber und Ihre Verhaltensmuster besser zu verstehen. Auf diese Weise wird nun also das Ziel verfolgt, dass Menschen sich verändern und Ihr volles Potenzial besser ausschöpfen können.

Zunächst begrenzte sich die Popularität noch auf die regionale Grenzen Kaliforniens und später der gesamten USA. Es dauerte allerdings einige Zeit, bis diese Techniken auch in anderen Teilen der Welt angenommen wurden. Schließlich wurde die Neuro-Linguistische Programmierung unter den Wissenschaftlern immer etwas belächelt und nicht immer als korrekte wissenschaftliche Methode wahrgenommen.
So bestand lange Zeit ein Streit darum, ob die NLP tatsächlich einem Feld der Psychologie zugesprochen werden darf oder ob es sich um ein besonderes Modell handelt, welches das menschliche Lernen und die Kommunikation beschreibt. Unabhängig von der Zuordnung entwickelte sich die NLP als eine der bedeutendsten Verfahren des Verhaltenstrainings. Gerade bei beruflichen Vorträgen wurden Erkenntnisse angewandt, um die Zuhörer zu einem erfolgreichem Arbeitsleben zu verhelfen.

Anfang der 1980er Jahre wurde die NLP in Deutschland und Österreich populärer. Zeitgleich breitete sich diese etwa in ganz Europa aus. Allerdings ist hier eine Teilung zu beobachten und es begannen sich verschiedene Strömungen zu bilden, die Teile etwas anders interpretierten und in der Anwendung unterschiedlich waren.

Heutzutage findet aber ein weitestgehender Konsens über die Lehre der Neuro-Linguistischen Programmierung statt. So haben sich nationale Verbände gegründet, um einheitliche Standards festzulegen, die sowohl in der

Lehre, als auch in der Anwendung ihre Gültigkeit haben.

Somit ist aus der kleinen regionale Bewegung in Kalifornien eine weltweit anerkannte Sammlung von Kommunikationstechniken und Methoden entstanden, mit denen Menschen in verschiedenen Lebensbereichen geholfen wird. Dabei ist das Ende der Entwicklung nicht abzusehen und es muss festgehalten werden, dass die NLP, wie viele Wissenschaften, neuen Erkenntnissen unterliegt und einem Wandel unterzogen wird. Wissenschaftlicher Fortschritt fließt genauso in diesen Ansatz mit ein, wie praktische Ergebnisse und so ist der stetige Wandel wahrscheinlich ein Erfolgsgeheimnis für die hohe Popularität.

Was ist NLP?

Die Grundziele und die Idee hinter der Neuro-Linguistischen Programmierung sollten Ihnen jetzt also bekannt sein. Dennoch ist nich immer klar abzugrenzen, was eigentlich unter dieser wissenschaftlichen Technik und Methodik verstanden wird. Schließlich gibt es verschiedene Strömungen und letztlich bleibt es Ihnen überlassen, welche Techniken Sie anwenden möchten und welche Methoden Ihnen helfen, Ihr Ziel zu erreichen.
Das grundsätzliche Ziel der NLP ist, dass Sie Ihr eigenes Potenzial wecken und voll ausschöpfen können. Denn der Geist und das richtige Mindset haben eine große Wirkung auf die Realität und diese können Sie selber beeinflussen. Als großes Teilgebiet wird hierbei die Selbstwahrnehmung verstanden. Viele Menschen heutzutage leiden unter einem verzerrten Selbstbild. Während einige Menschen schnell darunter leiden, sich zu überschätzen, haben andere Menschen ständig das Gefühl, dass Ihre Arbeit oder das Aussehen niemals gut genug seien.

Mit den richtigen Techniken kann das Selbstbild besser eingeschätzt und verbessert werden. Dies ist aber nur ein Beispiel dafür, wie die NLP eingesetzt werden kann, um die Persönlichkeit und letztlich das Leben zu gestalten und zu ändern.

Stehen Sie vielleicht gerade selber an einem Punkt, an dem Sie etwas verändern möchten, aber wissen noch nicht so richtig wie Sie vorgehen können? Möchten Sie mit dem Rauchen aufhören, im Beruf so richtig durchstarten oder neue soziale Beziehungen aufbauen? Haben Sie den Partner fürs Leben noch nicht kennengelernt und zweifeln teilweise an Ihren eigenen Fähigkeiten?

All diese Dinge umzusetzen hat nichts mit Zufall zu tun. Es ist natürlich einfach sich einzureden, dass der Misserfolg mit anderen Menschen zusammenhänge und man selber gar nicht für sich verantwortlich sei. So kann der berufliche Misserfolg natürlich mit dem Chef in Verbindung gebracht werden, welcher einfach nicht die Beförderung gewährt. Oder hat sich die richtige zwischenmenschliche Beziehung noch nicht ergeben, weil Sie einfach Pech haben und dem richtigen Menschen noch nicht begegnet sind?

Ausflüchte sind schnell und einfach gefunden, sie können aber keine Erklärung dafür sein, weshalb das eigene Leben sich nicht in den Bahnen bewegt, in denen Sie es gerne haben möchten. Es mag zwar sein, dass es einige unbekannte Faktoren und äußere Einflüsse gibt, die Ihr Leben verändern, aber es geht vor allem darum, dass Sie immer das Beste erreichen. Dies wird unabhängig von den jetzigen Umständen ermittelt und Sie haben wahrscheinlich immer die Möglichkeit sich etwas zu verbessern.

Wenn Sie ehrlich zu sich sind, haben Sie sich vielleicht in letzter Zeit bei der Arbeit nicht mehr zu 100 Prozent angestrengt, sondern eher „Dienst nach Vorschrift“ geleistet. Und Sie sind auch nicht so häufig ausgegangen, um etwas in der Welt zu entdecken und neue Personen kennenzulernen.

Der erste Weg zur Veränderung ist die Erkenntnis, dass alleine Sie verantwortlich für Ihr Leben sind und nur Sie dieses steuern können. Wenn Sie diese Einsicht gewonnen haben, erhalten Sie mit der NLP das richtige Werkzeug, Ihre Ziele umzusetzen und die positiven Veränderungen zu erreichen, die Sie sich vornehmen.

Eine allgemeingültige Definition für die NLP zu finden ist jedoch schwierig. Da im Laufe der Zeit unterschiedliche Ansätze verfolgt wurden und verschiedene Strömungen entstanden, gibt es kaum eine allgemeingültige Definition, die das Feld der NLP vollumfänglich beschreiben könnte.

Am ehesten trifft noch die Beschreibung der ersten Bewegung zu, die es als Ziel verstand positive Veränderungen für den Menschen herbeizuführen. Hierbei wurde NLP als: „das Studium über die Struktur subjektiver Erfahrung“ definiert.

Mittlerweile hat sich die NLP aber vor allem als ein praktischer Ansatz entwickelt. Sie müssen also keine psychologischen Fachkenntnisse besitzen. Weder ist ein Psychologiestudium, noch eine anderweitige Fachbildung notwendig, um von der NLP zu profitieren.

Die Stärke liegt vor allem darin, dass es sich um eine praxisorientierte Anwendung handelt, die für viele Menschen eine positive Veränderung bewirken kann. Es geht hierbei nicht darum, sich den theoretischen und wissenschaftlichen Erkenntnisstand anzueignen, sondern eigene Übungen und Erfahrungen durchzuführen. Mit diesen werden Sie Ihre Ziele erreichen und die positive Veränderung erfahren.

Die NLP stellt Ihnen zu diesem Zweck die unterschiedlichen Instrumente zur Verfügung, die Sie nutzen können, um Ihre Ziele zu erreichen. Dabei gibt es ein sehr breites Spektrum an Übungen und Techniken, die unter der NLP zusammengefasst werden. Natürlich ist jeder Mensch individuell und dies bedeutet, dass bestimmte Techniken für Sie besser funktionieren als andere. Eventuell kann es auch helfen, wenn Sie diese leicht abwandeln und genau auf sich anpassen.

Wichtig ist auch anzumerken, dass die Vorgaben im Rahmen der NLP nicht immer starr sind. Sie müssen diese nicht immer als absolute Glaubensgrundsätze wahrnehmen, sondern können diese eher als Handlungsempfehlungen bezeichnen. Wenn Sie jedoch noch am Beginn der Auseinandersetzung mit der NLP stehen, ist es natürlich von Vorteil, wenn Sie von den Erfahrungen lernen und diese versuchen so genau wie möglich umzusetzen. Mit der Zeit werden Ihre eigenen Erfahrungen Ihnen helfen, die Techniken so zu verfeinern, dass diese für Sie sogar noch wirkungsvoller sind.

Welche Ziele Sie erreichen können

Haben Sie konkrete Probleme und Fragestellungen im Leben, dann ist es

natürlich positiv, wenn Sie diese selber bewältigen können. Die NLP ist ein guter Wegweiser und stellt Methoden zur Verfügung, mit denen Sie einige positive Veränderungen im Leben wahrnehmen können.

Grundsätzlich dient die NLP dazu, Ihr Potenzial voll auszuschöpfen. Dies gilt in allen Lebensbereichen und egal, ob Sie sich gerade im Studium befinden und immer von Selbstzweifeln geplagt werden oder ob Sie im Beruf die nächste Stufe erklimmen möchten. Auch im Privatleben können die Methoden einen guten Ansatz bieten, bestimmte Ziele zu erreichen.

Die NLP kann aber auch helfen negative Situationen zu überwinden. Nicht immer ist das Leben von positiven Ereignissen geprägt und es gibt einige Schwierigkeiten, die Sie davon abhalten das persönliche Wachstum zu erreichen. Mit den richtigen Methoden können Sie diese Probleme lösen und langsam wieder Ihr volles Potenzial ausschöpfen. Bei sehr schwerwiegenden Problemen ist jedoch die Arbeit mit einem Therapeuten empfehlenswert. Als Unterstützung zu den persönlichen Gesprächen und Therapiesitzungen, können Sie die NLP nutzen, um den Therapieerfolg zu steigern.

Eine der größten Anwendungsgebiete der NLP ist aber das Überwinden von praktischen Problemen und Lastern. Es geht hierbei vor allem um die Veränderung des Geistes und fest eingebrannten Verhaltensmustern und Gewohnheiten. Es gibt einige Laster, die Ihren Alltag belasten und Sie davon abhalten Ihr volles Potenzial auszuschöpfen. Dazu gehören zum Beispiel das Rauchen, das Übergewicht oder starke Ängste. Mit der NLP können Sie diese konkreten Probleme angehen und überwinden. Ohne diese Blockaden werden Sie mit Sicherheit Ihre Ziele viel schneller erreichen können. Schlussendlich wird durch das Bewältigen eine höhere Selbstzufriedenheit erreicht.

Sind Sie eine Führungskraft und müssen ein Team delegieren? Dann werden Sie wahrscheinlich merken, wie Sie täglich vor neuen Herausforderungen stehen. Gerade im Rahmen der Kommunikation treten in Teams einige Probleme auf, die eigentlich vermieden werden können. Mit der NLP lernen Sie, diese Kommunikationsbarrieren zu erkennen und erfolgreich zu durchbrechen. So wird sich Ihre Führungskompetenz verbessern und insgesamt ein besseres Arbeitsklima herrschen.

Manchmal liegen bestimmte Probleme aber auch schon Jahre zurück. Diese

manifestieren sich im Unterbewusstsein. Dort können Sie einen großen Einfluss auf Ihr tägliches Handeln haben und sich in bestimmten Ängsten äußern. Mit der NLP können Sie diese seelischen Probleme identifizieren und nach Möglichkeit schon in einer Sitzung lösen.
All diese Wirkmechanismen scheinen auf den ersten Blick zu gut, um wahr zu sein. Verspricht die NLP doch mehr Erfolg im Beruf, bessere zwischenmenschlichen Beziehungen und dass Sie generell ein glücklicherer Mensch werden.

Die Anwendungen der NLP mögen vielfältig sein und all diese Wirkweisen mögen zunächst unglaubwürdig klingen. Die Wahrheit ist aber, dass die eigentlichen Grenzen nur im menschlichen Geist gefestigt sind. Mit der NLP erhalten Sie ein Werkzeug, welches hilft die eigenen Grenzen zu erreichen und wenn Sie die Methoden und Techniken anwenden, werden Sie merken wie leistungsfähig Sie eigentlich sind und welche niedrigen Grenzen Sie sich vielleicht selber gesteckt haben.
Damit sind also immer Sie für den letztlichen Erfolg verantwortlich und wenn Sie bestimmte Ziele erreichen möchten, gibt Ihnen die NLP die geeigneten Instrumente vor, die Sie nur noch richtig anwenden müssen.

Grundlagen

Eine allgemeingültige Definition für den Begriff der Neuro-Linguistischen Programmierung gibt es nicht. Aber der Begriff kann in seine drei Bestandteile zerlegt und diese erörtert werden.

Die Neurologie ist die Wissenschaft vom Nervensystem. Sie beschäftigt sich damit, wie das Gehirn funktioniert und welche Vorgänge das Gehirn beeinflussen.

Die Linguistik wird als Wissenschaft der Sprache bezeichnet. Bei Ihr geht es vor allem darum, die Sprache als System darzustellen. Hierbei stehen die Wahrnehmung, die Form und die Funktion der Sprache im Vordergrund.

Das Programmieren ist ein sehr weiter Begriff und wird vor allem im Sinne der Programmierung eines Computers benutzt. Mithilfe des Programms setzt der Computer eine Anweisung um und weiß, welche Operation er

durchzuführen hat. Im weiteren Sinne wird bei der NLP das Gehirn umprogrammiert und die Methoden stellen klare Anweisungen dar. Am Ende wird durch das Programmieren das definierte Ziel erreicht.

Damit das Programmieren des Gehirns erfolgreich sein kann, beruht die NLP auf drei wesentlichen Grundpfeilern. Diese müssen Sie klar verstehen, damit die NLP für Sie ein persönlicher Erfolg wird.

Der erste Grundpfeiler ist das zielorientierte Handeln. Viele Menschen gehen mit der Herangehensweise in das Leben, dass bestimmte Probleme auftauchen und diese abgearbeitet werden müssen. Dies wird als problemorientiertes Denken bezeichnet. Das problemorientierte Denken ist eher von negativen Emotionen geprägt. Es geht nicht darum, positive Ziele zu erreichen, sondern immer bestimmte Ängste zu vermeiden. In Anlehnung an die Maslow'sche Bedürfnispyramide geht es beim problemorientierten Denken darum, die unteren Ebenen zu befriedigen. Dadurch können Sie zwar ein halbwegs sicheres Leben führen, Sie werden aber immer von Ängsten und Zweifeln getrieben.

Beim zielorientierten Denken geht es auch darum die Probleme zu lösen. Anstatt sich aber immer von den Problemen antreiben zu lassen und diese in den Mittelpunkt zu stellen, geht es nun darum die Lösung zu visualisieren. Indem die Ziele und das Endergebnis den Mittelpunkt der Denkweise ausmachen, werden die Probleme gar nicht mehr als solche wahrgenommen. Dadurch ist das Ausgangsproblem zwar noch nicht gelöst, es stellt aber keine unüberwindbare Barriere mehr dar. Sie sind damit schon einen Schritt näher am Ziel und können mit der Situation besser umgehen.

Einen Großteil des Tages und wahrscheinlich des Lebens verbringen die Menschen mit immer den gleichen Tätigkeiten. Der Alltag beginnt mit den gleichen Angewohnheiten, der Weg zum Arbeitsplatz ist immer derselbe und danach beginnt immer der gleiche Tagesrhythmus.

Diese Angewohnheiten und Denkmuster können positiv sein. Wäre es doch reichlich aufwendig, wenn Sie jeden Tag den Weg zum Arbeitsplatz sich neu einprägen müssten. Allerdings gibt es auch negative Angewohnheiten. Das schon erwähnte Rauchen gehört dazu und oftmals wird das Rauchen mit bestimmten Tätigkeiten verbunden. Dies kann das Frühstück sein oder die

Zigarette nach einem stressigem Tag auf der Arbeit. Diese Angewohnheiten zu überwinden ist nicht einfach und das Gehirn ist so programmiert, das es sehr effizient arbeitet.

Mit den Methoden der NLP werden Sie für Veränderungen aber wieder zugänglicher. Alte Verhaltensmuster und Gewohnheiten können aufgebrochen werden. Daher ist einer der Grundpfeiler des NLP, das Denken außerhalb der fest eingefahrenen Strukturen. Nur auf diese Weise können neue positive Denkmuster verankert werden.

Als dritter wichtiger Pfeiler wird die Kommunikation angesehen. Normalerweise wird die Kommunikation zwischen zwei oder mehreren Menschen betrachtet. Im Sinne der NLP zählt zu der Kommunikation aber auch die Beziehung mit Ihrem Inneren. Es ist hierbei wichtig, dass Sie nicht nur Ihre Mitmenschen besser verstehen, sondern auch sich selbst. So können Sie ein besseres Selbstbild aufbauen und das Vertrauen mit Ihren Mitmenschen steigern.

Die drei Grundpfeiler des zielorientierten Denkens, der Flexibilität des eigenen Handelns und der Kommunikation sind ursächlich, damit die Methoden der NLP zum Erfolg führen.

Was den Menschen ausmacht

Wenn von der Neuro-Linguistischen Programmierung gesprochen wird, könnte schnell der Eindruck entstehen, der Mensch sei wie ein Computer aufgebaut. Der Computer befolgt die Befehle der Programme und führt diese immer auf die gleiche Weise durch. Der Mensch ist allerdings um einige Varianten komplexer und dies kann dazu führen, dass ein und dasselbe Programm unterschiedliche Ergebnisse zum Ausgang hat.

Beim Menschen spielen die Gefühle eine wichtige Rolle, die die Entscheidungen beeinflussen und weshalb der Mensch nicht immer als komplett rational wahrgenommen wird. Dies muss beachtet werden, wenn bestimmte Methoden angewandt werden. Wenn von der Programmierung die Rede ist, dann muss diese auf den Mensch bezogen werden und ist nicht komplett mit der Anwendung bei einem Computer vergleichbar.

So unterschiedlich der Mensch und ein Computer sein mögen, so ist der Vergleich dennoch nicht komplett abwegig. Der Computer ist in erster Linie nur so leistungsfähig wie seine Hardware. Die CPU gibt hierbei vor, wie viele Denkprozesse er in einem gewissen Zeitabschnitt durchführen kann. Je leistungsfähiger die CPU, desto komplexere Anwendungen kann der Computer in kürzerer Zeit absolvieren.

Allerdings ist die Hardware nur die Grundlage seiner Fähigkeiten. Diese benötigt eine entsprechende Software, um überhaupt genutzt zu werden. Denn ohne Software bietet selbst der leistungsfähigste Computer keinen praktischen Nutzen.

Dieser Vergleich kann auch mit dem Gehirn gezogen werden. Denn das Gehirn als solches besitzt keine eigenen Fähigkeiten. Es ist also ebenfalls nur wie ein Computer, der noch völlig ohne Software auskommt. Wenn wir geboren werden, sind wir noch völlig unbedarft und das Gehirn bietet nur bestimmte Voraussetzungen, die nun durch Erfahrungen, Erziehung und Lernen in tatsächliche Fähigkeiten umgesetzt werden. Erst durch die Einflüsse von Außen oder durch die eigenen Erfahrungen wird das Gehirn so weiterentwickelt, dass es praktische Aufgaben erledigen kann. So erlernen wir in den ersten Lebensjahren die Sprache und machen uns mit der Umwelt vertraut.

Die Grenzen, die durch unsere Hardware, also dem Gehirn, vorgegeben werden sind für uns gar nicht greifbar. Zu Beginn des Lebens ist das Sprechen noch eine der größten Herausforderungen, aber im Laufe des Lebens können Sie sogar die Fähigkeit erlangen mehrere Sprachen fehlerfrei zu erlernen. Was in den ersten Jahren noch schier unmöglich erschien, wird für Sie im späteren Verlauf des Lebens keine Herausforderung mehr sein.

So verschieben sich gerade in den ersten Lebensjahren die wahrgenommen Grenzen des Gehirns stetig. Was für Sie zunächst in der Schule noch als unlösbare Aufgabe bevorstand, wurde durch Lernen verstanden und rückblickend werden Sie diese Aufgaben als gar nicht mehr kompliziert wahrnehmen.

Analog zu dem Vergleich mit dem Computer, können Sie erkennen, dass die menschliche Sprache den Programmierbefehlen entspricht. Mit der Sprache

können Sie sowohl Ihre Mitmenschen, als auch sich selber „umprogrammieren". Durch das gesprochene Wort, der Körpersprache oder der Mimik können Sie einen Einfluss darauf nehmen, wie die Umwelt Sie wahrnimmt und genauso können Sie auch einen Einfluss auf Ihre Mitmenschen nehmen.

Ein wichtiges Instrument hierbei sind Gedanken. Diese werden so wahrgenommen, als würden Sie mit sich selber sprechen. Durch die Gedanken wird die eigene Gefühlslage und das Verhalten beeinflusst. Langfristig können durch die Kraft der Gedanken Veränderungen im Gehirn auftreten. Es entstehen bestimmte Verbindungen zwischen Gehirnzellen und diese können Ihre Denkweise verändern. Durch die Gedanken können also messbare und reale Unterschiede im Gehirn auftreten. Dies sollte Ihnen naheliegen, welche Wirkung Ihre Gedanken haben und das diese einen wesentlichen Einfluss darauf haben, ob Sie ein glücklicher Mensch sind und Ihre Ziele erreichen.

Wenn Sie es könnten, würden Sie wahrscheinlich Ihre Gedanken am liebsten so gestalten, dass diese für Sie nur positive Auswirkungen haben. Nicht immer haben wir Menschen allerdings die Möglichkeit, die Gedanken so zu beeinflussen, dass diese stets zu unserem Vorteil sind. So spielt die Gefühlslage eine elementare Rolle und diese kann zu negativen Gedanken führen, die nur schwer zu beeinflussen sind.
Dennoch können Sie versuchen, alte Denkstrukturen zu verbessern und neue direkt effizienter aufzubauen, sodass Sie Ihre Ziele besser erreichen können. Durch die Techniken des NLP sollte es Ihnen gelingen, Ihre Denkmuster so zu verändern, dass Sie selber sehr viel leistungsfähiger werden.
So werden Sie feststellen, dass Sie Ihre eigenen Leistungsgrenzen stetig erweitern können. Denn im Gegensatz zum Computer ist die menschliche Hardware sehr viel flexibler und kann durch die richtige Methodik laufend verbessert werden.

Erfahrungen beeinflussen

Zusammenfassend kann auch beschrieben werden, dass Menschen die Summe Ihrer Erfahrungen sind. Durch äußere Einflüsse und der eigenen Erforschung der Umwelt nehmen wir diese Erfahrungen auf, die sich im Gehirn manifestieren und zu Verhaltensweisen geformt werden.

Erfahrungen sind aber keinesfalls objektiv, sondern sie unterliegen den subjektiven Eindrücken. Dies kann schon dadurch festgestellt werden, dass bei Polizeiaussagen unterschiedlichen Zeugen verschiedene Wahrnehmungen vom Tatgeschehen haben können. So unterscheiden sich Personenbeschreibungen oder der gesamte Vorfall wird unterschiedlich beschrieben. Dabei liegt keine böswillige Absicht zugrunde, sondern die Erinnerungen und die Erfahrung zu dem Zeitpunkt war für die Personen einfach unterschiedlich. Ein wesentlicher Bestandteil für die Erfahrungen sind die Sinneswahrnehmungen. Wenn Sie sich zum Beispiel den letzten schönen Urlaub vor Augen halten, werden Sie wahrscheinlich direkt in eine positive Stimmung versetzt. Sie werden die Umgebung aus der Erinnerung heraus förmlich riechen können und all die Sinneseindrücke vom Urlaub werden wieder wahrgenommen.

Beim Urlaub ist diese Erfahrung und die Wahrnehmung meist eindeutig. Viele Erfahrungen besitzen solch eine Allgemeingültigkeit allerdings nicht und können durch das Austauschen eines Details schnell ins Wanken geraten. Erfahrungen können im Nachhinein verändert werden und dies hat auch einen Einfluss darauf, welche Auswirkungen diese Erfahrung auf Ihre Verhaltensweisen hatte.

Dieser Umstand wird in der Neuro-Linguistischen Programmierung ganz aktiv genutzt. Denn oftmals ist nicht das völlig neue Programmieren notwendig, um die eigenen Fähigkeiten zu verbessern, sondern es werden vergangene Erfahrungen betrachtet, die einen wesentlichen Einfluss auf das heutige Verhalten haben. Diese Erfahrungen werden so verändert, dass unangenehme Erinnerungen neutralisiert werden. Auf diese Weise können Ängste eliminiert und neue Kräfte freigesetzt werden.

Dabei geht es nicht darum, dass Sie Ihrem Gehirn eine Lügengeschichte erzählen, sondern dass Sie verstehen, dass Ihre ursprüngliche subjektive Wahrnehmung nicht der objektiven Wahrheit entspricht. Durch verschiedene Techniken können Sie andere Perspektiven einnehmen und die negativen Erfahrungen in Positive umwandeln.

Dies können Sie sich schon an einem einfachen Beispiel bewusst machen. Erinnern Sie sich noch an den letzten Horrorfilm, den Sie geschaut haben und sich so richtig gruselten? Sie werden wahrscheinlich von den Gefühlen

der Angst und Unsicherheit begleitet worden sein. Diese Gefühle sind völlig normal und verständlich.
Nun stellen Sie sich vor, der Film würde von einer unpassenden Musik begleitet werden. Es würde eine Clownsmusik laufen, die eher zu Slapstick bei bestimmten Komödien passen würde. In diesem Moment werden Sie wahrscheinlich kaum eine Angst verspüren, obwohl der Filminhalt weiterhin der gleiche ist.

Im letzten Schritt können Sie den Film noch einmal komplett ohne Musik betrachten. Wahrscheinlich werden Sie jetzt kaum noch eine Angst verspüren, sondern weiterhin unterbewusst von der lustigen Musik begleitet werden. Auf diese Weise können Sie sich schon bewusst machen, wie unterschiedlich Ihre Erfahrungen wahrgenommen werden können. Obwohl sich der Inhalt des Filmes nicht geändert hat, wurde durch das Austauschen eines Elementes die komplette Gefühlslage geändert.
Nun geht es bei der NLP nicht darum, dass Sie Filme anders wahrnehmen, aber im Grunde sind Ihre Erinnerungen nichts anderes als Szenen aus Ihrem Leben. Mithilfe der NLP-Techniken, können Sie die eigenen Erfahrungen so verändern, dass diese eine andere Struktur erlangen. Negative Erfahrungen werden als nicht mehr so bedrohlich wahrgenommen und mit den optimalen Möglichkeiten sogar so verändert, dass diese einen positiven Einfluss haben. Sollen Erfahrungen verändert werden, ist es wichtig, dass Sie verstehen wie das Gehirn solche Erfahrungen wahrnimmt. Denn es handelt sich hierbei nicht um einen Computer, welcher nur mit der 0 und der 1 operiert. Ebenso handelt es sich bei den Erlebnissen nicht um reale Abbilder, wie sie zum Beispiel mit einer Fotokamera aufgenommen werden.

Vielmehr werden die Erlebnisse und Erfahrungen durch die Sinne des Menschen beeinflusst. Zu den menschlichen Sinnen werden die folgenden gezählt:

- Sehen
- Hören
- Fühlen
- Riechen
- Schmecken

Gefühle festigen

Eine der wesentlichen Grundtechniken der NLP ist das Setzen von bestimmten „Ankern“. Wie Sie in dem vorherigem Beispiel mit dem Film gesehen haben, haben Sie mit dem Horrorfilm eine bestimmte Gefühlslage verbunden. Wenn Sie sich diesen Film anschauen werden Sie eine Angst verspürt haben.

Dabei ist es nicht einmal notwendig, dass Sie diesen Film tatsächlich sehen. Es ist schon ausreichend, wenn Sie die Hauptfigur sehen oder die tatsächliche Filmmusik gespielt wird. Schon werden die Gefühle hervorgerufen, die Sie mit dem Film verbinden, obwohl Sie diesen gar nicht mehr schauen. Diese Verbindungen werden in der NLP als Anker bezeichnet, weil Sie mentale Gefühlszustände festigen. Durch bestimmte mentale Anker, können Sie einen gewünschten Gefühlszustand aufrufen und diesen für sich nutzen. Stellen Sie sich zum Beispiel die Situation vor einem Bewerbungsgespräch vor. Sie werden wahrscheinlich sehr nervös sein und hoffen, dass alles optimal verlaufen wird.

Durch das Setzen eines Ankers können Sie Ihre Gefühle beeinflussen und solch einer stressigen Situation besser begegnen. Sie können den Anker aufrufen und ein positives Gefühl hervorrufen, welches Ihnen mehr Selbstsicherheit verleiht. Dadurch werden Sie im Bewerbungsgespräch höhere Erfolgschancen haben. Das Ankern funktioniert hierbei auf die Weise, dass Sie zum Beispiel durch eine Handbewegung oder eine andere einfache Handlung den komplexen Gefühlszustand hervorrufen und für sich nutzen.
Das Prinzip des Ankerns ist nicht auf die NLP zurückzuführen, sondern wurde schon in zahlreichen Experimenten im Sinne der Konditionierung genutzt. Vielleicht kennen Sie schon das Experiment von Pawlow, welcher Hunde so konditioniert hat, dass diese auf einen Reiz immer mit einem Speichelfluss reagiert haben?

Das Experiment wurde bereits im Jahre 1905 durchgeführt und lief so ab, dass Iwan Petrowitsch Pawlow Hunde so konditioniert hat, dass diese beim Glockenruf immer an das Futter dachten. Der Speichelfluss ist eine völlig natürliche Reaktion des Hundes, wenn dieser Futter erblickt. Durch den Speichelfluss wird die Erregung des Hundes sichtbar.
Nun wurde im Rahmen des Experimentes immer beim Geben des Futters eine Glocke geläutet. Dies wurde so oft wiederholt, bis der Hund das

Glockenläuten mit der Gabe des Futters verbunden hat. Wurde jetzt nur noch die Glocke geläutet, hat der Hund mit dem unkontrolliertem Speichelfluss reagiert, obwohl die Glocke eigentlich kein Grund für den Erregungszustand des Hundes sein sollte.

Offensichtlich ist durch die Konditionierung das Läuten der Glocke zu einem Anker für die Gabe des Futters und somit dem Speichelfluss geworden. Diese einfach Experiment zeigt deutlich, wie einfach Hunde konditioniert werden können.
Diese Anker können Sie ganz bewusst setzen und nutzen, um in bestimmten Situationen Ihre Gefühle so zu beeinflussen, dass diese für Sie zu einem Vorteil werden. So können Sie vor einer wichtigen Prüfung gezielt Gefühle aufrufen, die Sie beruhigen. Indem Sie Ihre Gefühle besser kontrollieren, erreichen Sie Ihre Ziele besser und können das eigene Potenzial nutzen.
Gefühle sind keineswegs nur negativ zu betrachten. Das Sie Angst vor einer Prüfungssituation haben ist normal und bis zu einem gewissen Zustand auch nützlich. Durch die Angst werden Sie eine besondere aufmerksame Haltung gebracht und Sie werden leistungsfähiger in die Prüfung gehen.

Allerdings kann die Angst und das negative Gefühl auch negative Auswirkungen haben. Wenn die Anspannung zu groß wird und Sie schon gar keinen klaren Gedanken mehr fassen können, werden Sie die Prüfungssituation kaum erfolgreich absolvieren können. Diese Gefahren des „Black-Outs“ hat wahrscheinlich jeder schon erlebt und Sie kennen das unangenehme Gefühl, wenn Ihre Angst Sie davon abhält die höchste Leistungsfähigkeit zu erreichen. Durch das Setzen der Anker können Sie Ihre Gefühle beeinflussen und diese so regeln, dass Sie stets einen positiven Nutzen für Sie haben. Dies ist eine Grundlage der NLP und soll Ihnen zeigen, wie sehr die Kraft der Gedanken einen Einfluss auf Sie hat.

Durch die gesamte Anzahl der Methoden und Techniken, die in der NLP zur Verfügung stehen, werden Sie lernen, wie Sie mit verschiedenen Situationen umgehen können. Das Setzen von Ankern ist nur eines der Instrumente, welches Sie einsetzen können und im Detail wird dies noch in den folgenden Kapiteln erläutert.
Sie sollten aber schon jetzt einen Eindruck erhalten haben, welch positive Auswirkungen der Einsatz der NLP haben kann und wobei es sich hier Wesentlichen handelt.

Ihre kostenfreies Hörbuch

Dieses Buch können Sie als neuer Audible Nutzer kostenlos als Hörbuch genießen. Folgen Sie dem Link um sich dieses Hörbuch jetzt kostenfrei zu sichern:

cherryfinance.de/ADBL12

ZIELE DEFINIEREN

IN DER WIRTSCHAFT GIBT es eine genaue Abgrenzung zwischen der Effektivität und der Effizienz. Dieser Unterschied ist vielen Menschen im Alltag nicht bewusst und dies führt dazu, dass Sie ziellos versuchen zwar das Beste aus Ihrem Leben zu machen, aber nie so richtig glücklich werden und die eigenen Ziele verwirklichen.

Die Effizient beschreibt, dass Ziele mit besonders wenig Ressourcen erreicht werden. Dies kann bedeuten, dass Sie Ziele mit wenig Zeitaufwand oder finanziellen Investitionen erfüllen. Allerdings ist selbst das Bemühen um die höchste Effizienz vergebens, wenn die Ziele nicht richtig abgesteckt werden. Die Effektivität gibt an, dass die richtigen Ziele erreicht werden. Dies bedeutet also, dass Sie bevor Sie mit der NLP beginnen, genau formulieren müssen, wohin die Reise eigentlich gehen soll. Dieser Umstand mag zwar sehr einleuchtend sein, aber können Sie in diesem Moment genau formulieren, welche Ziele Sie eigentlich im Leben verfolgen? Können Sie dabei tiefer ins Detail gehen und von allgemeinen Phrasen wie „mehr Geld verdienen“ absehen und konkrete Ziele beschreiben?
Selbst wenn Sie Ziele haben, können Sie auch genau festlegen, welches im Moment das wichtigste Ziel für Sie ist und wo Sie die meiste Energie investieren? Ungefähre Ziele haben wohl die meisten Menschen im Leben. Dazu gehört der Erfolg im Beruf, eine harmonische Familie und eine gute Gesundheit. Aber wissen Sie auch, wie Sie diese allgemein formulierten Ziele im Leben tatsächlich erreichen?

Wenn Sie NLP erfolgreich durchführen möchten, dann müssen Sie sich zu Beginn klare Ziele setzen. Dabei geht es aber nicht nur darum, dass Sie sich vor Augen halten, was Sie in der Zukunft erreichen möchten, sondern dass

Sie auch erläutern, ob diese Ziele Sie wirklich nach Vorne bringen. Denn nur wenn das Erreichen der Ziele auch in das Gesamtkonstrukt passt, dass Sie sich für Ihr Leben vorstellen, ist es wirklich sinnvoll diese Ziele zu verfolgen. Allzu oft gibt es Ablenkungen, die dazu führen, dass man das eigentliche Ziel aus den Augen verliert. So werden Aufgaben erledigt, die zwar in diesem Moment einen positiven Ausgang haben, aber nicht dem langfristigem Ziel dienlich sind.
Wichtig bei der Bestimmung der Ziele ist zudem, dass diese klar formuliert und definiert werden. Dadurch erhalten diese eine objektive Komponente und Sie können sich viel leichter an Ihre Vorgaben halten. So kann es nicht passieren, dass Sie etwa die Motivation und Ihre Ziele aus den Augen verlieren. Ziele zu setzen ist aber erst der Anfang. Sie kennen es wahrscheinlich selber, wenn Sie sich Vorsätze für das neue Jahr überlegen, dass Ziele sehr einfach und schnell gesteckt werden. An der Motivation, diese Ziele wirklich umzusetzen mangelt es aber dennoch schon nach einem bestimmten Zeitraum.

In Bezug auf die Ziele gibt es drei wesentliche Schritte, die Sie umsetzen müssen, um erfolgreich zu sein. Im ersten Schritt geht es darum, realistische und nützliche Ziele zu setzen. Diese müssen für Ihr Leben einen tatsächlichen Mehrwert bieten und im Einklang mit Ihren Werten stehen. Danach müssen Sie die Ziele umsetzen und die notwendige Motivation finden. Mit der NLP können Sie die Motivation verstärken, sodass Sie auch in Phasen, wo Sie nicht über die vermeintliche Energie verfügen, die notwendige Disziplin aufbringen, um das Ziel zu erreichen.
Im dritten Schritt folgt dann die Handlung, mit der Sie die tatsächlichen Ziele auch erreichen. Je nach Ziel weichen die konkreten Handlungsmaßnahmen voneinander ab, aber die Grundschritte, um die Ziele zu erreichen und erfolgreich umzusetzen bleiben in jedem Fall die gleichen.

Träume von Zielen abgrenzen

Wohl kaum jemand kann im Leben behaupten, wunschlos glücklich zu sein. Sie verfolgen wahrscheinlich selber bestimmte Träume, die Sie antreiben und die Sie im Leben verfolgen. Ein Traum könnte zum Beispiel das bestimmte Auto sein, dass Sie sich schon seit der Kindheit zulegen möchten. Mit diesem Traum verbinden Sie eine sehr positive Emotion und glauben, dass das Fahren des Fahrzeugs Sie glücklicher machen würde.

Das Fahren eines bestimmten Fahrzeuges, die Sehnsucht nach mehr Geld oder die Reise in ein entferntes Land sind aber noch keine Ziele. Es sind viel mehr Wünsche, die Ihr Handeln beeinflussen und der Beginn eines definierten Zieles sein kann. Diese Wünsche sind so gesehen Antreiber, die Sie nutzen können, um sich bestimmte Ziele zu stecken.
Erst wenn Sie die Wünsche formulieren und diese ausgiebig vor dem inneren Auge vorstellen, können diese Ihnen helfen, bestimmte Ziele im Leben festzulegen. So können Wünsche eine Kraft auslösen, die Sie in Form eines Zieles umsetzen können.

Abgrenzen sollten Sie diese Wünsche aber von unrealistischen Formulierungen, auf die Sie ohnehin keinen Einfluss haben und dessen Ziel bereits im Wunsch definiert sind. Dies kann zum Beispiel der Lottogewinn sein, bei dem Sie sich den berühmten „Sechser plus Zusatzzahl" wünschen. Dieser Wunsch mag zwar schmeichelhaft klingen, es ist aber ein Wunsch, der keinerlei Kraft verleiht. Denn aus diesem Traum heraus, können Sie keine Handlungsempfehlung ableiten, mit der Sie diesen Traum erfüllen können, da der Gewinn weiterhin nur auf das Glück beruht.

Solch einen Traum müssen Sie nicht als negativ wahrnehmen und solch traumhafte Vorstellungen können eine Möglichkeit darstellen, positive Gefühle zu wecken. So können diese Gefühle trotzdem helfen andere Ziele zu erreichen.
Aber ein Ereignis wie der Lottogewinn bleibt weiterhin nur ein Wunsch, der nichts mit einem formulierten Ziel zu tun hat, das Sie erreichen können. Wichtiger ist es, dass Sie Ziele definieren und konkrete Handlungen unternehmen, damit Sie sich Ihre Wünsche erfüllen können.
Wenn Sie sich mit erfolgreichen und glücklichen Menschen unterhalten, werden Sie wahrscheinlich häufig auf die Floskel treffen, dass der Weg das Ziel sei. Dies mag zwar etwas sehr verschwommen klingen, im Kern ist diese Aussage aber wahr und sollten Sie beachten, wenn Sie Ihre Ziele formulieren. Denn angenommen, Sie hätten die Möglichkeit sich all Ihre Ziele morgen auf einen Schlag zu erfüllen. Würden Sie damit automatisch langfristig ein glücklicher Mensch werden?

Die Realität ist, dass mit jedem erfülltem Ziel wahrscheinlich wieder neue Ziele auftreten, die Sie erfüllen möchten. So werden die Ziele mit der Zeit

immer umfangreicher und komplexer. Sobald ein Ziel erreicht wurde, wartet schon der nächste Wunsch, der in Erfüllung gehen soll.

Immer nur neuen Zielen hinterherzurennen kann aber auch nicht die Erfüllung und der Sinn des Lebens sein. Denn selbst das Erfüllen aller Ziele macht Sie nicht automatisch glücklicher und diese sorgen meist nur für eine kurzzeitige Befriedigung.

Um langfristig glücklich zu sein, sollten Sie auch den Weg als Komponente der Zielerfüllung betrachten. Denn was bringt es Ihnen, das Traumauto zu fahren, wenn Sie dafür 10 Jahre Ihres Lebens einen Job nachgehen mussten, der Sie weder erfüllt noch weiter gebracht hat. Am Ende haben Sie zwar das Ziel erreicht, aber wirklich nachhaltig glücklich werden Sie dadurch nicht werden.

Werte beschreiben

Ziele beruhen immer auf einer persönlichen Motivation. Dieser ist der Antrieb, der Sie täglich aufstehen und handeln lassen. Doch was sind eigentliche Ihre inneren Werte und wissen Sie genau, wofür Sie leben? Bevor Sie Ihre persönlichen Ziele formulieren, sollten Sie einen wichtigen Schritt dahin unternehmen, dass Sie sich besser kennenlernen und verstehen, wofür Sie eigentliche leben. Wie ist Ihre Persönlichkeit und welche Werte sind Ihnen im Leben besonders wichtig?

Wenn Sie sich Ziele setzen, sollten diese immer im Einklang mit den persönlichen Werten stehen. Hierbei tritt schon das Problem auf, dass es schwerfällt, überhaupt persönliche Werte zu definieren. Der Mensch ist ein soziales Wesen und innerhalb der Gesellschaft gibt es einige Werte, die als allgemeingültig formuliert werden.
So erscheint es für alle Teile der Gesellschaft erstrebenswert zu sein, möglichst viel Geld anzuhäufen. Denn Geld wird als Symbol für Erfolg betrachtet und über den eigenen Besitz wird häufig das Selbstwertgefühl definiert. Sie könnten jetzt in Verlegenheit geraten und diese gesellschaftlichen Werte auch als persönliche Werte zu übernehmen. Schließlich wird es schon zutreffend sein, wenn ein Großteil der Gesellschaft diese Werte vorlebt, dass diese auch für Sie gültig sein müssen.

Es gibt aber sehr viel mehr Werte, die Sie für sich selbst festlegen können als materialistische Güter und Anerkennung. Vielleicht ist für Sie die Freiheit eines der höchsten Werte. Sie lieben es zu reisen und möchten so unabhängig wie möglich sein. Dann sollten Sie Ziele definieren, die mit diesen Werten in Einklang stehen. Oder vielleicht steht für Sie die Harmonie und die zwischenmenschlichen Beziehungen im Vordergrund?

Ganz egal wie Ihre Werte aussehen, es ist wichtig, dass Sie Ihre persönlichen Werte kennen und Ihre Ziele darauf abstimmen. Dies entspricht dem Grundsatz der Effektivität und das Sie wissen, wohin Ihre Reise gehen soll. Wissen Sie, was Ihnen im Leben wichtig ist, können Sie viel leichter die Ziele setzen und verfolgen, die Sie zu einem glücklicheren Menschen machen.

Der Grundsatz, dass der Weg das Ziel sei, wird schon dadurch erreicht, dass Ihre Ziele mit Ihren Werten übereinstimmen. Denn Werte sind keine fern definierten Punkte im Leben, welche Sie in einigen Jahren erreichen möchten. Werte erkennen Sie daran, dass Sie Grundsätze darstellen, nach denen Sie Ihr tägliches Leben gestalten.

Verfolgen Sie Ziele, die mit Ihren Werten übereinstimmen, werden Sie jeden Tag die kleine Genugtuung erhalten, dass Sie Ihr Leben nach Ihren Werten ausrichten können. Andererseits kann schnell eine Unzufriedenheit entstehen, wenn Sie zwar danach handeln, bestimmte Ziele zu erreichen, dabei aber Ihre persönlichen Werte verletzen.

Wenn ein Wert darauf beruht, besonders unabhängig und frei zu leben, dann werden Sie in einem starren Bürojob wahrscheinlich unzufrieden sein, selbst wenn Sie ein längerfristiges Ziel verfolgen. Angenehmer wäre es natürlich, wenn Sie schon beim Verfolgen des Zieles, Ihre Werte beachten und entsprechend handeln könnten.

Vielleicht kennen Sie Ihre eigenen Werte noch gar nicht richtig oder sind sich gar nicht bewusst, nach welchen Werten Sie eigentlich Ihr Leben gestalten. Werte werden immer dann in das Bewusstsein gerückt, wenn diese missachtet werden. Sind Sie zum Beispiel ein sehr gerechtigkeitsliebender Mensch, dann werden Sie es wahrscheinlich mit Unmut begrüßen, wenn einem Ihrer Mitmenschen eine Ungerechtigkeit widerfährt. Sie sollten in nächster Zeit

darauf achten, ob bestimmte Ereignisse zu Unmut führen und ob vielleicht die Missachtung Ihrer Werte dabei eine Rolle gespielt hat. Als Konsequenz können Sie versuchen den Wert für sich festzuhalten und diesen stärker bei der Zielsetzung zu beachten.
Werte werden auch dann immer in den Vordergrund gerückt, wenn diese verwirklicht werden. Also anstatt, dass Sie eine negative Emotion auslösen, können diese zu einem positiven Gefühl führen. Haben Sie einen besonders schönen Tag erlebt, können Sie versuchen für sich herauszufinden, ob dies mit der Verwirklichung bestimmter Werte zusammenhängt. Haben Sie vielleicht ein sehr tiefgründiges Gespräch geführt, dass Sie in diesem Moment glücklich macht, dann ist dies ein starker Hinweis darauf, dass dies für Sie ein wichtiger Wert im Leben ist.

Das Veranschaulichen der eigentlichen Werte und das bessere Kennenlernen über die Dinge, die Ihnen in Wahrheit wichtig sind, sind der erste Schritt in ein glücklicheres Leben. Denn eine ständige Verletzung bestimmter Werte kann unbewusst als Quelle von Unzufriedenheit gelten und andere Lebensbereiche negativ beeinflussen.

Geld als Ziel formulieren

Wenn Sie die vorher definierten Werte für sich gefunden haben, dann werden diese Ihnen helfen, Ihren Lebensweg zu beschreiten. Unabhängig davon, ob Sie mehr Freiheit wünschen, Abenteuer erleben wollen oder einfach nur mehr Spaß haben möchten, wird ein Faktor immer einen Einfluss haben. Denn auch wenn Ihnen Geld als Wert nicht wichtig sein wird, wird dieses als Mittel zum Zweck eine hohe Bedeutung für Sie haben.

Allerdings sollten Sie die Rolle des Geldes nicht überschätzen. Das Geld nicht glücklich macht, ist bereits eine Weisheit, die an vielen Stellen gelehrt wird. Die Forschung zeigt zudem, dass dieser Spruch zutrifft und Geld nicht zwingend Menschen glücklicher macht. Wenn Sie sich die Maslow'sche Bedürfnispyramide noch ein Mal vor Augen halten, werden Sie merken, dass Geld nur bis zu einem gewissen Grad für eine Steigerung der Zufriedenheit führen kann.
Kämpfen Sie jeden Tag darum Ihre Grundbedürfnisse zu erfüllen, weil Sie vielleicht Probleme damit haben die Miete rechtzeitig zu bezahlen oder weil

Sie sich im Supermarkt einschränken müssen, dann stellt mehr Geld für Sie auch eine höhere Zufriedenheit dar. Haben Sie aber bereits einen guten Job und verfügen über keine Existenzängste, dann hat Geld kaum noch einen Einfluss auf Ihre Lebenszufriedenheit.

Das Streben nach immer mehr Geld, nur aus dem Selbstzweck heraus mehr Geld anzuhäufen, führt also selten zu einer höheren Zufriedenheit. Dennoch müssen Sie bedenken, dass Geld zwar nicht direkt zu einer höheren Zufriedenheit führen wird, aber indirekt für die Erfüllung Ihrer Werte von Bedeutung sein kann.

Durch die Definition des Geldes können Sie zudem sehr einfach herausfinden, ob Sie ein Ziel aus einem inneren Antrieb heraus verfolgen oder dies nur annehmen, um im Endeffekt mehr Geld zu erhalten. Stellen Sie sich dazu einmal vor, Ihnen würden morgen eine große Summe Geld zur Verfügung stehen. Sie könnten sich alle Wünsche im Leben erfüllen und hätten keine Geldsorgen mehr.

Würden Sie dann immer noch das eine bestimmte Ziel verfolgen oder würde dieses durch das Bereitstellen des Geldes wegfallen? Oder wäre es sogar möglich, dass Sie das Ziel verfolgen, selbst wenn Sie gar kein Geld zur Verfügung hätten?

Wenn Sie ein Ziel definieren, an dem Sie nicht festhalten, wenn Sie über ausreichend viel Geld verfügen würden, für welches aber ohnehin kaum Geld notwendig wäre, ist es nicht Wert eine hohe Priorität zu erhalten. Schließlich haben Sie keinen wirklichen inneren Antrieb dafür und die Motive sind nur von dem Geld abhängig.

Umgekehrt kann diese kleine Vorstellung aber auch zeigen, dass es sich manchmal lohnen kann nach mehr Geld zu streben. Haben Sie ein Ziel, dass Sie auch mit einer großen Menge von Geld noch verfolgen würden, für welches Sie aber ein gewisses Kapital benötigen? Dann ist es sinnvoll, dass Sie als mittelfristiges Ziel angeben, nach mehr Geld zu streben. Durch die finanziellen Mittel können Sie überhaupt erst das Ziel erreichen, dass Sie sich gesteckt haben und als keine Zwischenetappe, können Sie versuchen Ihr Einkommen zu maximieren.

Sie merken also, Geld ist nicht alles im Leben und Sie müssen selber für sich abgrenzen, welche Bedeutung das Geld in Ihrem Leben hat. Haben Sie Ziele, die Sie auch ohne finanzielle Mittel gut erreichen können, dann sollten Sie diese verfolgen und den Fokus nicht unbedingt auf das Geld legen.

Andererseits ist Geld für eine Vielzahl von Zielen notwendig. Denn es ist nun mal ein Fakt, dass die meisten Dinge im Leben Geld kosten. Sich eine stabile Basis zu schaffen und sich in eine gute berufliche Position zu bringen, um damit langfristig die eigenen Ziele zu erreichen, scheint ein optimaler Mittelweg zu sein. Damit können Sie
einerseits Ihre Grundbedürfnisse absichern und leiden nicht unter Existenzängsten. Andererseits haben Sie eine langfristige Perspektive und können daran arbeiten Ihre Ziele zu verwirklichen.

Denken Sie immer daran, dass der Weg auch das Ziel ist und Sie nicht einfach nur dem Selbstzweck wegen an der Arbeit kaputtgehen sollten. Versuchen Sie eine gute Balance aus der beruflichen Laufbahn und Ihren eigenen Werten zu finden. So können Sie langfristig Ihre Ziele erreichen und im Berufsleben ebenfalls Ihre Erfüllung finden.

Wie das Ziel formuliert wird

Wie wichtig es ist, dass Sie genau erkennen, welches Ziel Sie erreichen möchten, wurde bereits eingangs erwähnt. Es kann aber kaum oft genug erwähnt werden, denn das Erreichen der selbstgesteckten Ziele ist schließlich, was Sie glücklich machen wird. Wenn Sie aber merken, dass Sie Zielen hinterherjagen, die für Sie eigentlich keine große Bedeutung haben oder Sie gar nicht zufriedener werden lassen, dann ist dies ein großes Missverständnis, das Sie aus dem Weg räumen sollten.
Umso wichtiger ist es daher noch ein Mal, dass Sie merken, wie Sie Ihre Ziele festlegen und definieren. Je besser Sie zudem Ihr Ziel kennen und je stärker dieses in Ihrem innerem Auge präsent ist, desto einfacher werden Sie dieses erreichen. Würden Sie von sich selber sagen, dass Sie Ihre Ziele gut kennen?

Wahrscheinlich würden die meisten Menschen genau sagen, welche Ziele Ihnen wichtig sind und wie diese ausschauen. Allerdings herrscht bei

genauerer Betrachtung dennoch nur eine sehr grobe Vorstellung von dem Ziel. Dieses ist nicht genau definiert, sondern liegt nur in einer sehr schwammigen Grundannahme oder Wunsch vor.

Die Neuro-Linguistische Programmierung führt bei genauer Anwendung aber weitreichende Veränderungen durch, damit Sie das Ziel erreichen können. Um das Ziel wirklich zu erreichen, ist eine genaue Zieldefinition gefragt. Andernfalls hätte die Programmierung zur Folge, dass Sie andere Lebensbereiche beeinflussen und Sie von der eigentlichen Erfüllung des Ziels abweichen.

Damit Sie das Ziel erreichen können, muss dieses wohl strukturiert sein. Hierbei wird auch von dem wohlgeformten Ziel gesprochen. Dies unterliegt einer sehr bestimmten Struktur, durch welche eine Form aufgebaut wird. Diese Struktur hilft Ihnen, bestimme Erwartungen auszulösen. Wenn Sie sich das Ziel vorstellen, werden sich in Ihrem Inneren Sinneseindrücke, Gefühle und Gedanken abspielen. Diese sind in dem Ausdruck so stark, dass sie als Motivation wahrgenommen werden. Durch die richtige Struktur des Ziels können Sie also nicht nur sicherstellen, dass Sie stets auf den richtigen Pfaden wandeln, sondern dass Sie eine Motivation erhalten. Dadurch wird Ihre Handlungskraft angeregt und es wird wahrscheinlicher, dass Sie das Ziel erreichen.

Wie sieht das Ziel aus?

Wenn Sie im Leben zufriedener und erfolgreicher sein möchten, dann ist eine genaue Definition der eigenen Ziele und Werte wichtig, damit Sie genau wissen worauf Sie im Leben hinarbeiten. Damit die Ziele sinnvoll sind und das Erreichen für Sie einen positiven Nutzen hat, sollten Sie diese ganz konkret formulieren.
Oftmals werden nur allgemeine Ziele definiert. Dies kann zum Beispiel so aussehen, dass Sie erfolgreicher im Beruf sein oder generell mehr soziale Kontakte pflegen möchten. Diese Ziele sind für die Anwendung der NLP ungeeignet. Denn Sie sind sehr allgemein formuliert und es wird schwerfallen, überhaupt einen richtigen Weg zu finden, diese Ziele zu erfüllen.

Besser ist es, wenn Sie sich konkrete Ziele setzen. Sind Sie schüchtern und Ihnen fällt es schwer mit neuen Menschen in Kontakt zu treten? Dann nehmen Sie sich doch zum Ziel, dass Sie in nächster Zeit in eine neue Freizeitgruppe gehen und mit diesen neuen Kontakten ins Gespräch kommen. Dieses Ziel ist schon sehr viel konkreter und leichter umzusetzen.
Es ist aber nicht nur wichtig, was Sie sich zum Ziel nehmen. Schon die Wahrnehmung darüber, wie Sie das Ziel formulieren, kann das Erreichen des Zieles erleichtern. Nehmen Sie sich zum Beispiel vor, dass Sie nicht mehr so schüchtern sein wollen, ist dies schon ein erstes Hindernis für Ihr eigentliches Ziel. Indem Sie Ihre negativen Seiten auflisten oder diese im Ziel wiedergeben, werden diese Ihnen ständig vorgehalten.

Daher ist es besser, wenn Sie ein Ziel positiv formulieren und diese dahingehend ändern. Anstatt also zu sagen, dass Sie nicht mehr so schüchtern sein wollen, ist es besser zu definieren, dass Sie mit neuen Personen offener umgehen möchten. Dadurch haben Sie eher die positive Eigenschaft im Blick und reduzieren das Ziel nicht immer nur auf das Negative, was Sie loswerden möchten.

Ein weiteres Problem beim Setzen der Ziele kann das Ziehen von Vergleichen sein. Wenn Sie sich zum Beispiel wünschen erfolgreicher im Beruf zu sein, dann werden Sie immer Personen vor sich haben, die bereits einen Schritt weiter sind. Dies führt zu einer Art Teufelskreis und Sie werden selbst beim Erreichen des Zieles kaum eine Erfüllung verspüren. Doch nicht nur der Vergleich mit anderen Personen ist hinderlich. Sie können auch den Vergleich mit sich selber anstellen, welcher langfristig zum Nachteil ist. Das Problem hierbei ist, dass Sie immer Ihren Ausgangswert im Auge behalten müssten. Dies bedeutet, dass Sie weiterhin die negativen Eigenschaften in Ihrem Inneren behalten, die Sie eigentlich loswerden möchten. Daher ist es besser, wenn Sie beim Festlegen der Ziele keinerlei Vergleiche ziehen. Weder mit sich selber noch mit anderen Personen, sondern einfach das Ziel positiv formulieren.

Haben Sie vor einigen Jahren schon Ziele definiert, an deren Verwirklichung Sie immer noch arbeiten? Haben Sie einen konkreten Zeitrahmen, den Sie für die Ziele setzen oder kommen diese vollkommen ohne zeitlichen Einschränkungen daher?

Die Wahrheit ist, dass der Mensch in der Natur nicht gerade so ehrgeizig ist, dass er Ziele durchgehen verfolgt. Wenn er es kann, schiebt er die Ziele lieber auf einen späteren Zeitpunkt und gibt vor, dass er diese schon irgendwann erreichen würde. Damit Sie Ihre Ziele aber wirkliche verfolgen und die Disziplin dafür aufbringen, müssen Sie einen Zeitrahmen festlegen, innerhalb dessen Sie das Ziel erreichen möchten. Denn es wird kaum vorkommen, dass es offensichtlich ist, dass Sie ein Ziel verfehlt haben. So könnte die Gefahr bestehen, dass Sie immer mehr Ziele anhäufen, die so nebenbei in Ihrem Leben mitlaufen, aber keines so wirklich angegangen wird.
Nur durch das Setzen eines zeitlichen Rahmens erhalten Sie die Vorstellung davon, dass Sie täglich an dem Erreichen des Ziels arbeiten müssen. Fällt die zeitliche Komponente weg, ist es ein Leichtes für Sie, die Ziele aus den Augen zu verlieren und sich lieber anderen Dingen zu widmen.

Der dritte wichtige Punkt beim formulieren des Ziels ist, dass Sie es aus eigener Kraft erreichen können. Offensichtlich ist das Setzen des Ziels, dass Sie innerhalb eines Jahres einen hohen Lottogewinn erreichen, nicht sehr sinnvoll. Denn auf den Lottogewinn haben Sie kaum einen Einfluss und sind von Ihrem Glück abhängig. Genauso kann auch die Formulierung nach einem Aufstieg in Ihrer Karriere nicht nur von Ihren eigenen Fähigkeiten abhängen, sondern vom Wohlwollen Ihres Vorgesetzten. Damit die Ziele fair formuliert sind und auch wirklich eine Motivation darstellen, müssen diese vollkommen unter Ihrer Kontrolle liegen.
Dies bedeutet, dass Sie bei der Karriere das Ziel lieber so formulieren, dass Sie innerhalb des nächsten Monats ein Gespräch mit Ihrem Vorgesetzten führen möchten und dabei sicher auftreten. Dies ist ein Ziel, dass Sie selbst verwirklichen können und das einen klar definierten Zeitrahmen darstellt. Dadurch wirkt das Ziel motivierend und Sie behalten über Ihre Ziele die volle Kontrolle.

Wenn Sie sich größere Ziele setzen, die vielleicht innerhalb eines Jahres verwirklicht sein sollen, dann kann es zunächst zu einer Überforderung kommen. Schließlich ist es nicht immer einfach sich über ein gesamtes Jahr hinweg zu motivieren und es fällt schwer, die richtigen Dinge zu tun, um das Ziel zu erreichen. Eine wichtige Technik innerhalb der NLP ist daher das unterteilen des Hauptzieles in kleine Unterziele.

Wenn Sie ein bestimmtes Ziel innerhalb eines Jahres erreichen möchten,

dann versuchen Sie herauszufinden, welche kleineren Erfolge Sie persönlich weiterbringen. Diese können Sie dann so definieren, dass Sie die Unterziele in jedem Monat erreichen möchten und diese können wiederum in Wochenziele unterteilt werden. Durch das Festlegen dieser kleinen Unterziele wird Ihre Motivation aufrechterhalten und Sie werden mit einer größeren Sicherheit das Hauptziel verwirklichen.

Einen Berg zu erklimmen mag eine große Herausforderung darstellen und wenn Sie immer nur vom Fuße des Berges auf den Gipfel schauen, wird dieser unerklimmbar erscheinen. Unterteilen Sie den Berg aber in kleinere Etappen, dann erreichen Sie Schritt für Schritt das Gesamtziel. So erhalten Sie kleine Erfolgserlebnisse und es wird nicht an Motivation fehlen.

Das Zusammenspiel zwischen Ihren Werten und den Zielen wurde schon benannt. Nun sollten Sie in der Lage sein, Ziele klar zu definieren. Diese werden detailliert, positiv und in einem gewissen Zeitrahmen strukturiert. Nachdem Sie das Ziel für sich ausformuliert haben, sollten Sie noch abgleichen, welcher Ihrer Werte dieses Ziel eigentlich erfüllt.
Hierbei sollten Sie genau darauf achten, dass die Werte auch tatsächlich von Ihnen definiert wurden. Denn oftmals wirken äußere Einflüsse auf uns ein, die bestimmte Werte und Ziele erzwingen möchten. Ist das neue Auto tatsächlich so wichtig für Sie, weil Sie damit einen Wert erfüllen, der von Ihnen definiert wurde oder sind Sie hier der Werbewirkung erlegen?

Gleichen Sie bei dem Setzen der Ziele genau ab, ob damit wirklich Ihre eigenen Werte erfüllt werden.

Wann wurde das Ziel erreicht?

Es mag paradox klingen, aber nicht immer ist klar definiert, wann Sie das Ziel auch erreichen. Bestimmte Ziele haben einen klaren Anfangs- und Endpunkt. Hier können Sie einen bestimmten Zustand als Ziel definieren und wenn dieser eintritt, haben Sie mit Sicherheit das Ziel erfüllt. Doch nicht immer ist es so klar, wann Sie tatsächlich das Ziel erfüllt haben.

Wenn Sie ein Ziel formulieren, dass über keinen fest definierten Endpunkt verfügt, können Sie mit bestimmten Techniken der NLP diesen Zustand

herbeiführen. Denn ohne die Möglichkeit das Erfüllen des Ziels sich vorzustellen, kann die Motivation fehlen dieses tatsächlich zu erreichen.

In der Schule werden Sie wahrscheinlich schon lange den Moment ersehnt haben, in dem Sie das Abschlusszeugnis erhalten und der Druck der schulischen Laufbahn von der Schulter fällt. Hier ist der Endpunkt klar definiert und tritt in einem bestimmten Zeitpunkt ein. Wenn Sie sich selber ein Ziel gesteckt haben, wie zum Beispiel das selbstsichere Auftreten, dann wird es allerdings schwerfallen, genau zu wissen wie das Ziel aussieht.
Hierzu müssen Sie Ihr Unterbewusstsein so vorbereiten, dass Sie dennoch klar erkennen können, wann das Ziel erreicht wird. Dazu machen Sie sich im ersten Schritt klar, welche Aktivitäten Sie unternehmen, um das Ziel zu erreichen. Dies bedeutet zum Beispiel, dass Sie sich vorstellen, wie Sie vor dem Spiegel stehen, um frei und selbstsicher zu reden. Danach stellen Sie sich vor, was Sie tun werden, wenn Sie Ihr selbstdefiniertes Ziel erreicht haben. Welche Gefühle verspüren Sie in dem Moment, in dem das Ziel verwirklicht wurde?

Diesen Zielzustand müssen Sie sich ganz besonders empfindlich einprägen. Nutzen Sie dazu all Ihre Sinne. Versuchen Sie also das Ziel zu riechen, die Umgebung zu hören und was können Sie vor Ihrem inneren Auge sehen?

Hierbei ist es hilfreich, wenn Sie sich vorstellen, wie das Erfüllen des Ziels Ihr Leben verändert. Bei NLP und dem Setzen der Ziele geht es in erster Linie darum das eigene Leben zu verändern. Die Ziele sollten daher einen direkten Einfluss darauf haben, wie sich Ihr Leben verändern wird. Falls Sie auch in der Vorstellung durch das Erreichen des Ziels keine Veränderung wahrnehmen, dann werden Sie kaum die Motivation aufbringen, dieses tatsächlich über einen längeren Zeitraum zu verfolgen.

Bevor Sie ein Ziel festlegen, sollten Sie sich daher genau vor Augen halten, was sich dadurch tatsächlich in Ihrem Leben ändert. Häufig sind Ziele nämlich dadurch geprägt, dass Sie vordergründig zu einer Zufriedenheit führen, aber langfristig keine persönliche Änderung hervorrufen. Das neue Auto oder der bessere Fernseher mögen zwar am Anfang noch ganz nett sein, aber ändert sich dadurch wirklich etwas in Ihrem Leben oder ist der Effekt des Ziels nach kurzer Zeit wieder verpufft?

Konsumziele sind daher immer mit Vorsicht zu genießen und dienen nicht wirklich als langfristige Ziele. Die Zufriedenheit, die Sie aus diesen Zielen erzielen, ist meist nur von kurzer Dauer und dies führt dazu, dass Sie trotz des Erreichen des Ziels kein erfülltes Leben führen.
Halten Sie sich daher immer vor Augen, wie sich Ihr Leben grundlegend verändern kann und welchen Einfluss das Verwirklichen der Ziele hat. Wenn sich Ihr Leben kaum verbessert oder der Effekt nur von kurzer Dauer ist, dann werden Sie wahrscheinlich besser beraten sein, wenn Sie ein anderes Ziel verfolgen.

Wie die Ziele besser erreicht werden

Bisher ging es vor allem darum, die richtigen Ziele zu finden und zu definieren. Schließlich möchten Sie Ihre Zeit so investieren, dass Sie langfristige Veränderungen hervorrufen und ein glücklicherer Mensch werden. Doch wie genau können Sie die Ziele erreichen und welche Ressourcen benötigen Sie dafür?

Wenn Sie an Ressourcen denken, werden Sie wahrscheinlich zuerst finanzielle Ressourcen wahrnehmen. Denn bekanntlich ist Geld wichtig, zum Erreichen der meisten Ziele. Im Sinne der Neuro-Linguistischen Programmierung ist Geld allerdings keine Ressource, die eine Beachtung finden sollte.

Hier geht es vor allem um die Kräfte und Fähigkeiten, die von Ihrer Person ausgehen. Als ein Grundsatz wird dabei festgeschrieben, dass Sie bereits über alle benötigten Ressourcen verfügen. Aus vergangenen Erfahrungen und Kenntnissen können Sie Ressourcen schöpfen, um diese zum Erreichen Ihrer Ziele einzusetzen.

Dabei geht es vor allem um die geistigen Fähigkeiten und die Motivation, um das Ziel zu erreichen. Zu diesen mentalen Ressourcen gehören zum Beispiel der Fleiß, die Ausdauer oder die Geduld. Haben Sie in der Vergangenheit bereits sehr zielstrebig einen bestimmten Wunsch erfüllt und sehr viel Energie investiert, um dieses Ziel zu erreichen? Dann versuchen Sie sich wieder in diesen Zustand zu begeben, bei dem es Ihnen leicht fällt, diese Energie aufzubringen.

Indem Sie sich an diese Zeit und diese Aktivitäten erinnern, können Sie die gleichen Gefühle mit dem jetzigen Einsatz verbinden. Hierbei können Sie sich auch vorstellen, wie gut Sie sich gefühlt haben, als Sie das Ziel letztlich erreichten. Es gibt also sehr viel wichtigere Ressourcen als das Geld und in der NLP herrscht der Glaubenssatz, dass Sie grundsätzlich über alle Ressourcen verfügen, um Ihre Ziele zu erreichen.

Dies können Sie sich vor Augen halten, um sich selber zu motivieren. Sie müssen also nicht dem Trugschluss unterlegen sein, dass es gerade an Geld mangelt und Sie deshalb das Ziel nicht verwirklichen können.

Merken Sie dennoch, dass Sie nicht über die benötigten Ressourcen verfügen, um das Ziel zu erreichen, können Sie zuerst daran arbeiten diesen Mangel zu beseitigen. Sind Sie nicht der geduldigste Mensch oder waren Sie bisher nicht immer fleißig und haben Zweifel daran, dass Sie diese Eigenschaften mitbringen, um das Ziel zu erreichen? Dann sollte zunächst die Verbesserung dieser Ressource im Vordergrund stehen. Setzen Sie sich also zunächst das Unterziel, dass Sie Ihren Fleiß verbessern und länger arbeiten können, ohne eine Pause einlegen zu müssen. Wesentlich ist hier zum Beispiel die Konzentrationsfähigkeit. Mit gezielten Übungen können Sie diese Eigenschaften verbessern und Ihre Ressourcen ausbauen, die Ihnen helfen werden die Ziele zu erreichen.

Haben Sie die vorherigen Tipps angewandt, sollten Sie das Ziel klar vor Augen haben und dieses visualisieren. Sie wissen genau, wie das Ziel aussieht und wie Sie vorgehen müssen, um dieses zu erreichen.

Sie haben jetzt die Motivation aus dem Inneren heraus, das Ziel zu erreichen und die ersten Schritte zur Zielerfüllung haben Sie mit der richtigen Struktur bereits erfüllt.

Je klarer und fester das Ziel in Ihrer Wahrnehmung gefestigt ist, desto wahrscheinlicher wird es sein, dass Sie dieses auch erfüllen. Die Zieldefinition ist damit ein wichtiger Schritt, um langfristig ein zufriedeneres Leben zu führen.

Bei allen positiven Konsequenzen, die mit der Erfüllung des Zieles einhergehen, sollten Sie sich immer bewusst sein, dass es auch negative Seiten gibt. Schließlich verfügen Sie nur über begrenzte Ressourcen und müssen lernen

Prioritäten zu setzen. Manchmal kann eine Zeit, in der Sie sehr fleißig sein müssen auch zu Entbehrungen führen.
Bevor Sie das Ziel nun angehen, sollten Sie sich auch bewusst machen, was es für negative Konsequenzen geben könnte. Insbesondere wenn Sie Ihre Persönlichkeit ändern möchten, kann dies zu negativen Reaktionen im Umfeld führen. Denn nicht jeder reagiert positiv auf Ihre neue Selbstsicherheit oder Offenheit.
Damit Sie nicht von diesen Konsequenzen überrascht werden, machen Sie sich am besten jetzt schon einen Plan, wie Sie damit umgehen werden. Diese Situationen können Sie wiederholt durchspielen und mit der Zeit werden die Gefühle, die mit den negativen Konsequenzen verbunden sind, weniger werden.

So erhalten Sie ein realistisches Bild von der Zukunft und wie diese aussieht, wenn Sie Ihre Ziele umsetzen.

In erster Linie geht es aber darum, dass Sie herausfinden, was für Sie wichtig ist und welche Dinge Sie glücklich machen. Dadurch wissen Sie, wohin Ihre Reise im Leben hingeht und auf welchen Wegen Sie zufriedener werden. Mithilfe der NLP können Sie die Ziele ausfindig machen und mit einer höheren Erfolgsrate abschließen.

DIE EIGENE MOTIVATION FINDEN

* * * * * *

IM VORHERIGEN KAPITEL WERDEN Sie Ihre Ziele definiert haben. Sie wissen jetzt genau, welche Ziele Sie im Leben verfolgen und welche Werte Ihnen wichtig sind. Sie können jetzt genau bestimmen, dass das Erreichen der Ziele zu einem glücklicheren Leben führt und dieser Zustand für einen längeren Zeitraum anhalten wird.

Mit diesen Zielen verbinden Sie auch das Gefühl des Erfolgs und Sie möchten sicherlich ein erfolgreicher Mensch sein. Doch was wird eigentlich unter Erfolg verstanden?

Wenn das Ziel verwirklicht wurde wird dies als Erfolg wahrgenommen. Bevor Sie das Ziel definiert haben, werden Sie sich schon vorgestellt haben, welche Veränderung das Umsetzen des Ziels auf Ihr Leben haben wird. Gleichzeitig treten beim Erreichen der Ziele Erfolgsgefühle ein. Sie werden glücklich darüber sein, dass Sie all die Arbeit und Zeit erfolgreich investiert haben. Zudem führen diese Erfolgserlebnisse zu einem höherem Selbstbewusstsein und Sie werden anerkennen, dass Sie Ihre selbstgesteckten Ziele erreichen können, wenn Sie nur hart genug dafür arbeiten.

Der Weg des Erfolges ist von Rückschlägen und negativen Emotionen geprägt. Diese negativen Emotionen stellen wichtige Erfahrungen dar, die Sie im Leben noch nutzen können. Ein Erfolg ist deshalb so bedeutsam, weil Sie auch durch schlechte Zeiten gingen und diese überwunden haben.

Damit das Erfolgserlebnis eintritt, muss der Erfolg mit Ihren persönlichen

Werten vereinbar sein. Sie werden bereits ausgiebig festgelegt haben, welche Werte wichtig für Sie sind. Können Sie nun Ihr Leben um diese Werte aufbauen und die Werte verwirklichen, stellt sich das Erfolgsgefühl ein. Werden Sie trotz des Verwirklichen des Ziels keine Erfolgsgefühle wahrnehmen, haben Sie wahrscheinlich nicht genau auf sich selber gehört und Ihre eigenen Wertevorstellungen verletzt. Jetzt wird Ihnen vielleicht erst bewusst, dass Sie ein Ziel erreicht haben, das für Sie eigentlich keine hohe Bedeutung hat.

Zudem baut der Erfolg auf Ihrem Handeln auf. Plötzlich eine hohe Geld zu erben mag zwar erfreulich für Ihr Bankkonto sein, Sie haben dafür aber keine Eigenleistung erbracht. Dies stellt also keinen Erfolg im eigentlichen Sinne dar, denn dieser kann nur eintreten, wenn Sie selber auf das Ziel hingearbeitet haben.
Der Mensch ist von der Natur eher so eingestellt, dass er faul ist. Positiv ausgedrückt könnte man auch behaupten, der Mensch sei ein sehr effizientes Wesen. Er versucht so wenig wie möglich Energie aufzuwenden und solange die Grundbedürfnisse erfüllt werden, findet er kaum einen Antrieb mehr. Heutzutage kann festgestellt werden, dass wir bereits in einer sehr komfortablen Zeit leben. Gerade durch die sozialen Sicherungsmechanismen der Gesellschaft wird das Erfüllen der Grundbedürfnisse sichergestellt.

Das Erfüllen der Grundbedürfnisse stellt aber nur eine Grundlage zum Überleben dar. Dies bedeutet nicht, dass die Menschen dadurch zufrieden oder glücklich werden. Erst durch die Veranschaulichung, dass eine bestimmte Handlung zu einer höheren Zufriedenheit oder einem besseren Leben führen kann, werden Sie diese überhaupt durchführen.

Je höher der Einfluss der Handlung auf Ihre zukünftige Zufriedenheit ist, desto stärker wird Ihre Motivation ausfallen. Geld stellt hierbei eine sehr große Motivation dar und viele Handlungen sind vor allem darauf ausgelegt, Geld zu verdienen. Es wird gerne gesagt, dass Menschen für Geld alles tun würden und gewissermaßen ist dies zutreffend. Gerade für Menschen, die nur über sehr wenig Geld verfügen, ist der Zugewinn jedes noch so kleinen Betrages mit einer hohen Motivation verbunden.

Es gibt aber auch viele Tätigkeiten und Ziele, die nicht mit Geld verbunden sind und für Sie eigentlich positiv wären. Haben Sie sich für das neue Jahr vorgenommen wieder etwas mehr Sport zu treiben und merken Sie bereits

in den ersten Wochen, dass Sie sich nicht treu sind und dieses Ziel nicht erreichen?

Dann wird Ihre Motivation nicht hoch genug sein, um die Handlungen durchzuführen, die zum Erreichen des Ziels notwendig sind. Nach einem harten Arbeitstag noch in das Fitnessstudio zu gehen und sich gesund zu ernähren ist mit einer hohen Anstrengung verbunden. Wenn die Motivation nicht ausreicht, um diese Anstrengung zu vollbringen, werden Sie das Ziel nicht erreichen können.

Mithilfe der NLP werden Sie lernen, wie Sie die Motivation aufrechterhalten können, selbst wenn die Umsetzung mit einer hohen Anstrengung verbunden ist. So können Sie selber den inneren Schweinehund überwinden und Ihre gesteckten Ziele verwirklichen.

Die zwei Arten der Motivation

Der Mensch benötigt immer einen bestimmten Antrieb, um eine Handlung durchzuführen. Ohne Antrieb sträubt sich der Mensch davor, diese Handlung durchzuführen, weil es viel einfacher und effizienter wäre, diese Energie zu sparen und für Aufgaben zu nutzen, die eine höhere Priorität haben.

Eine der beiden Arten der Motivation ist die Vermeidung von negativen Erfahrungen. Dazu gehören bestimmte Ängste, die uns Antreiben und die wir in der Zukunft nicht begegnen möchten. Dazu gehört zum Beispiel, dass Geld gespart und der Arbeit nachgegangen wird, um zu verhindern, dass die eigene Existenz bedroht wird. Denn wer hat schon gerne das Gefühl, kein Essen oder ein Dach über dem Kopf zu haben.

Es kann also schon ausreichend sein, wenn die Gedanken an die Zukunft dazu führen, dass diese Erfahrungen vermieden werden sollen. Nicht immer erkennt der Mensch allerdings solche negativen Erfahrungen rechtzeitig. Oftmals bemerkt er diese erst, wenn er sich bereits in der Situation befindet und diese unerwünschte Erfahrungen wahrnimmt.

Dies kann der Fall sein, wenn Sie unter dem Übergewicht leiden und dieses Problem angehen möchten. Als Sie noch schlank waren, konnten Sie sich

vielleicht noch nicht genau ausmalen, wie es mit den extra Kilos sein würde. Mit der Zeit hat sich das Gewicht aber schleichend erhöht und auf einmal finden Sie sich in einer Situation wieder, wo Sie laufend negativen Erfahrungen begegnen. Diese werden nun als Antrieb für die Diät genommen, um wieder das Idealgewicht zu erreichen.

Diese Art von Motivation hat aber einen bedenklichen Nachteil. Sie ist von Ängsten und negativen Emotionen geprägt. Um diese zu vermeiden wird häufig eine Handlung ausgeführt, die nicht besonders zielgerichtet ist. Um im Beispiel bei dem Übergewicht zu bleiben, führen die Ängste vielleicht dazu, dass Sie jetzt eine Extremdiät anfangen. Anstatt sich vorher ausgiebig zu informieren, die Ziele und deren Umsetzung zu definieren, wird einfach probiert so schnell dem negativen Zustand zu entfliehen wie möglich. Dies klappt aber nicht und so tritt der Jo-Jo-Effekt ein, der den negativen Zustand sogar noch verstärken kann. Eine Verbesserung der Lebenslage wurde also nicht erreicht und all die Energie, die aufgewendet wurde, war anscheinend fehlgeleitet.

Ein weiteres grundlegendes Problem ist, dass Sie Energie darauf verwenden sich mit Ängsten zu beschäftigen. Dadurch fehlt der Fokus, sich auf die positiven Ziele zu konzentrieren. Denn diese Motivation um das Vermeiden der negativen Situation kann zwar ein großer Antrieb sein, aber dieser wird nie dazu führen, dass Sie tatsächlich glücklich werden. Vielmehr ist dieser dafür zuständig, dass Sie nicht unzufrieden sind und eine gesunde Existenz aufbauen. Haben Sie sich diese Existenz bereits aufgebaut, sollten Sie sich nicht mehr auf diese Weise von Ihren Ängsten geleitet werden, sondern positive Antriebe suchen.

Daher beruht die zweite Motivation vor allem darauf, dass Sie einen persönlichen Wert mit dem Ziel verwirklichen. Diesem Zielbewusstsein liegen nun keine Ängste bei, sondern Sie arbeiten aktiv auf ein Ziel zu, da Sie bei diesem die Vorstellung haben, dass es sich positiv auf Ihr Leben auswirkt.

Dies setzt voraus, dass Sie über die Vorstellungskraft verfügen, dass Ergebnis des Ziels und die Konsequenzen zu visualisieren. Zudem ist diese Art der Motivation sehr viel effektiver. Denn anstatt eine unangenehme Situation zu vermeiden, was auf vielen verschiedenen Wegen gelingen kann, haben Sie ein klares Ziel vor Augen, auf welches Sie hinarbeiten können. Dadurch

wird das Erreichen des Zieles wahrscheinlicher und Sie werden nicht durch Nebensächlichkeiten abgelenkt.

Allerdings ergeben sich aus dieser Zielmotivation wieder andere Eigenschaften. Es steht hierbei zum Beispiel fest, dass das Ziel weniger flexibel gestaltet werden kann. Außerdem müssen Sie aktiv das Ziel öfter vor Augen halten, um tatsächlich die Motivation hinter der Handlung zu entdecken.

Denn die Motivation aus dem Angstzustand heraus findet durch das Erleben der jetzigen Situation statt. Diese negativen Emotionen sind Ihnen in diesem Augenblick bereits bewusst und Sie arbeiten daraufhin dass, diese in Zukunft vermieden werden.

Bei der positiven Motivation und dem Zielantrieb geht es darum, Emotionen zu erwecken, die Sie erst in der Zukunft erleben. Daher kann es manchmal zu Schwierigkeiten kommen, wenn Sie in der Gegenwart gar nicht wahrnehmen, welche Auswirkungen die Handlungen haben. Diese positiven Emotionen, die am Ende des Zieles vorkommen, sollten Sie sich visualisieren und als positiven Antrieb nutzen.

Vielleicht möchten Sie in Zukunft ein Haus bauen, damit es Ihrer Familie besser geht. Derzeit leben Sie möglicherweise in einer Wohnung, die für Ihre Bedürfnisse ausreichend ist. Daher kann der Antrieb fehlen, die Arbeit so zu investieren, dass Sie sich in Zukunft ein Haus leisten können. Um diese zusätzliche Motivation aufzubringen, können Sie sich vor Augen halten, welche positiven Auswirkungen das Haus haben könnte. Wächst Ihr Kind in einer besseren Umgebung auf, haben Sie sehr viel mehr Platz, um Ihre Hobbys zu verwirklichen? All diese Vorstellungen werden wahrscheinlich zu einem positiven Gefühl führen, welches Ihnen die notwendige Motivation verleiht, um das Ziel zu erreichen.

Im Sinne der Motivation haben beide Antriebe Ihre Berechtigung. Sie müssen aber lernen, diese zu differenzieren und wie Sie mit diesen umgehen. Sind für das Erreichen eines Ziels beide Antriebe gleichzeitig aktiv, stellt dies die größte Motivation dar, die Sie haben können.

Energie aus negativen Erfahrungen gewinnen

Befinden Sie sich gerade in einer Situation, mit der Sie nicht zufrieden sind, dann können Sie diese Ängste nutzen und in eine positive Motivation umwandeln. Der größte Fehler hierbei ist aber, dass viele von Ängsten geleitete Menschen nicht wissen, wohin Sie sich bewegen sollen. Sie versuchen zwar Ihren Ängsten zu entfliehen, nutzen diese Energie aber nicht, um ein klar definiertes Ziel zu erreichen.

Um diese Ängste als Motivation zu nutzen, müssen Sie also zunächst einsehen, dass eine Unzufriedenheit mit der aktuellen Situation besteht. Danach können Sie analysieren, durch welches Ziel sich Ihre Lebenssituation langfristig verbessern könnte.

Als Beispiel können Sie das Rauchen nehmen, dass neben dem Abnehmen gerne als Motivation dient. Beim Rauchen treten einige Risikofaktoren auf, die als Antrieb dienen können. So kann die Gesundheit durch Lungenkrebs in Gefahr sein und das Rauchen ist ein großer Kostenfaktor. Jetzt könnten Sie sich dazu entscheiden, dass Rauchen aufzugeben, um nicht mehr diesen Ängsten und Risiken ausgesetzt zu sein.

Allerdings vergessen Sie hierbei, dass das bloße Nichtrauchen als Ziel noch nicht ausreichend ist. Denn hierbei fehlt es an der positiven Motivation und wenn Sie sich nur das Ziel setzen, auf das Rauchen zu verzichten, wird Ihnen mit Sicherheit die Motivation fehlen, dieses Ziel zu verwirklichen.

In dieses Vakuum der Motivation tritt nun die positiv definierte Zieldefinition. Dies bedeutet, dass Sie sich vorstellen können, welch positive Auswirkungen der Verzicht haben wird. Sie können das Geld für andere Dinge ausgeben und Ihre Fitness wird sich ebenfalls verbessern. Sie können sich also vor dem inneren Auge vorstellen, welch positive Veränderungen durch den Verzicht des Rauchens auftreten werden.

An diesem Beispiel des Rauchens können Sie erkennen, wie sowohl die Angst, als auch die positive Zieldefinition Sie motivieren kann. Die Angst vor Krankheiten kann der ursprüngliche Antrieb gewesen sein, der Sie dazu bewegt hat die Entscheidung zu treffen mit dem Rauchen aufzuhören. Indem Sie zusätzlich positive Ziele definieren, wie sich Ihr Leben durch den Verzicht

des Rauchens verändert, können Sie den anfänglichen Antrieb nutzen und in eine langfristige Motivation ummünzen.

Ihre Motivation steigern

Die Motivation ist eine wesentliche Ursache dafür, dass Sie ein Ziel verfolgen und tatsächlich erreichen. Doch nicht immer ist die Motivation ausreichend, um tatsächlich die Handlungen durchzuführen, die eigentlich notwendig wären. Gerade wenn es um langfristige Ziele geht, ist es nicht immer einfach diese im Auge zu behalten. Denn der Mensch wird vor allem von Belohnungen getrieben und wenn diese in der fernen Zukunft liegen, gibt es womöglich andere Dinge, die eine schnellere Belohnung mit sich bringen.

In gewisser Weise können Sie durch bestimmte Übungen aber Ihre Motivation auch von selber steigern. Ähnlich wie beim Definieren von Zielen, gibt Ihnen die Neuro-Linguistische Programmierung verschiedene Übungen und Techniken mit, mit denen Sie die Motivation herstellen können. So erreichen Sie viel eher Ihr Ziel und erliegen nicht der Versuchung, Ihre Energie in andere Dinge zu investieren, die mit Ihrem eigentlichen Ziel gar nichts zu tun haben.

Um Ihre Motivation zu steigern, können Sie eine Technik verwenden, die ähnlich dem Ankern angewandt wird und Ihre Gefühle in der Gegenwart beeinflusst.

Im ersten Schritt rufen Sie sich dafür eine Erfahrung ins Bewusstsein, die Sie mit einem Zustand hoher Motivation verbinden. Vielleicht hatten Sie in der Schule oder im Studium ein ganz bestimmtes Ziel. Sie wollten unbedingt die Prüfung mit einer guten Note abschließen und in der Vorbereitungszeit waren Sie so motiviert, dass das Lernen ohne größere Probleme zu absolvieren war. Oder Sie haben beim Sport mit Ihren Freunden konkurriert und wollten dort unbedingt eine bessere Leistung abrufen, haben so oft es geht trainiert und tatsächlich triumphiert.

Egal um welche konkrete Situation es sich handelt, im ersten Schritt müssen Sie sich diese Zeit in Ihr Bewusstsein rufen. Jetzt wissen Sie, wie sich die Motivation anfühlt. Es ist ein Zustand, voller Energie und Sie verbinden damit

ein ganz bestimmtes Ziel, dass Sie unbedingt erreichen wollten.

Wenn Sie sich diesen Zustand der Motivation vor Ihrem inneren Auge betrachten, sollten Sie im nächsten Schritt dazu übergehen, diesen Zustand mit all Ihren Sinnen wahrzunehmen. Wenn Sie diesen Zustand als Film abspielen könnten, wie würde der Film aussehen? Welche Farben überwiegen für Sie, welche Geräusche nehmen Sie wahr und welche Gerüche können Sie womöglich riechen? Je mehr Sinneseindrücke Sie mit diesem Zustand der Motivation wahrnehmen, desto intensiver wird Ihr Rückblick und das positive Gefühl.

Nun sollten Sie wieder in der Gegenwart ankommen. Jetzt geht es darum, wieder in einen neutralen Gemütszustand zu gelangen. Der Film ist zu Ende und Sie sind wieder komplett im Hier und Jetzt angekommen. Dadurch wird der emotionale Gefühlszustand unterbrochen und durch einen neutralen Zustand ersetzt. Sollten Sie die starken Emotionen immer noch spüren, dann suchen Sie sich ein Erlebnis aus, dass mit keinen besonderen Emotionen verbunden ist. Vielleicht können Sie sich vorstellen, wie Sie gerade das Frühstück zubereiten oder andere Hausarbeiten erledigen. Daran werden Sie wahrscheinlich keine besonders starken Emotionen haben, sondern diese ziemlich gleichgültig ausführen. Dadurch werden Sie in einen neutralen Gefühlszustand versetzt.

Nachdem also Ihre ursprünglichen Emotionen abgeklungen und nicht mehr wahrnehmbar sind, versuchen Sie sich wieder in diesen emotionsbelasteten Zustand zu versetzen. Jetzt geht es vor allem darum, den Unterschied der Emotionen zu erfassen. Gerade waren Sie noch in einem Zustand der relativen Emotionslosigkeit und jetzt werden Sie von den Emotionen geradezu überwältigt. Spüren Sie die Unterschiede und wie die Wahrnehmung sich verändert?
Kehren Sie wieder in die Gegenwart zurück und führen sich den neutralen Zustand vor Augen. Nun kommt der eigentlich wichtigste Schritt. Jetzt versuchen Sie detailliert zu analysieren, welche Wahrnehmung Sie im Zustand der starken Emotionen spürten. Welche Formen haben diese angenommen und was trat besonders stark hervor? Haben Sie Farben ganz intensiv wahrgenommen, liegt Ihnen ein ganz besonderer Geschmack auf der Zunge? Waren die Bewegungen eher schnell und aktiv oder kamen diese Ihnen eher bedacht und langsam vor?

Wenn Sie diese Wahrnehmungen in Worte fassen können, dann schreiben Sie diese am besten auf. Denn ähnlich wie bei einem Traum sind diese Momente sehr flüchtig und es kann Ihnen schwerfallen, diese später wieder zu rezitieren.

Durch das Aufschreiben können Sie ganz genau erfassen, was Sie eigentlich motiviert und wie sich diese ausdrückt. Jetzt können Sie sich Ihr Ziel vorstellen und merken, wie dieses aussieht. Ist dieses für Sie noch nicht besonders motivierend, können Sie die Details der Motivation auf dieses Zielbild übertragen. Dies bedeutet, dass das Zielbild mit Elementen vermischt wird, die Ihnen schon bei der Motivation wichtig waren. Das Zielbild wird also entsprechend Ihrer Motivation etwas abgewandelt. Es können bestimmte Farben nun stärker hervorgehoben werden oder Gerüche auftreten, die für Sie mit der Motivation verbunden werden.
Indem Sie wissen, was Sie motiviert und wie sich diese Emotionen bei Ihnen ausdrückt, können Sie Ihre Ziele auf diese Weise beeinflussen und selber mit den Motivatoren anreichern. Rufen Sie Ihr Zielbild auf, werden Sie automatisch stärker motiviert sein und Ihre Tätigkeit wird erleichtert. Sie werden jetzt nicht mehr so leicht abgelenkt sein oder sich auf andere eher unwichtigen Dinge konzentrieren.

Wie die Motivation aussieht

Die vorhergehende Übung war mit Sicherheit etwas abstrakt und wenn Sie mit solchen Visualisierungen noch nicht vertraut sind, kann es eine Weile dauern, bis Sie diese tatsächlich so wahrnehmen, dass Sie diese auch in Worte fassen und niederschreiben können. In der Regel sieht die Motivation aber so aus, dass diese für Menschen heller und intensiver wahrgenommen werden. Dies bedeutet, dass die Farben praktisch strahlen und das Bild sehr hell ist.

Dies ist auch damit zu erklären, dass dunkle Bilder häufig als depressiv wahrgenommen werden und die Stimmung etwas drücken. Sie strahlen nicht gerade eine positive Energie aus, sondern scheinen für die Motivation hinderlich zu sein. Andere Dinge, die für die Motivation sprechen sind intensive und dynamische Bewegungen.

Durch diese Elemente wird eine Energie symbolisiert, die sich auf Sie übertragen soll, wenn Sie ein bestimmtes Ziel erreichen möchten. Denn Motivation ist eng verwandt mit Energie und es geht hierbei um die Arbeit, die Sie zur Erfüllung eines ganz bestimmten Ziels investieren.

Sie können Ziele und die Motivation zum Erreichen dieser auch stärken, indem Sie sich diese vorstellen und einzelne Details verändern. Stellen Sie sich das Ziel bildlich vor dem inneren Auge vor. In Ihrer Vorstellung gehen Sie langsam aber bewusst auf das Ziel zu, bis Sie dieses erreicht haben. Auf Ihrem Weg dahin können Sie bestimmte Elemente so verändern, dass diese sich positiv auf Ihre Motivation auswirken.

Während Sie auf das Ziel zulaufen, kann die Umgebung sich aufhellen, die Farben werden verstärkt und es läuft eine harmonische Musik. Sie werden jetzt etwas entspannter wirken und gleichmäßig atmen.

Um die Motivation zu erhöhen und das Ziel besser wahrzunehmen, können Sie den inneren Film mehrmals wiederholen. Stellen Sie sich immer wieder vor, wie Sie auf das Ziel zulaufen und dieses erreichen. Bei jeder neuen Wiederholung der Vorstellung können Sie ein anderes Element verändern. Beim ersten Mal wird die Umgebung vielleicht nur etwas heller, beim zweiten Mal wird die Farbintensität höher und beim dritten Film sind Sie von einem Wind umgeben, der Sie praktisch zum Ziel trägt. Hier liegt es ganz an Ihrer Vorstellungskraft, welche Elemente Sie als förderlich empfinden, um das Ziel zu erreichen.

Mit diesen Übungen und vor allem durch Ihre Vorstellungskraft wurde das Ziel nun mit der Motivation verankert. Wenn Sie sich jetzt Ihr Ziel vor Augen führen und an dieses denken, werden Sie gleichzeitig die Motivation spüren, die Sie schon für andere Aufgaben hatten. Denken Sie an das Zielbild, werden Sie in einen Zustand versetzt, der Ihnen die Energie verleiht, das Ziel besser erreichen zu können.

Dies ist wieder eine sehr mächtige Form des Ankers und Gefühle aus einer für Sie bereits positiven Situation im Leben, werden auf ein

zukünftiges Ziel übertragen. Sind die Emotionen des Zielbilds noch relativ schwach, dann wiederholen Sie die Übungen und Vorstellungen so lange, bis die Motivation sich auf das Zielbild übertragen hat.

Finden Sie sich nun in einer Situation wider, wo Sie Probleme haben sich für das Ziel zu motivieren und lieber einer anderen Tätigkeit nachgehen würden, dann rufen Sie sich das Zielbild vor Augen. Dies kann Ihnen einen Motivationsschub geben und auf diese Weise werden Sie es einfacher haben, Ihre Ziele zu verwirklichen.

Belohnungen finden

Das Motivieren über Zielbilder ist eine gute Möglichkeit, den anfänglichen Stein ins Rollen zu bringen. Schließlich ist der erste Schritt meist der Schwerste und wenn Sie erst ein Mal dabei sind, eine Aufgabe zu erledigen, werden Sie merken wie erfüllend dies sein kann. Dennoch wird die Motivation nur für einen begrenzten Zeitraum anhalten und Sie werden sich öfter in Phasen wiederfinden, in denen Sie sich selber motivieren müssen.

Das Vorführen des eigenen Zielbildes ist zwar nützlich, kann aber mit der Zeit seine Wirkung verlieren. Die Emotionen, die Sie zu Beginn noch mit dem Zielbild verbanden, verblassen mit der Zeit und es wird immer schwieriger, daraus die notwendige Energie zu ziehen.

Wenn Sie das langfristige Ziel, mit der anderen Tätigkeit vergleichen, die Sie in diesem Moment lieber ausführen würden, werden Sie wahrscheinlich merken, dass Sie vor allem von Belohnungen motiviert werden. Während die Belohnung für das langfristige Ziel noch in weiter Ferne liegt, können andere Tätigkeiten eine sofortige Belohnung versprechen. So ist es in diesem Moment vielleicht interessanter, wenn Sie einen spannenden Film schauen, weil dieser Ihre Emotionen in der Gegenwart anspricht.

Diese Konkurrenz der Handlungen ist völlig normal und Belohnungen sind ein starker Motivator. Allerdings kann dies auch dazu führen, dass langfristige Ziele frustrierend wirken. Denn nicht nur das Erreichen einer Belohnung wirkt sich positiv auf Ihren Gemütszustand aus, sondern das Erledigen einer Aufgabe, ohne eine Belohnung zu erhalten, kann sich negativ auswirken.

Dies bedeutet zum Beispiel, dass Sie den ganzen Tag ehrgeizig an Ihrem Ziel gearbeitet haben und diesem ein Stück näher gekommen sind, aber effektiv keine Belohnung erhalten haben. Für Ihren Geist kann dies bedeuten, dass die Tätigkeit also gar keine positiven Auswirkungen hat und deshalb lieber vermieden werden sollte. Natürlich wissen Sie, dass die Arbeit langfristig mit einer Belohnung verbunden ist, aber Ihr Geist denkt nicht so rational und langfristig, sondern ist eher auf die kurzfristige Belohnung programmiert.

Intuitiv werden Sie wahrscheinlich schon wissen und nachvollziehen können, wie Sie mit dieser Situation umzugehen haben. Durch das Aufteilen des Gesamtzieles in kleinere Ziele können Sie viel öfter das Gefühl der Belohnung erfahren und die Motivation hoch halten.

In der NLP wird dies mit dem Begriff des Chunking erklärt. Ein großes Gesamtwerk wird in kleinere Abschnitte unterteilt. Erinnern Sie sich noch an die Metapher mit dem Bergsteigen und welch eine große Herausforderung dieses darstellt? Wenn Sie sich die Aufgabe nur als Gesamtes betrachten, werden Sie schon nach einigen Stunden oder Tagen des Aufstieges keine Motivation mehr haben. Sie sind zwar etwas Vorangekommen, aber eine wirkliche Belohnung haben Sie nicht erhalten. Im Gegenteil, die Bedingungen haben sich nur noch verschärft und der Aufstieg wird immer schwieriger. Durch das Unterteilen in kleinere Etappen können Sie aber immer wieder kleinere Erfolge feiern.

Wenn Sie sich gerade im Studium befinden, dann wird das Lesen eines Fachbuches nicht gerade als interessant wahrgenommen. Kann das Buch doch gerne mehrere hundert Seiten umfassen und am Anfang ist noch ungewiss, ob dieses Buch Sie tatsächlich weiterbringen wird. Durch das Chunking können Sie sich immer kleinere Unterziele setzen. So können Sie sich vornehmen, jeden Tag 50 Seiten zu lesen und erst wenn Sie diese 50 Seiten gelesen und verstanden haben, schauen Sie sich eine Folge Ihrer Lieblingsserie an. Sie können die 50 Seiten am Tag nochmals unterteilen und zum Beispiel nach jeden 10 Seiten ein Stück Schokolade essen. All dies sind kleine Belohnungen, mit denen Sie auf natürliche Weise die Motivation steigern und die Frustration minimieren.

Beim Setzen der Teilziele können Sie sehr flexibel sein. Wenn Sie merken, dass die Teilziele nicht besonders motivierend sind, weil sie in sich noch

eine zu große Herausforderung darstellen, können Sie die Teilziele weiter verfeinern. Hier müssen Sie selber herausfinden, mit welcher Unterteilung Sie am einfachsten das Gesamtziel erreichen.

Wichtig hierbei ist, dass diese Teilziele Sie auch wirklich im Zusammenhang mit Ihrem Gesamtziel stehen. Bei dem Lesen eines Buches mag die Unterteilung noch sehr einfach sein, wenn Sie aber ein weit entferntes komplexes Ziel anvisieren, sollten Sie sich genauer Gedanken darüber machen, wie Sie dieses unterteilen können. Denn durch die vielen Unterteilungen besteht auch das Risiko, dass Sie nicht mehr eine klare Linie verfolgen, sondern Abzweigungen nehmen, die Sie letztlich dem Ziel nicht näher bringen. Daher sollten Sie Ihre Teilziele überprüfen und immer das Gesamtziel im Blick haben.

Die Sprache des Erfolges lernen

Motivation kann entweder von Ihrem Inneren ausgehen oder von außen. Belohnungen wirken als äußere Motivatoren, die es Ihnen leichter machen das Gesamtziel zu erreichen. Die innere Haltung ist aber ebenfalls wichtig, wenn Sie sich dazu motivieren möchten ein bestimmtes Ziel zu erreichen. So ist der Ausgang über Sieg und Niederlage, oft vorbestimmt und hängt mit Ihrer Einstellung zusammen. Würden Sie sich eher als Optimist oder Pessimist bezeichnen? Mit welcher Überzeugung Sie die Aufgaben beginnen, ist ein wichtiger Einflussfaktor zum Verwirklichen der Ziele.

Ein wichtiger Bestandteil dieser inneren Einstellung ist die Sprache und Denkweise. Wenn Sie an positive Erfahrungen wie Erfolg, Liebe und Glück denken, werden Sie wahrscheinlich schon automatisch eine bestimmte Gefühlslage entwickeln. Worte und Sätze können dabei aktiv Ihre Stimmung beeinflussen und damit indirekt auch die Energie, die Sie verwenden, um die gesteckten Ziele zu erreichen.

Wenn Sie sich selber immer nur einreden, dass Sie traurig oder schlecht gelaunt seien, wird dies mit Sicherheit irgendwann auch zutreffen. Sie können versuchen, während Sie sich diese negativen Sätze selber sagen, ein positives Gefühl zu erwecken. Es wird Ihnen kaum möglich sein, eine fröhliche Stimmungslage einzunehmen, wenn Sie gleichzeitig diese negativen Sätze formulieren. Auf der anderen Seite können Sie allein schon durch das

Aufsagen positiver Formulierungen dieses Gefühl auslösen. Sie können sich selber sagen, dass Sie glücklich seien und das Ziel erreichen werden. Dadurch erhalten Sie bereits ein Gefühl, dass Sie in Motivation ummünzen können. Damit stehen Ihnen die Energie und Konzentration zur Verfügung, um die anfallenden Aufgaben bewältigen zu können.

Dabei ist das laute Formulieren der Sätze nur eine kleine Randnotiz. Viel wichtiger ist es, dass Sie darauf achten, welchen Wortschatz Sie im Alltag verwenden. Gehören dabei häufig negative Formulierungen zu Ihrem Wortschatz, dann können diese unbewusst Ihre Motivation beeinflussen. Besser ist es, wenn Sie diese so umformulieren, dass diese sich positiv anhören.

Fühlen Sie sich gerade überfordert, dann formulieren Sie die Überforderung eher in eine hohe Beschäftigung um. Dadurch signalisieren Sie sich selber, dass Sie jede Menge Aufgaben vor sich haben, die Sie abarbeiten können.

Diesen Schritt können Sie noch weitergehen, indem Sie positive Wörter steigern. Wenn Sie Ihr Kollege fragt, wie es Ihnen gerade geht, dann antworten Sie nicht einfach nur mit „ganz gut", sondern mit „bestens". Das Umformulieren von bestimmten Wortgruppen mag banal klingen. Es hat aber einen sehr großen unterbewussten Einfluss auf Ihre Motivation und wie Sie sich verhalten. Verändern Sie Ihre Geisteshaltung dahingehend, dass Sie immer versuchen das Positive zu sehen, dann wird auch das Erreichen von Zielen als nicht mehr so schwierig wahrgenommen.

Dabei sollten Sie aber auch bedenken, dass erst die Gegensätze das Leben interessant machen und wichtig für eine gesunde Geisteshaltung sind. Aus jeden negativen Erfahrungen etwas Positives zu lernen, ist eine gute Grundeinstellung. Sie sollten aber nicht zwanghaft probieren, das negative Denken oder diese Gefühle auszublenden. Es ist wichtig, dass Sie diese weiterhin zulassen und lernen, besser mit diesen umzugehen. Denn ähnlich wie bei dem positivem Zielbild, wenn alles für Sie nur noch großartig und bestens ist, werden diese Worte bald Ihre Wirkung verlieren.

Finden Sie also eine Balance und versuchen Sie grundsätzlich aus allen Erfahrungen etwas Positives zu gewinnen. Gehen Sie dabei aber nicht zwanghaft vor und lassen Sie auch negative Gefühle zu. Durch das Erweitern des eigenen Wortschatzes und das häufigere Verwenden von positiven Formulierungen,

werden Sie langfristig merken, wie sich Ihre Geisteshaltung verändert und Sie generell lernen optimistischer zu denken. Dies wird Ihnen eine bessere Energie verleihen, um die Ziele tatsächlich zu erreichen.

Das Selbstvertrauen und Limiting Beliefs

Ausgehend von Ihrem Wortschatz, lässt sich auch ableiten, ob Sie eher über ein hohes Selbstvertrauen verfügen oder von Selbstzweifeln zerfressen werden. Verwenden Sie häufig negative Formulierungen, sehen Sie sich selber als schwach. Glauben Sie, dass Sie selten eine Aufgabe erfolgreich bewältigen können, dann wird sich dies in einem niedrigem Selbstvertrauen ausdrücken. Diese Zweifel sind aber hinderlich, wenn Sie ein bestimmtes Ziel erreichen möchten und können dazu führen, das Sie mehr Energie aufbringen sich selber davon zu überzeugen, dass Sie diese Aufgabe bewältigen können, als Sie in die eigentliche Handlung investieren. Daher ist Selbstvertrauen eine wichtige Ressource, um Ziele erfolgreich zu erreichen.

Nicht zu verwechseln ist das Selbstvertrauen aber mit einer Einstellung, bei der Sie arrogant an die Aufgaben herantreten. Echtes Selbstvertrauen erkennen Sie daran, dass Sie sowohl Ihre Stärken und Schwächen kennen. Sie sind sich darüber bewusst und können diese nutzen, um Ihre Ziele zu erreichen. Des Weiteren ist das Selbstwertgefühl eine wichtige Ressource. Durch diese wissen Sie, dass Sie eine hohe Bedeutung haben und wertvoll sind. Sie sind für andere Personen wichtig und innerhalb der Gesellschaft wird Ihnen eine bestimmte Rolle zuteil.

Fehlt Ihnen das Vertrauen in sich selber, werden Sie die selbst gesetzten Ziele nur sehr schwer erreichen können. Sie gehen diese nur sehr zögerlich und werden von Zweifeln geplagt. Sowohl, ob es sich um ein erstrebenswertes Ziel handelt, als auch, ob Sie überhaupt in der Lage sein werden dieses zu erreichen. Eine positive Selbsteinschätzung ist also wichtig, um die Ziele zu verwirklichen und zielstrebig zu arbeiten.
Eine häufige Einschränkung fängt schon in den Gedanken an. Ähnlich wie beim Wortschatz kann es einige Gedankengänge geben, die Sie an sich zweifeln lassen und zu einer Belastung werden. Diese negativen Glaubenssätze werden als „Limiting Beliefs“ beschrieben. Hierbei werden durch die Gedanken reale Grenzen gesetzt, die Sie gar nicht mehr überwinden können.

Haben Sie selber von sich die Meinung, dass Sie ein Versager seien oder dass keine Menschen Sie mögen würden, dann sind dies nur kleine Beispiele für solche Limiting Beliefs. Diese Gedanken wird wahrscheinlich jeder Mensch von Zeit zu Zeit bekommen und diese sind nicht völlig unnatürlich. Wenn Sie jedoch merken, dass Sie ständig von solchen Zweifeln geplagt werden, ist es an der Zeit diese zu bekämpfen.

Hierzu müssen Sie den Limiting Belief aufschreiben, wenn Sie diesen gerade erleben. Danach halten Sie fest, dass es sich dabei nicht um die objektive Wahrheit handelt. Diese Grenzen werden alleine durch Ihre Geisteshaltung festgesetzt und diese entsprechen nicht der objektiven Realität. Danach können Sie versuchen, diesen negativen Glaubensgrundsatz wieder in eine positive Handlung umzuformulieren. Wenn es sich um einen Glaubensgrundsatz handelt, der mit einer vergangenen negativen Erfahrung zu tun hat, können Sie sich auch darauf fokussieren, was Sie seitdem alles gelernt haben.

Nur weil Sie ein Mal in einer Situation ein schlechtes Erlebnis hatten, muss dieses nicht wieder zutreffend sein und schon gar nicht, müssen Sie sich diese Glaubenssätze weiterhin einreden. Danach ist vor allem entscheidend, dass Sie nach Ihren positiven Glaubensgrundsätzen handeln und diese umsetzen. Erst wenn Sie diese Handlungen durchführen, werden sich die positiven Gedanken wirklich in Ihrem Inneren widerspiegeln.

Nachdem im vorherigen Kapitel die Ziele festgelegt wurden, wissen Sie nun, wie Sie diese erreichen können. Sie erkennen, wie Ihre Motivation aussieht und sind in der Lage, sich diese vor Augen zu führen, selbst wenn Sie gerade eine sehr energielose Phase durchleben.

Als Grundlage des Erfolges wird immer die eigene Geisteshaltung wahrgenommen. Indem Sie diese zum Positiven verändern und im Inneren davon überzeugt sind, dass Sie Ihre Ziele erreichen werden, wird es Ihnen viel leichter sein den Erfolg zu erreichen.

WAS TREIBT SIE AN?

WENN SIE BISHER VON der Neuro-Linguistischen Programmierung am Rande etwas erfuhren, dann werden Sie dies wahrscheinlich als eine Methode wahrgenommen haben, mit der Sie den Gesprächspartner beeinflussen können. Die NLP ist aber mehr als nur das Anwenden von verschiedenen Techniken, um in Gesprächen schneller an das eigene Ziel zu gelangen. Mit der richtigen Programmierung soll Ihre Persönlichkeit wachsen und Sie werden in der Lage sein jedes Ziel, welches Sie sich setzen, zu erreichen. Deshalb geht es jetzt wieder zurück zu den Wurzeln der NLP und Sie sollen lernen, wie Sie Ihre Fähigkeiten und Potenziale erweitern, bzw. verbessern.

Im vorherigen Kapitel haben Sie bereits sehr große Fortschritte gemacht, um Ihren Zielen ein Stück näherzukommen. Sie wissen, wie Sie sich selber motivieren können, um ein bestimmtes Ziel zu erreichen. Durch das Unterteilen in kleinere Unterziele gewinnen Sie auch aus kleinen Aufgaben eine hohe Motivation und merken, wie diese Ihnen helfen, das große Gesamtziel zu erreichen.

Dem eigenen Geist werden zudem keine Grenzen mehr gesetzt. Sie reden jetzt nicht mehr davon, dass die Aufgaben zu schwer seien und Sie diese gar nicht schaffen könnten. Stattdessen sehen Sie Herausforderungen auf Ihrem Weg zum Ziel, die Sie bewältigen und aus der Welt schaffen können. Ihre gesamte Grundeinstellung hat sich zum Positiven verändert und Sie merken förmlich, wie diese positive Energie Ihnen Flügel verleiht und Sie Stück für Stück zum Ziel trägt.

Wenn Sie die vorherigen Kapitel gründlich durchgegangen sind, dann werden

Sie wahrscheinlich einige Ziele gefunden haben, die für Sie wichtig sind. Diese sind mit Ihren persönlichen Werten vereinbar und Sie sind sich sicher, dass das Erfüllen dieser Ziele mit einer gesteigerten Lebensqualität einhergeht. Was haben Sie sich konkret als Ziel vorgenommen? Geht es wirklich darum mit dem Rauchen aufzuhören oder möchten Sie Ihren Job wechseln, um langfristig mehr Geld zu verdienen?

Dies sind sicherlich erstrebenswerte Ziele und diese zu verwirklichen, wird Sie mit hoher Wahrscheinlichkeit zufriedener machen. Haben Sie aber überlegt, was eigentlich Ihr wichtigstes Ziel im Leben ist oder welchen Lebenssinn Sie für sich wahrnehmen? Vereinzelt Ziele im Leben zu haben ist eine gute Herangehensweise, um ein positives Leben zu führen. Um aber wirklich ein erfülltes Leben zu haben, sollten Sie überlegen, was Ihr Lebensleitziel ist.

Wenn Sie im hohen Alter auf Ihr Leben zurückblicken, was möchten Sie dort vorfinden, um sagen zu können, dass Sie Ihr Leben ausgiebig gelebt und Ihre Ziele erreicht haben? Möchten Sie eine Familie aufbauen, Ihren Kindern ein besseres Leben ermöglichen oder sind Sie vielleicht eher kreativ und möchten ein besonderes Werk vervollständigen?

Wenn Sie erfolgreich im Leben sein möchten, sollten Sie für sich definieren, was Ihr großes Lebensleitziel ist. Innerhalb dieses Ziels verwirklichen sich Ihre Werte, die Sie bereits definiert haben und dieses Ziel gibt Ihnen die Kraft, alle anderen Herausforderungen erfolgreich zu meistern. Zu einem gewissen Teil wird das Lebensleitziel zu Ihrer Identität und Persönlichkeit. Es könnte auch zu einer Art Lebensmotto werden, das Ihr weiteres Handeln bestimmt.

Kennen Sie selber Menschen, die mit einer besonderen Kraft auftreten und die andere Menschen selber in Ihren Bann ziehen können? Diese Menschen werden wahrscheinlich eine besondere Mission und ein Ziel im Leben haben, dass Sie versuchen zu verwirklichen. Sie arbeiten mit äußerstem Eifer daran und diese Entschlossenheit wirkt magisch auf andere Personen.

Hierbei wird auch von der „Mission“ gesprochen, die diese Menschen antreibt. Sie möchten etwas im Leben erreichen und diesem Ziel werden alle anderen Ziele untergeordnet. Damit erreichen Sie eine viel höhere Motivation und lassen sich nicht einfach von dem Leben dahintreiben. Wenn Sie also selber etwas verändern und erreichen möchten, sollten Sie für sich

entdecken, welches Ihr höchstes Ziel im Leben ist.

Das Lebensziel finden

Das eigene Lebensziel zu finden ist keine leichte Aufgabe. Die meisten Menschen machen sich darüber wahrscheinlich keine Gedanken. Sie sind gefestigt in Ihrem Beruf und im Privatleben, haben darüber hinaus aber keine besonderen Ambitionen.

Wenn Sie für sich aber höhere Ziele definieren, dann sollten Sie diese mit Nachdruck verfolgen. Das Lebensziel kann dabei etwas ganz Außergewöhnliches sein, dass Sie vor enormen Herausforderungen stellt. Überlegen Sie zunächst völlig wertfrei, was Sie als Ziel im Leben empfinden könnten. Sie sollten sich nicht schon beim Gedanken an das Erreichen des Zieles entmutigen lassen, sondern die Mission für sich wahrnehmen, selbst wenn es noch so schwierig erscheint.

Halten Sie alte Gewohnheiten und Gedankengänge davon ab, Ihre Mission zu verfolgen, dann sollten Sie einsehen, dass Sie diese verändern können. Wenn Sie wirklich ein Ziel im Leben haben, dann können Sie Ihr Leben so verändern, dass Sie sich auf den Weg machen können, um dieses Ziel zu erreichen. Schließlich geht es bei der Neuro-Linguistischen Programmierung darum, Veränderungen zu verwirklichen und Potenziale auszuschöpfen. Dies erreichen Sie nur, indem Sie zur Tat schreiten und Ihr Leben neu ausrichten. Wenn Sie für sich einen Sinn im Leben finden und diesen verfolgen möchten, dann muss dieses Ziel nicht ein Mal erreicht werden, um die Welt schon verändert zu haben. Möchten Sie die Umwelt schützen und sich in diesem Bereich engagieren oder lieber sozial tätig werden und Menschen helfen? Dann können Sie mit Sicherheit nicht allen Menschen auf diesem Globus helfen und für die Umwelt sind auch nicht Sie alleine verantwortlich. Das heißt aber nicht, dass diese Ziele sinnlos sind oder dass Sie diese verwerfen müssen.

Selbst wenn Sie das Ziel niemals verwirklichen werden, wird der Weg dahin schon für eine Veränderung sorgen. Somit erleben Sie Teilziele, die eine positive Erfahrung für Sie darstellen und gleichzeitig eine Veränderung in der Welt schaffen.

Das Lebensziel muss aber nicht direkt so hoch gegriffen sein. Auch das Erziehen des eigenen Kindes oder die Perfektion gewisser Fähigkeiten können ein Ziel darstellen, mit dem Sie nicht nur selber zufrieden sind, sondern auch Ihren Mitmenschen helfen. Dabei sollten Sie nicht unterschätzen, welch großen Einfluss Sie auf die Welt schon mit kleinen Handlungen nehmen können.
Den Sinn des Lebens zu finden ist sicherlich zu einem gewissen Teil auch eine philosophische Frage. Einige scheitern daran und entwickeln für sich selber keine Vision, sondern leben nur von einem Tag zum Nächsten. Möchten Sie aber selber ein Lebensziel finden, können Sie dieses Ziel mit den folgenden Tipps entdecken.

Zunächst schauen Sie sich noch einmal Ihre Werte an, die Sie bereits festgelegt haben. Gibt es innerhalb der Werte eine bestimmte Tendenz oder Kategorie, unter welcher ein Großteil der Werte zusammengefasst werden kann? Mit welchem Beruf sind diese Werte am ehesten vereinbar? Lassen Sie Ihren Gedanken freien Lauf und versuchen Sie eine besondere Erfüllung zu finden. Was spüren Sie, wenn Sie an die Aktivitäten denken, mit denen Ihre Werte im Einklang stehen? Stellen diese Aufgaben eine Erfüllung für Sie dar oder entwickeln Sie keine besonderen Emotionen?

Erinnern Sie sich an eine besondere Situation in Ihrem Leben, an der Sie eine besondere Erfüllung gespürt haben? Haben Sie vielleicht ein eigens geschriebenes Gedicht vorgetragen, einem Menschen geholfen oder eine andere besondere Leistung vollbracht? Versetzen Sie sich in diese Erfahrung vor Ihrem inneren Auge und versuchen Sie diese Erfahrung nochmals zu durchleben. Gehen Sie hierbei ganz intensiv vor und lassen Sie diese auf sich wirken.

Danach überlegen Sie sich, welche Fähigkeiten Sie benötigen, um diese Erfahrung dauerhaft zu verwirklichen. Wie müssen Sie sich weiterentwickeln, um dieses Ziel zu erreichen und kann es eine zufriedenstellende Lebensaufgabe sein, an diesen Fähigkeiten zu arbeiten?

Im letzten Teil gehen Sie dazu über, die Lebensaufgabe zu formulieren. Was gibt Ihnen wirklich eine Erfüllung im Leben und würde Sie nachhaltig zufrieden stimmen?

Nachdem Sie für sich den Grundsatz im Leben gefunden haben, sollten Sie diesen mehrmals laut sagen. Welches Gefühl erleben Sie dabei und spüren Sie schon, ob alleine das Aufsagen dieses Leitsatzes zu einer besonderen Energie führt?

Wenn Sie kaum etwas spüren und den Satz nur lustlos vor sich hin sagen, ist dies ein klarer Hinweis darauf, dass dieser nicht Ihren wahren Grundsätzen entspricht. Hier sollten Sie noch ein Mal gründlich überdenken, ob Sie nicht doch einen anderen Grundsatz in Ihrem Leben finden und dieser passender wäre. Ein Grund, dass Ihr eigentlich gewählter Leitsatz bei Ihnen keine Emotionen auslöst könnte sein, dass dieser vor allem durch äußere Einflüsse bestimmt wurde. Vertrauen Sie aber nur ganz sich selber und achten Sie darauf, was Sie erreichen möchten. Nur auf diese Weise können Sie den Grundsatz für Ihr Leben bestimmen und dieses Ziel klar vor Augen behalten.

Es kann aber auch sein, dass Sie einfach noch nicht wissen, was Ihre Bestimmung ist. Vielleicht sind Sie noch jung und stehen gerade am Anfang Ihrer beruflichen Entwicklung. Oder Sie haben gerade einige Veränderungen im Leben durchgemacht und wissen noch gar nicht, wo Sie sich wieder positionieren können. Im Laufe der nächsten Kapitel werden Sie weitere Anregungen finden, um Ihr Lebensziel zu definieren. Es ist nicht einfach, aber sobald Sie wissen, was das ganz große Ziel in Ihrem Leben ist, haben Sie eine bestimmte Richtung, die Sie verfolgen können. Dies wird Ihnen einen ungeheuren Schub geben, um Ihre Ziele zu erreichen und ehrgeiziger im Leben zu sein.

Den Weg zum Ziel betrachten

Es ist vorher schon angeklungen, dass nicht nur das Erreichen des Ziels, sondern vor allem auch der Weg dorthin wichtig ist, um ein glückliches und erfülltes Leben zu führen. Gerade wenn es um das Lebensziel geht, wird der Weg umso wichtiger, denn nicht immer ist das Erreichen des Lebensziels realistisch und dieses muss auch nicht haargenau erfüllt werden.

Wenn Sie Ihr Lebensziel gefunden haben, dann stellen Sie sich dieses nicht so vor, dass Sie einen Ausgangs- und einen Zielpunkt vorfinden. Normalerweise geht es beim Erreichen von Zielen darum, den Ausgangspunkt zu verlassen

und den Endpunkt zu erreichen. Zwischen diesen Punkten liegen zahllose Herausforderungen, die überwunden werden müssen. Das Ziel liegt also abgetrennt von Ihrem Ausgangspunkt und wird nur durch das Überwinden der Herausforderungen erreicht. Da die Probleme auf dem Weg zum Ziel mit einem hohen Aufwand verbunden werden, kann es sein, dass Ihnen die Motivation fehlt, diese Probleme zu überwinden und Sie eigentlich gar keine Erfüllung auf dem Weg verspüren.
Besser ist es, wenn Sie sich vorstellen, dass der Ausgangs- und Endpunkt ganz nah beieinander liegen. Diese werden nicht durch eine große Entfernung voneinander getrennt, sondern liegen so dicht beieinander, dass nicht das Erreichen des Ziels ursächlich ist, sondern nur, dass Sie sich auf den Weg machen. Denn der Weg sollte für das Erfüllen des Lebensleitziels bereits Zufriedenheit geben.

Sie sollten sich auch vor Augen halten, dass es in diesem Falle nicht nur zwei Zustände gibt, die klar getrennt werden. Das heißt, es treten nicht nur die Ereignisse „Ziel nicht erreicht“ und „Ziel erreicht“ ein. Auf dem Weg den Sie beschreiten, werden Sie bereits einige Veränderungen erreichen. Das Erfüllen der Teilziele wird Sie bereits mit einiger Zufriedenheit ausstatten und je nach Ziel, können diese einen realen Einfluss auf Ihre Umwelt haben. So steht der ganz große Erfolg vielleicht noch aus, aber Sie können schon kleine Erfolge feiern und diese für sich verbuchen. Denken Sie also daran, dass es nicht nur darum geht dieses große Ziel tatsächlich zu erreichen, sondern das der Weg dorthin bereits für Zufriedenheit sorgt.

Ihre Persönlichkeit definieren

Für das Festlegen des eigenen Lebensleitziels oder anderer kleinerer Ziele ist die eigene Persönlichkeit wichtig. Diese gibt in der Regel die Richtung vor und danach richtet sich, welche Ziele Sie angehen und die höchste Priorität haben. Wie würden Sie Ihre Persönlichkeit beschreiben und wie sieht diese tatsächlich aus?

Ein häufiges Problem im Alltag ist, dass es zu Konflikten der inneren Person kommt. Sie werden dies wahrscheinlich selber bemerken, wenn Sie eigentlich ein ganz bestimmtes Ziel vor Augen haben, auf dieses hinarbeiten möchten, aber ein Teil Ihrer Persönlichkeit beeinflusst Sie genau das Gegenteil zu tun.

Menschen sind also nicht immer nur als Einheit zu betrachten, die aus einer einfachen Persönlichkeit besteht, die die Richtung vorgibt. Es kommt zu Konflikten innerhalb der Persönlichkeit. Diese Konflikte können es erschweren, Ziele zu erreichen und Kosten einige Energie.

Im Rahmen der NLP können Sie herausfinden, wie Ihre Persönlichkeit genau aufgebaut ist. Dazu wird das Modell der Subpersönlichkeiten eingeführt. Denn jeder Mensch besteht nicht nur aus einer zentralen Persönlichkeit, sondern aus vielen kleinen Subpersönlichkeiten. Diese haben eigene Motive, Erinnerungen, Bedürfnisse und Verhaltensmuster. Im Unterbewusstsein manifestieren sich die Subpersönlichkeiten und drücken sich manchmal zum Nachteil von Ihnen aus.

Sie können sich das ganze wie eine Pyramide vorstellen. An der Spitze stehen Sie selber und geben die Richtung vor. An oberster Stelle ist Ihre Persönlichkeit die wichtigste und Sie glauben die Kontrolle zu haben. Darunter gibt es eine weitere Ebene, die aus mehreren zentralen Subpersönlichkeiten besteht. Auf der untersten Ebene gibt es nun eine Vielzahl von weiteren Subpersönlichkeiten, die ebenfalls ihren Anteil an der Gesamtpersönlichkeit haben und Sie beeinflussen.

Konflikte können nun entstehen, wenn Subpersönlichkeiten andere Aufgaben bearbeiten möchten oder dieselbe Aufgabe auf unterschiedliche Art bewältigen möchten. Sie kennen dies vielleicht aus der Teamarbeit, wenn mehrere Mitglieder zwar das gleiche Ziel erreichen möchten, aber dafür unterschiedliche Herangehensweisen nutzen. Beides kann zum Ziel führen, aber innerhalb der Gruppe sorgt dies für Konflikte und Sie sollten sich auf eine Arbeitsweise festlegen. Genauso kann auch der innere Konflikt zu Problemen führen und Reibungsverluste verursachen.

Die Neuro-Linguistische Programmierung kann nun helfen, zwischen Ihren Persönlichkeiten zu vermitteln und eine Einigung zu finden. So können Sie sich besser auf ein Ziel konzentrieren und dieses erreichen. Hierbei geht es darum, dass Sie förmlich eine Verhandlung durchführen und nicht einfach nur eine Entscheidung treffen.

Dies können Sie analog zu Ihrem Team sehen. Wenn einfach nur eine Entscheidung von oben getroffen wird, kann dies die Motivation der Mitglieder

hemmen und diese sehen sich nicht mehr als integralen Bestandteil des Teams. Besser ist es, wenn eine faire Basis geschaffen wird, bei der alle Mitglieder gehört und verstanden werden. Im Anschluss wird möglichst eine sinnvolle Zusammenarbeit erörtert und ein Mittelweg gefunden.
Indem Sie wahrnehmen, dass Sie verschiedene Unterpersönlichkeiten haben, können Sie diese besser vereinen und zu einem gemeinsamen Ziel führen. Es wichtig anzuerkennen, dass die Subpersönlichkeiten ein Teil Ihrer Persönlichkeit sind und benötigt werden, um Ihr volles Potenzial auszuschöpfen.

Bemerken Sie einen inneren Konflikt und haben das Gefühl, dass Sie einerseits ein Ziel erreichen, aber andererseits viel lieber eine andere Aufgabe durchführen möchten, sollten Sie zwischen den Unterpersönlichkeiten vermitteln.

Dabei hilft das Modell der personalen Integration. Dieses beschreibt die Subpersönlichkeiten im Detail und wie diese Ihnen helfen können, das volle Potenzial auszuschöpfen. Im Grundsatz müssen Sie akzeptieren, dass Ihre Persönlichkeit aus kleineren Unterpersönlichkeiten besteht. Dies mag zwar etwas merkwürdig klingen, es ist aber völlig natürlich, dass innere Konflikte auftreten.

Die Subpersönlichkeiten agieren nicht in böser Absicht. Sie können im Zusammenspiel zwar zu inneren Konflikten führen, isoliert betrachtet haben diese aber jeweils nur eine positive Absicht. Dabei erreichen nicht alle Subpersönlichkeiten das Bewusstsein. Vieles spielt sich im Unterbewusstsein ab und daher ist die Erkenntnis der Subpersönlichkeiten wichtig, um mit dem inneren Konflikt besser umgehen zu können.

Es gibt verschiedene Hierarchien der Subpersönlichkeiten, die einen unterschiedlichen Einfluss auf Sie haben können. Während manche Subpersönlichkeiten direkt das Bewusstsein beeinflussen und von Ihnen wahrgenommen werden, befinden sich andere nur im Unterbewusstsein. Die Unterpersönlichkeiten können mitunter körperliche Funktionen steuern. Vielleicht kennen Sie das Gefühl des flauen Magens oder wenn dieser Ihnen bei Stress Probleme bereitet. Ursache hierfür sind häufig die inneren Konflikte und dass eine Unterpersönlichkeit sich danach sehnt, das Ziel zu erreichen und viel Energie für dieses einsetzt, während eine andere Unterpersönlichkeit eher das Bedürfnis nach Erholung verspürt.

Indem Sie sich begreifbar machen, dass Sie zwar eine Gesamtpersönlichkeit haben, diese aber aus verschiedenen Richtungen und Gruppierungen besteht, können Sie Ihre Handlungen besser nachvollziehen. Dies macht es Ihnen leichter, die Konflikte zu lösen und besser mit Ihnen im Einklang zu stehen.

Führen Sie manchmal Selbstgespräche? Jeder Mensch führt diese und Ihre innere Stimme ist ein wichtiges Mittel, um mit Ihren verschiedenen Persönlichkeiten zu kommunizieren. Indem Sie über bestimmte Punkte nachdenken, können Sie den inneren Konflikt lösen und abwägen, welche Entscheidung für Ihr Leben wohl einen besseren Ausgang hätte. Innere Dialoge und das Gespräch mit sich selber sind wichtig und helfen dabei, die Konflikte zu lösen.

Wenn Sie den Teil über die Subpersönlichkeiten gelesen haben, werden Sie wahrscheinlich ebenfalls ins Grübeln gekommen sein. Ein Teil wird Ihnen gesagt haben, dass dieses Modell und die Annahme ziemlich abstrakt klingen und schwer nachvollziehbar seien, während ein anderer Teil versuchte dieses Modell zu verstehen. Dies ist ein Beispiel dafür, wie Sie die verschiedenen inneren Persönlichkeiten identifizieren können.

Der innere Dialog ist eine wichtige Möglichkeit mit sich selber zu kommunizieren und sich im Klaren darüber zu sein, welches Ziel Sie wie erreichen möchten. Wenn Sie diesen Dialog führen, sollten Sie einige Grundregeln beachten. Diese wurden bei der Neuro-Linguistischen Programmierung als bedeutsam identifiziert und helfen Ihnen dabei, die Konflikte auf sanfte Art und Weise zu lösen.

Zunächst sollten Sie das Gespräch so führen, wie Sie mit einem Freund sprechen würden. Dies bedeutet, dass ein respektvoller und freundlicher Umgangston die Grundlage des Gesprächs darstellt. Nur weil Sie den Dialog mit sich selber führen, sollten Sie nicht besonders hart mit sich ins Gericht gehen oder zu Formulierungen greifen, die Sie verletzen könnten. Seien Sie offen und ehrlich, gleichzeitig wird vor allem das Positive gesucht und gefunden.

Danach sollten Sie Verständnis für jede Position einnehmen, die Ihre Unterpersönlichkeiten gerade einnehmen. Wenn diese unterschiedliche Handlungen priorisieren, sollten Sie ergründen, was die positive Motivation

dahinter ist. Welche Bedürfnisse werden damit befriedigt und welches Ziel könnte dahinter stecken?

Um den inneren Dialog erfolgreich zu führen, sollten Sie jeder Ihrer eigenen Seiten mit Respekt begegnen. Da immer eine positive Absicht zugrunde liegt, ist es nicht ratsam zu denken, dass eine Seite Ihres „Ichs“ immer gegen Sie arbeitet. Sie sollten dabei nicht an gute und schlechte Seiten denken, die gegen und für Sie arbeiten, sondern anerkennen, dass jede Seite im Grunde nur das beste für Sie möchte.

Dazu gehört auch, dass Sie es vermeiden sollten bestimmte Seiten zu unterdrücken oder zu bestrafen. Natürlich möchten Sie am liebsten die Stimme komplett verstummen lassen, die Ihnen vielleicht rät eine Pause einzulegen oder einer kurzfristigen Belohnung zu folgen, anstatt auf das langfristige Ziel hinzuarbeiten. Diese Missachtung oder Bestrafung ist nicht sinnvoll, denn langfristig werden diese Seiten sich zurückziehen. Dies kann dazu führen, dass Sie die Bedürfnisse eines Teils Ihrer Persönlichkeit komplett vernachlässigen. Langfristig kann dies nicht nur zu weiteren inneren Konflikten und Unzufriedenheit führen, sondern Krankheiten verursachen.

Wenn Sie in einem sehr stressigem Umfeld arbeiten, werden Sie wahrscheinlich schon von den Krankheitsbildern gehört haben. Im Nachhinein geben viele Betroffene zu, dass Sie doch lieber auf Ihren Körper hätten hören sollen. Eine Pause wäre nützlicher gewesen, als noch eine weitere Überstunde dranzuhängen. Durch das Missachten der eigenen Bedürfnisse wurden Sie krank und müssen jetzt erst wieder lernen, auf sich selber zu hören und Ihren Bedürfnissen Beachtung zu schenken.

Im inneren Dialog sollten Sie ehrlich zu sich sein. Es bringt Ihnen nichts, wenn Sie versuchen bestimmte Eigenschaften oder Tatsachen vorzutäuschen, die nicht der Realität entsprechen. Der oberste Grundsatz bei den Gesprächen mit sich selber sollte das Verständnis sein, dass Sie stets darum bemüht sind alle Ihre Bedürfnisse zu verstehen. Mit dieser Art der Selbstreflexion lernen Sie besser sich selber kennenzulernen und die Konflikte zu lösen.

Diese Kommunikationsregeln gelten nicht nur im Gespräch mit sich selber. Sie sollten diese auch bei der Kommunikation mit anderen Menschen anwenden. Der Unterschied ist allerdings, dass bei dem Gespräch mit sich selber

kein Misstrauen herrscht. Sie kennen sich selber und können sich nichts vortäuschen.

Das positive Selbstgespräch und das intensive Nachdenken sind die zentralen Möglichkeiten, Prioritäten für Ihre Handlungen zu setzen. Sie lernen daraus, was Ihnen gerade im Moment wichtig ist und wie Sie die Bedürfnisse erfüllen.

Den „inneren Schweinehund" ablegen

Nachdem der innere Dialog noch etwas abstrakt scheinen mag, können Sie nun etwas praktischer diese Empfehlungen umsetzen. Dem „inneren Schweinehund" werden Sie schon öfter begegnet sein. Dieser ist ein Gegenspieler, der Sie davon abhalten möchte zum Sport zu gehen oder für die nächste Prüfung zu lernen. Der Schweinehund scheint dabei wie eine Art kleiner Teufel auf Ihrer Schulter zu sitzen und Ihnen diese Dinge einzureden, die für Sie eigentlich negativ sind.

Der „innere Schweinehund" ist dabei das Symbol des Schlechten, welches sich in Ihrer Persönlichkeit wiederfinden lässt. So gibt es Teile, die selbstsüchtig und bestimmten Versuchungen erlegen sind. Diese Teile halten Sie davon ab, Ihre langfristigen Ziele zu erreichen und scheinen Ihnen immer im Weg zu stehen. Diese inneren Stimmen zu unterdrücken ist keine sinnvolle Methode, um diese Konflikte zu lösen. Sie können zwar vordergründig versuchen, diese zu ignorieren, das bedeutet aber nicht, dass Sie vollständig verstummen werden. Sie haben nun aber nicht mehr die Möglichkeit in den Dialog mit diesen negativen Stimmen zu gelangen. Die inneren Konflikte schwelen weiterhin in Ihrer Persönlichkeit und gelten nun als Quelle für Ihre Unzufriedenheit.

Anstatt dem „inneren Schweinehund" keine Beachtung zu schenken, sollten Sie offen auf diesen zugehen. Haben Sie noch den Einfluss der Formulierungen, bei den inneren Dialogen im Kopf und wie sich diese auf Ihre Gefühle auswirken? Dann sollten Sie beginnen, die Teile Ihrer Persönlichkeit, die vielleicht ein anderes Ziel im Blick haben, nicht mehr negativ zu bezeichnen. So könnte der „innere Schweinehund" auch der „innere Genießer" sein, welcher eher darauf ausgelegt ist eine kurzfristige Belohnung zu erhalten, anstatt ein langfristiges Ziel zu erreichen. Hält dieser Sie zum Beispiel davon

ab in das Fitnessstudio zu gehen und stattdessen die Zeit vor dem Fernseher zu verbringen, dann ist dies nichts anderes, als dass diese innere Stimme davon überzeugt ist, dass die schnelle kurzfristige Belohnung wichtiger ist, als das langfristige Ziel im Fitnessstudio.

Hören Sie also auf, gegen sich selber zu arbeiten und akzeptieren Sie alle Seiten Ihrer Persönlichkeit. Dazu gehört auch, dass Sie sich manchmal eine Auszeit gönnen sollten und anderen Tätigkeiten nachgehen, die vielleicht nicht in direktem Zusammenhang mit einem Ihrer Ziele stehen, sondern ein anderes Bedürfnis erfüllen.

Wie können Sie Ihren inneren Kritiker, der Sie davon abhält die langfristigen Ziele zu verfolgen, besänftigen und davon überzeugen, dass der Gang in das Fitnessstudio für Sie die oberste Priorität hat?

Finden Sie sich in solch einer Situation des Konflikts, versuchen Sie etwas Abstand von diesen Seiten zu nehmen. Vergewissern Sie sich, welche Seiten gerade in einem Konflikt stehen und geben Sie diesen eine neutrale Bezeichnung. Da könnte auf einer Seite der Kritiker stehen, der vor allem Ihre Schwächen aufzeigt und auf der anderen Seite könnte der Zielstrebige sein, der stetig daran arbeitet seine Wünsche zu erfüllen.

Nachdem Sie sich klargemacht haben, welche zwei Parteien gerade in einem Konflikt stehen, sollten Sie die positiven Absichten beider Seiten ergründen. Danach gehen Sie in den Dialog, indem Sie jede Seite fragen, ob Sie die Gegenseite kennt und die positive Absicht wahrnimmt.

Lassen Sie sich im Anschluss von den eigenen Gedanken zu diesem Dialog treiben und versuchen Sie das ganze von einer äußeren Perspektive einzunehmen. Beobachten Sie, wie beide Seiten argumentieren und Ihre Sichtweise darlegen.

Am Ende des Dialoges muss keine Einigkeit herrschen und es ist nicht wichtig, dass Sie eine bestimmte Übereinkunft erzielen. Es ist schon ein Gewinn, wenn Sie anerkennen, dass sowohl die kritische, als auch die zielstrebige Seite, Teile Ihrer Persönlichkeit sind. Diese Teile arbeiten nicht gegen Sie, sondern verfolgen nur das Erfüllen von Bedürfnissen, die in Ihrem Inneren vorkommen.

Wenn Sie das erste Mal solch ein Gedankenexperiment durchführen, werden Sie sich bestimmt noch etwas unwohl führen. Schließlich werden Selbstgespräche oftmals als etwas merkwürdig wahrgenommen.

Sie müssen den Dialog aber nicht laut vorführen. Es reicht aus, wenn Sie in Gedanken mit sich sprechen und einen inneren Dialog führen. Dabei ist es hilfreich, wenn Sie die Augen schließen. Auf diese Weise erhalten Sie einen besseren Zugang zu Ihrem Inneren und können die verschiedenen Seiten besser wahrnehmen. Häufig werden Sie zu Beginn noch keine inneren Stimmen vernehmen. Es ist in Ordnung, wenn Sie selber das Gespräch ergreifen und den Monolog mit sich selber führen. Mit der Zeit werden Sie deutlicher die unterschiedlichen Seiten spüren.

Der innere Dialog ist sehr gut vergleichbar, mit einem Dialog, den Sie mit einem guten Freund führen. Es geht nicht darum, am Ende als Sieger dazustehen oder den Gesprächspartner von der eigenen Ansicht zu überzeugen. Das Hauptziel sollte zunächst sein, das beide Seiten offen miteinander umgehen und Ihre Perspektiven schildern.
Dies hilft Ihnen dabei, schon ein kleines positives Fazit aus dem inneren Dialog zu ziehen und besser über Ihre eigenen Motive Bescheid zu wissen. Dies wird Ihnen helfen, Konflikte in Zukunft einfacher aufzulösen.

Übrigens führen Sie diese inneren Dialoge nicht nur, wenn es um eine große Entscheidung geht. Sie kommen nicht nur dann mit sich selber ins Gespräch, wenn Sie sich für einen Arbeitsplatzwechsel entscheiden müssen oder wenn es darum geht eine neue Wohnung zu finden. Jeden Tag treten Sie in den inneren Dialog. Wenn Sie im Supermarkt vor die Wahl gestellt werden, welches Produkt wohl das überzeugendere sei oder wenn Sie eine andere Wahl treffen. Jedes Mal werden Sie die Auswirkungen der Entscheidungen miteinander abwägen und den Konflikt dadurch auflösen, dass Sie für sich die beste Wahl treffen. Wenn Sie Probleme damit haben, die inneren Stimmen zu hören, dann achten Sie vermehrt auf diesen inneren Dialog, wenn Sie das nächste Mal einen Entscheidung treffen müssen.

Der Einfluss der Zeit

Obwohl die Zeit objektiv von Uhren gemessen werden kann, wird diese von den Menschen subjektiv wahrgenommen. Verbringen Sie eine schöne Zeit mit positiven Erlebnissen, dann vergeht die Zeit sprichwörtlich wie im Fluge. Ist Ihnen hingegen langweilig und Sie möchten am liebsten, dass die Zeit so schnell wie möglich vorbeigehe, dann wird die Zeit als sehr langsam und dehnbar empfunden.

Für die Bildung der Persönlichkeit haben sowohl die Vergangenheit, als auch die Zukunft einen großen Einfluss. Wie nehmen Sie Ihre persönliche Zeitleiste wahr? Ist diese eine einzige gerade Linie, die bei der Geburt beginnt und sich bis in die Gegenwart fortsetzt? Oder ist Ihre Zeitleiste von Abbiegungen und Schwüngen begleitet, mit denen Sie jetzt in der Realität ankommen?

Je nachdem wie Sie Ihren Zeitstrahl wahrnehmen, verändert sich auch das Empfinden gegenüber der Zeit. Wo würden Sie die Vergangenheit in Relation zu Ihrer Person betrachten? Liegt die Vergangenheit hinter Ihnen, vor Ihnen oder vielleicht seitlich?

Es ist interessant zu erfahren, dass Menschen mit traumatischen Erlebnissen die Vergangenheit vor sich sehen. Die Zukunft liegt hinter Ihnen und diese nehmen Sie kaum wahr. Dies bedeutet, dass die Vergangenheit für diese Personen immer wieder in das Bewusstsein rückt. Schließlich liegt die Vergangenheit vor Ihren Augen und Sie können den Blick kaum davon abwenden. Hier kann es sinnvoll sein, die Perspektive zu ändern. Die traumatischen Erlebnisse hinter sich zu lassen und positiv in die Zukunft zu schauen.

Manchmal kann es aber auch von Vorteil sein, negative Erfahrungen wieder in das Bewusstsein zu bringen. Haben Sie bestimmte negative Ereignisse hinter sich gelassen und möchten Sie diese ignorieren? Dann werden Sie dies nicht wirklich schaffen, sondern nur von diesen verfolgt werden.

Durch das Verlagern des eigenen Zeitstrahls können Sie Ihre Perspektive verändern und positiver in die Zukunft schauen. Waren Sie bisher ein Mensch, der vor allem in der Vergangenheit lebte und traumatische Erlebnisse immer und immer wieder hervorgerufen werden, dann ist es hilfreich, wenn Sie sich vorstellen, dass die Vergangenheit nun hinter Ihnen liegt.

Diese Visualisierung hat nicht nur einen Einfluss auf Ihr Wohlbefinden,

sondern spielt eine große Rolle für die Motivation. Liegt das Ziel kurz vor Ihnen und Sie können es auf dem Zeitstrahl schon genau betrachten, dann ist dies ein sehr motivierender Effekt. Sie werden sich wie ein Sportler auf der Zielgerade fühlen und Energie finden, die notwendig ist, um durch das Ziel zu schreiten.

Das Selbstbild kreieren

Zum Ende dieses Kapitels sollten Sie noch ein Mal lernen, wie Sie mehr Selbstvertrauen erlangen. Denn das Selbstvertrauen ist notwendig, damit Sie Ihre Ziele tatsächlich erreichen. Wichtig hierfür ist das Selbstbild und wie Sie sich selber wahrnehmen.

Zum Start sollten Sie Ihr Selbstbild betrachten. Wie sieht dieses aus und was nehmen Sie dabei wahr? Das Selbstbild ist nicht nur eine blasse zwei-dimensionale Ebene, sondern dieses besteht noch aus einer Fülle anderer Sinneswahrnehmungen. Sie werden sich sehen, aber auch fühlen und hören können. Wie sehen diese Wahrnehmungen aus?

Sie werden vielleicht glauben, dass das Selbstbild feststeht und unveränderlich sei. Schließlich hat sich das Bild von Ihnen schon so fest in Ihrem Bewusstsein verankert, dass Sie dieses kaum noch ändern könnten.

Die gute Nachricht ist, dass das Selbstbild nicht der objektiven Realität entspricht und Sie dieses zum Positiven verändern können. Leiden Sie unter massiven Selbstzweifeln, dann können Sie mehr Selbstvertrauen erlangen, indem Sie ein besseres Bild von sich kreieren.

Dazu müssen Sie im ersten Schritt Ihr aktuelles Bild von sich zeichnen. Achten Sie vor allem auf die Details, die Sie ausmachen. Welche Haltung nehmen Sie an, wie würden Sie Ihre Stimme wahrnehmen und wie würden Sie sich selber verbal beschreiben?

Danach treten Sie zurück und betrachten sich von Außen. Sie nehmen nun die Betrachtungsweise, eines neutralen Beobachters

ein. Nehmen Sie nun Unterschiede wahr, in dieser Haltung von Außen? Sind bestimmte Details Veränderungen unterworfen und wie sehen diese aus?

Stellen Sie nun die Bilder doppelt vor Ihrem inneren Auge dar. Bei einem Bild verändern Sie die Details. Dieses soll zwar immer noch Ihren eigenen Vorstellungen entsprechen, aber etwas zum Positiven bewegt werden. Merken Sie, das eine Veränderung ein negatives Gefühl in Ihnen auslöst, dann machen Sie diese wieder rückgängig.

Versuchen Sie das Bild so vorteilhaft darzustellen, wie es nur geht, aber erkennen Sie sich dabei immer noch wieder. Es geht hierbei nicht nur um die Inhalte des Bildes, sondern generell darum, wie Sie sich wahrnehmen. Also welche Farben Sie mit diesem Bild verbinden und ob es positive Klänge sind.

Nachdem Sie das positive Selbstbild gestaltet haben, werden Sie zwei Bilder vor Ihrem inneren Auge erleben. Eines, welches attraktiver ist und das Originalbild. Beide Bilder sind Sie und dennoch haben Sie eine unterschiedliche Wahrnehmung. Nun stellen Sie sich vor, wie Sie in das attraktivere Bild eintreten und diese Haltung einnehmen. Das ursprüngliche Selbstbild legen Sie ab und assoziieren sich nur noch mit dem positiven Bild. Welche Gefühle nehmen Sie nun wahr? Wenn Sie die gesamte Übung intensiv durchgeführt haben, sollten Sie sich besser fühlen und mit mehr Selbstvertrauen auftreten.

Gibt es vielleicht etwas, das Ihnen an diesem Bild nicht gefällt? Dann gehen Sie wieder einen Schritt zurück und verändern diese Eigenschaft, sodass Sie mit Ihrem neuen Selbstbild komplett übereinstimmen. Um das positive Bild besser anzunehmen, wiederholen Sie nun die Vorstellung, dass Sie in dieses Bild eintreten.

Fällt Ihnen vielleicht eine Situation ein, die Sie in der Vergangenheit nicht so gut gemeistert haben, wie Sie es eigentlich vorhatten? Versetzen Sie sich in diese Situation und prüfen Sie nun, ob eine Veränderung stattgefunden hat. Sind Sie sich jetzt sicher, dass Sie diese Situation positiver bewältigen würden? Dann haben Sie das neue Selbstbild gut verinnerlicht und Ihr Selbstvertrauen wurde

damit gesteigert.

Achten Sie darauf, dass Ihr Wortschatz, Ihre Gedanken und die Art und Weise, wie Sie selber mit sich umgehen einen wesentlichen Einfluss auf Ihr Selbstempfinden haben. Wenn Sie sich selber immer nur mit negativen Erfahrungen assoziieren, wird das Selbstvertrauen leiden und es wird sehr viel schwieriger für Sie werden, Ihre Ziele zu erreichen.
Versuchen Sie sich immer positiv zu betrachten und das Selbstvertrauen als Energie zu nutzen, um die Ziele zu verwirklichen.

NLP Checkliste

Auf unserer Website können Sie Ihre persönliche NLP Checkliste für den täglichen Gebrauch herunterladen. Diese hilft Ihne Ihre Gewohnheiten nachhaltig zu verändern und so sich selbst selbst positiv zu beeinflussen.

https://link.cherrymedia.de/NLP2CL

DIE UNTERSCHIEDLICHEN BOTSCHAFTEN DER KOMMUNIKATION

* * * * * *

SIND SIE IM BERUF stark in Teams eingebunden und ist eine gute Kommunikation mit all Ihren Kollegen wichtig, um das gemeinsame Ziel zu verfolgen? Die ersten Berührungspunkte mit der Neuro-Linguistischen Programmierung erhalten viele Personen über das Versprechen, dass die Kommunikation verbessert werden kann. So können Sie besser verstehen, was der Gesprächspartner eigentlich ausdrücken möchte und mit den richtigen Handlungsmustern lernen Sie effektiver zu kommunizieren.

In diesem Kapitel lernen Sie, welche Hürden es bei der Kommunikation gibt und wie Sie diese überwinden. Dabei ist nicht nur die Kommunikation mit einem Gesprächspartner wichtig, sondern auch mit sich selber.

Kommunikation beschreibt einen Austausch von Informationen. Es geht darum, Ideen, Gedanken, Gefühle oder Sichtweisen einem Gesprächspartner mitzuteilen. Oftmals sind diese Informationen nicht eindeutig, denn es zählt nicht nur, was gesagt, sondern vor allem wie dies vermittelt wird. Dies zeigt, dass die Kommunikation ein sehr komplexes Feld ist und wenn Sie erfolgreich im Beruf und im Leben sein wollen, ist ein gutes Verständnis für die menschliche Kommunikation notwendig. Menschen sind soziale Wesen und wenn Sie Ziele verwirklichen möchten, ist dies mit der Unterstützung von Freunden und anderen Menschen wesentlich einfacher.

Ein grundlegendes Problem ist, dass Informationen und Botschaften, die wir vermitteln oder empfangen nicht eindeutig sind. Für Sie ist wahrscheinlich alles verständlich, wenn Sie etwas einem Gesprächspartner erklären und Sie haben die Meinung, sich klar und deutlich auszudrücken. Beim Gesprächspartner können die Informationen dennoch nicht so ankommen, wie Sie dies wünschten. Dies kann schnell zu Frustration führen und Sie denken vielleicht, dass Ihr Gesprächspartner geistig nicht in der Lage wäre Ihre Informationen korrekt aufzunehmen.

Diese arrogante Haltung ist nicht förderlich. Weder werden Sie damit die Informationen korrekt wiedergeben, noch werden Sie eine positive Beziehung aufbauen. Um weniger Frustration zu erleben, müssen Sie verstehen, wie Kommunikation überhaupt funktioniert und weshalb es sein kann, dass Menschen aneinander vorbeireden.

Wenn Sie mit Ihrem Kollegen oder Freund kommunizieren, senden Sie mehr als nur eine Botschaft. Nach Ihrem Verständnis haben Sie jedoch nur eine Botschaft, die Sie vermitteln möchten und diese wird laut Ihnen klar und verständlich ausgedrückt. In Wahrheit werden aber viele verschiedenen Botschaften übermittelt und Sie müssen es schaffen, dass Sie die passende Botschaft versenden.

Die Botschaften werden auf verschiedene Weisen gesendet. Sie formen Wörter und nutzen die Sprache, um eine bestimmte Botschaft auszuformulieren. Mit Mimik und Gestiken versuchen Sie der Botschaft Nachdruck zu verleihen, sodass die Nachricht nach Ihren Vorstellungen übermittelt wird.

Worte, Mimik und Gesten übermitteln aber keine direkte Botschaft. Sie führen zu einer Reaktion des Gesprächspartners und dieser muss versuchen, aus diesem Zusammenspiel die passende Botschaft zu rekonstruieren. In gewisser Weise muss also der Kommunikationspartner versuchen, aus Ihren Signalen die passenden Informationen zu generieren. Dabei kann es zu leichten Abweichungen kommen und die rekonstruierte Botschaft muss nicht mit der eigentlich übermittelten Botschaft übereinstimmen.

Diese Abweichungen können Sie anhand der Reaktion des Gesprächspartners bemerken. Dieser versucht nämlich in gewisser Weise, auszudrücken,

welche Botschaft er empfangen hat. Stellen Sie Abweichungen fest, können Sie diese beseitigen, indem Sie versuchen Ihre Botschaft zu modifizieren und etwas anders darzustellen.

Wie effektiv die Kommunikation ist, können Sie dann im Ergebnis feststellen. Ist die Botschaft beim Gesprächspartner angekommen oder haben Sie weiterhin das Gefühl, dass dieser Sie gar nicht richtig verstanden hat?

Falls Sie Kinder haben, kennen Sie das Gefühl wahrscheinlich sehr hinreichend, dass Sie bestimmte Dinge mehrmals wiederholen müssen. Phrasen wie: „Muss man Dir denn alles tausendmal sagen" fallen wahrscheinlich des Öfteren. Weder in der Kommunikation mit Ihren Kindern, noch im Umgang mit Freunden und Kollegen ist dies jedoch eine hilfreiche Form der Kommunikation.

Der erste Schritt zu einer Verbesserung ist daher die Erkenntnis, dass nicht der Gesprächspartner für die fehlgeleitete Kommunikation verantwortlich ist, sondern dass Sie die Botschaft besser vermitteln sollten. Denn auch wenn sich für Sie alles plausibel anhört und leicht verständlich ist, für den Gesprächspartner ist dies nicht so eindeutig und Sie sollten versuchen, Verständnis für die Gegenposition aufzubringen.

Welche Botschaften übertragen werden

Kommunikation findet auf vielen verschiedenen Ebenen statt. Im Bewusstsein steht vor allem das gesprochene Wort und was Sie eigentlich ausdrücken möchten. Wenn Sie mit Ihrem Gesprächspartner kommunizieren, geht es aber vor allem darum, dass Sie etwas erreichen möchten. Indem Sie eine Information vermitteln, verfolgen Sie ein ganz bestimmtes Ziel.

Gerade in emotionalen Situation, wenn Sie am Arbeitsplatz eine sehr stressige Zeit durchleben, sollten Sie sich immer klarmachen, was Sie mit Ihrer Kommunikation erreichen wollen. Sicherlich kann es für den Moment sehr befreiend sein, wenn Sie einfach nur Ihren Frust loswerden, aber wirklich zielführend ist dies nicht. Daher führen Sie sich immer vor Augen, was das eigentliche Ziel Ihrer Kommunikation ist.

Das folgende Modell der unterschiedlichen Botschaften ist essenziell, damit Sie verstehen wie Ihre Kommunikation vom Partner aufgenommen wird. Denn für Sie mag die Kommunikation leicht verständlich sein, beim Gesprächspartner wird diese aber als sehr komplex wahrgenommen.

Als Grundlage gibt es drei personale Botschaften, die sich sowohl auf Sie als auch auf den Gesprächspartner fokussieren. Mit jeder Botschaft, die Sie aussenden, vermitteln Sie auch, wie Sie sich gerade Fühlen und was Sie empfinden. Dies wird als „Ich-Botschaft" bezeichnet.

Neben der „Ich-Botschaft", drücken Sie gleichzeitig auch aus, wie Sie den Gesprächspartner wahrnehmen. Dieser kann sich dadurch wertgeschätzt fühlen oder genau das Gegenteil kann eintreten. Dies ist die „Du-Botschaft". Das Zusammenspiel dieser beiden Botschaften wird als „Wir-Botschaft" verstanden. Damit drücken Sie aus, wie Sie die Beziehung zueinander wahrnehmen. Welches Vertrauen herrscht zwischen Ihnen und ist die Verbindung auf einer freundlichen oder rein kollegialen Ebene.

Neben diesen persönlichen Ebenen gibt es drei weitere Sachebenen. Auf der Sachebene wird die Botschaft übermittelt, wie Sie einen bestimmten Sachverhalt sehen. Danach wird dies in einen Kontext gebracht. Der Kontext stellt die fünfte Botschaft dar.

Mit jeder Kommunikation möchten Sie etwas erreichen. Dies ist die sechste Ebene und wird als Appell bezeichnet. Hier zeigt sich, ob Ihre Kommunikation zu dem gewünschten Ziel führt oder ob der Appell nicht richtig wahrgenommen oder ausgeführt wird.

Am einfachsten werden diese verschiedenen Ebenen deutlich, wenn Sie mit Ihrem Kind kommunizieren. Im Rahmen der Erziehung werden zahlreiche Appelle formuliert, um die eigenen Wertvorstellungen dem Kind mitzugeben.

Ein häufiger Streitpunkt ist die Ordentlichkeit. Kinder haben mit etwas Unordnung seltener Probleme und haben nicht das Bedürfnis, dass das Zimmer aufgeräumt werden müsste. Als Elternteil möchten Sie Ihrem Kind aber deutlich machen, wie wichtig die Hygiene und die Sauberkeit ist. Schließlich sei Ordnung das halbe Leben und als Lektion für das spätere Leben sehr wichtig.

Daher kommt es meist zu einer ersten Ansprache. Sie teilen Ihrem Kind vielleicht mit, dass das Zimmer noch nicht aufgeräumt sei. Ihr Kind antwortet aber nur mit einem verdutztem „Aha“ und das Zimmer wird im Anschluss nicht aufgeräumt. Wo lag jetzt der Fehler und wie können Sie die Kommunikation verbessern? An diesem Beispiel können Sie die unterschiedlichen Ebenen verdeutlichen.

Ihre Intention war, dass Ihr Kind das Zimmer aufräumt. In der Sach-Botschaft kommt an, dass das Zimmer nicht aufgeräumt sei. Dies haben Sie in der ursprünglichen Aussage klar zum Ausdruck gebracht.

Selber drücken Sie aus, dass Sie mit der aktuellen Situation des Zimmers nicht zufrieden seien. Dies zeigt sich in der „Ich-Botschaft“ und das Sie etwas ärgerlich sind. In Bezug auf Ihr Kind sagen Sie aus, dass dieses unordentlich sei. In der „Du-Botschaft“ wird diese Information vermittelt.

Zueinander stellt sich heraus, dass Sie einen Konflikt haben. Das unaufgeräumte Zimmer stellt ein Problem dar, welches sich in der „Wir-Botschaft“ manifestiert.

Im Kontext bedeutet dies, dass es an der Zeit wäre, das Zimmer vor dem Schlafengehen aufzuräumen. Im Appell möchten Sie die Botschaft „Du sollst das Zimmer aufräumen“ zum Ausdruck bringen. All diese Botschaften könnten von Ihrem Kind zur gleichen Zeit aufgenommen werden. Im Idealfall wird der Appell wahrgenommen und in diesem Beispiel ist die Aufforderung sehr verständlich.

In der alltäglichen Kommunikation sind diese Ebenen nicht immer so eindeutig. Dies führt dazu, dass Missverständnisse auftreten und die Botschaften nicht den eigenen Wünschen entsprechen. Wie können Sie nun also auftreten, damit Sie besser verstanden werden?

Die Kommunikation genauer gestalten

Wenn Sie die Aufforderung und die anderen Botschaften klarer zum Ausdruck bringen möchten, sollten Sie zunächst mehr darauf achten, welche

Botschaft Sie von sich aus übermitteln. Hierfür ist die „Ich-Botschaft“ wichtig.

Im vorherigen Beispiel wird mit der „Ich-Botschaft“ ausgedrückt, dass Sie mit dem Verhalten Ihres Kindes unglücklich seien. Schließlich wäre es in Ihrer Vorstellung besser, wenn Ihr Kind ordentlicher sei und das Zimmer aufgeräumt wäre. Vielleicht sind Sie in diesem Moment auch einfach nur genervt davon, dass das Zimmer immer noch nicht aufgeräumt sei und dies schwingt im Tonfall deutlich mit.
Für Sie als Elternteil ist klar, dass sich dieser gereizte Zustand nur auf diese eine Situation bezieht. Natürlich lieben Sie Ihr Kind weiterhin und Sie würden wahrscheinlich nicht behaupten, dass es generell faul oder nicht fähig sei, das Zimmer aufzuräumen. Gerade auf der Beziehungsebene kann es aber zu einer missverständlichen Kommunikation kommen.

Dieser strengere Appell in Verbindung mit einer entsprechenden Gestik und Tonfall kann dazu führen, dass auf der Beziehungsebene für Ihr Kind nur ankommt, dass Sie es gar nicht wertschätzen. Dies kann zu ernsten Problemen führen und Ihr Kind könnte unter dieser Kommunikation leiden und sich nicht mehr geliebt fühlen.

Dabei wollten Sie lediglich ausdrücken, dass das Zimmer nicht aufgeräumt sei und Sie möchten, dass das Zimmer ordentlicher gestaltet wird. Dieses Missverständnis sollten Sie beachten und verstehen, wie dieses Zustande kommt. So können Sie verhindern, dass die Beziehung zu Ihrem Kind leidet.

Möchten Sie also das nächste Mal sicherstellen, dass Ihr Kind das Zimmer aufräumt, bringen Sie dies lieber so zum Ausdruck, dass Sie unmissverständlich ausdrücken, dass es sich nur um den Zustand des Zimmers handelt und Sie Ihr Kind dennoch lieben und wertschätzen.

Nehmen Sie ein Missverständnis wahr, dann sollten Sie nicht zögern, dieses zu korrigieren. Dies hat auch nichts damit zu tun, dass die ursprüngliche Aussage negiert wird oder das Sie Schwäche zeigen.

Indem Sie dieses Modell der verschiedenen Ebenen verstehen, können Sie die Kommunikation verbessern. Gerade die Beziehungsebene ist eine häufige Quelle für Missverständnisse. Freundschaften oder familiäre Verbindungen können durch das Nichtbeachten dieser Ebene zerbrechen.

Rapport und weshalb dieses wichtig ist

Kennen Sie das Gefühl, wenn Sie mit einem Menschen sofort auf einer Wellenlänge liegen und ein tiefes Vertrauen besteht, obwohl Sie sich gerade erst seit Kurzem kennen?
Dieses Gefühl wird in der Neuro-Linguistischen Programmierung als Rapport bezeichnet. In den vorherigen Beispielen haben Sie schon gemerkt, wie unterschiedlich die Botschaften sein können, die jeweils gesendet und aufgenommen werden.

Umgangssprachlich ist das Bild der Wellenlänge gut geeignet, um die Kommunikation darzustellen. Denn wenn Sie eine Botschaft empfangen, sollten Sie so eingestellt sein, dass Sie den Gesprächspartner besser verstehen. Möchten Sie hingegen eine Botschaft übermitteln, ist es einfacher, wenn Sie die Wellenlänge des Empfängers ausloten und sich entsprechend einstellen.

Damit können Sie das Phänomen verhindern, dass Sie aneinander vorbeireden und beide Seiten zwar miteinander kommunizieren, aber jeweils die Botschaften nicht klar empfangen. Indem Sie versuchen auf derselben Wellenlänge zu liegen, können Sie viel effektiver miteinander kommunizieren und die Gefahr, dass bestimmte Botschaften und Aussagen untergehen ist viel geringer.

Menschen sind sehr unterschiedlich und dies bedeutet, dass Sie sich auf die verschiedenen Kommunikationswege einstellen müssen. Mit den folgenden Verhaltensweisen können Sie leicht den Rapport herstellen und eine positive Beziehung aufbauen. Dies ist gerade im Berufsleben oder in der Familie wichtig, denn diese können Sie sich nicht aussuchen und es wird von Ihnen verlangt, dass Sie mit Menschen, die auf einer ganz anderen Wellenlänge liegen kommunizieren können.

Die erste Regel, die Sie beachten sollten, um herauszufinden auf welcher Wellenlänge Ihr Gegenüber liegt, ist das Aussprechen lassen. In der heutigen Zeit wird diese Tugend und Höflichkeitsregel gerne ignoriert. Vielen Personen ist es wichtiger, selber etwas zu vermitteln, als auch mal zuzuhören und geduldig den Gesprächspartner reden zu lassen.
Den Gesprächspartner ausreden zu lassen, ist eine wichtige Geste des Respekts. Denn dadurch signalisieren Sie, dass die Informationen, die von Ihrem

Gegenüber ausgesendet werden, einen hohen Stellenwert haben. Fallen Sie dagegen öfter ins Wort und können Sie es kaum abwarten selber zu sprechen, signalisieren Sie dadurch nur, dass Ihre Botschaft sehr viel wichtiger sei.

Das Aussprechen lassen ist aber erst der Anfang. Denn zwischen jemandem anderem sprechen lassen und dem aktivem Zuhören gibt es einen gewaltigen Unterschied. Vielleicht kennen Sie selber die Situation, wenn Sie mit einem Gesprächspartner involviert sind, der zwar selber nichts sagt, bei dem Sie aber auch nicht das Gefühl haben, dass dieser Ihnen gerade zuhört. Vielleicht ist der Gesprächspartner mit den Gedanken schon völlig woanders oder er überlegt, was er selber als Nächstes vorbringen kann. Dieses Gefühl ist für Sie nicht gerade angenehm und Sie spüren, dass Sie nicht wertgeschätzt werden.

Wenn Sie also das nächste Mal in einem Gespräch vertieft sind, versuchen Sie ganz bewusst zuzuhören. Die Gedanken schweifen jetzt nicht dahin ab, dass Sie überlegen, was Sie antworten könnten. Sie denken auch nicht an den letzten Urlaub und wie schön es doch wäre, wenn Sie in diesem Moment wieder am Strand liegen könnten.

Jetzt widmen Sie Ihre Aufmerksamkeit voll und ganz dem Gesprächspartner. Sie hören aktiv zu und werden merken, wie Sie viel mehr verstehen können. Die Körpersprache wird für Sie zugänglicher und Missverständnisse treten seltener auf.

Wie können Sie jetzt signalisieren, dass Sie alles verstanden und zugehört haben? Dazu können Sie die Techniken des Spiegelns und Pacings verwenden. Diese gehören zu den Grundtechniken der Neuro-Linguistischen Programmierung.

In erster Linie fühlt der Gesprächspartner sich verstanden, wenn Sie seine Worte und vor allem die Botschaft wiedergeben können. Wiederholen Sie also, was gesagt wurde. Verwenden Sie dafür aber Ihre eigenen Worte. Dies hat den Vorteil, dass zugleich erkannt werden kann, wenn etwas nicht richtig verstanden wurde. Denn selbst wenn Sie Ihre Aufmerksamkeit vollständig dem Zuhören widmen, kann es dazu kommen, dass Sie nicht sofort alles verstehen werden. Dies ist nicht weiter schlimm und solange Sie die groben Aussagen wiedergeben, können Details noch vom Gesprächspartner korrigiert werden.

Mit dem Spiegeln können Sie nun weitere Signale senden, die verdeutlichen, dass Sie Ihrem Gesprächspartner zuhören. Diese sind eher unterbewusst wahrnehmbar und nicht so deutlich, wie das gesprochene Wort. Dennoch haben Sie einen wesentlichen Einfluss darauf, den Rapport aufzubauen.

Ein wichtiges Element ist die Körperhaltung. Durch die Körperhaltung können wir signalisieren, wie offen wir uns dem Gegenüber verhalten und wie eng die zwischenmenschliche Beziehung ist. Indem Sie die Körperhaltung spiegeln, können Sie zeigen, dass Sie auf dieser Ebene das gleiche Verständnis haben. Dies lässt Sie sympathischer wirken und der Partner fühlt sich nicht von einer zu offenen oder engen Körperhaltung angegriffen.

Nicht nur der Körper sendet solche Signale aus, sondern auch die Stimme, wenn Sie mit anderen Menschen in Kontakt treten. Eine wichtige Eigenschaft ist das Sprechtempo. Indem Sie versuchen, etwa das gleiche Tempo einzuhalten, können Sie ebenfalls vermitteln, dass Sie sich ähnlicher sind. Liegt ein sehr großer Unterschied im Sprechtempo vor, kann dies zu einer anstrengenden Probe werden, denn für den schnell sprechenden Partner kann das Gespräch zu langatmig werden, während der langsam sprechende Partner schnell überfordert wird.

Um schnelles Vertrauen aufzubauen, sollten Sie also in erster Linie den Gesprächspartner aussprechen lassen, gut zuhören und die Inhalte wiedergeben. Gleichen Sie Ihre Körpersprache etwas an und versuchen Sie dem Gesprächspartner ähnlicher zu werden, werden Sie gleich als viel sympathischer wahrgenommen.

Sie sollten es mit dem Spiegeln aber auch nicht übertreiben. Hierbei müssen Sie eine gute Balance finden, selber Ihren Charakter und die Persönlichkeit zu bewahren und gleichzeitig sich dem Partner anzupassen. Versuchen Sie zu stark die Körperhaltung zu verändern und werden Sie sich zu ähnlich, kann dies als Nachäffen empfunden werden. Wenden Sie diese Technik also zunächst sehr bedacht an und warten Sie ab, wie Ihr Gegenüber reagiert. Zeigt sich tatsächlich ein Vertrauensgewinn oder wird Ihr Verhalten eher als unnatürlich empfunden?
Das Spiegeln ist ein mächtiges Instrument, um effektiver mit anderen Menschen kommunizieren zu können. Es erfordert aber auch sehr viel Übung,

damit dies als natürlich wahrgenommen wird. Seien Sie also nicht gleich enttäuscht, wenn der gewünschte Effekt nicht sofort eintritt, sondern versuchen Sie stetig an sich zu arbeiten.

Das Aussprechen lassen und Zuhören sind aber schon grundlegende Verhaltensweisen, mit denen Sie einen positiven Eindruck vermitteln und Vertrauen gewinnen.

Unterstützung auf dem Weg zum Erfolg

Wenn Sie Ziele haben und diese verwirklichen möchten, dann sind Sie selber dafür in erster Linie verantwortlich. Sie treffen die notwendigen Entscheidungen, um glücklich und erfolgreich im Leben zu werden. Dennoch ist das Leben als Einzelkämpfer nicht leichter. Auf Ihrem Weg ist es hilfreich, wenn Sie Freunde haben, die Sie begleiten und von denen Sie profitieren können. Natürlich sollte die Freundschaft für beide Seiten einen Zugewinn darstellen. So können Sie gegenseitig voneinander lernen und sich in schwierigen Situationen unterstützen.

Die Beziehung mit der eigenen Familie ist wichtig und gibt Ihnen einen Halt im Leben. Allerdings können Familienmitglieder Ihnen nicht auf die gleiche Weise helfen, wie dies Freunde tun können. Gerade wenn es Probleme innerhalb der Familie gibt, ist es hilfreich, wenn Sie Freunde haben mit denen Sie sich austauschen können.

In der heutigen Gesellschaft ist der Begriff der Freundschaft weit von seiner eigentlichen Bedeutung abgedriftet. Auf Facebook können hunderte Freundschaften bestehen und dennoch ist niemand dieser „Freunde“ bereit Ihnen zu helfen, wenn Sie in ernsten Problemen stecken. Wie definieren Sie eigentlich eine Freundschaft und als wie groß würden Sie Ihren Freundeskreis beschreiben? Wie viel enge Freundschaften haben Sie dort und wen würden Sie eher als Bekannten einstufen?

Wenn Sie Menschen begegnen, werden Sie diese zunächst als Bekannte wahrnehmen. Sie sprechen mit diesen Menschen vielleicht und je persönlicher die Gespräche werden, desto enger wird die Beziehung mit Ihnen. Sie bemerken zudem, dass Gemeinsamkeiten bestehen.

Danach gibt es die Gruppe der Menschen, die mit Ihnen verbunden sind. Dies können Familienmitglieder sein, die Sie schon seit der Kindheit kennen und immer ein wichtiger Teil in Ihrem Leben waren. Mit diesen Menschen haben Sie eine ganz besondere Verbindung. Dies muss aber nicht heißen, dass die Beziehung sehr eng ist. Sie haben wahrscheinlich einige Verwandte, mit denen Sie nur in sehr unregelmäßigen Kontakt stehen. Dennoch besteht durch die Dauer der Beziehung eine besondere Verbindung, wie Sie mit Freunden nicht vorkommt.

Enge Freunde und diese, die Ihnen am nächsten stehen, werden wiederum anders wahrgenommen. Ihre Freunde haben einige Gemeinsamkeiten mit Ihnen, Sie schätzen aber auch die negativen Seiten und die Unterschiede in den Persönlichkeiten. Es herrscht ein grundlegendes Vertrauen und den engsten Freunden können Sie praktisch jedes Geheimnis verraten.

Erstellen Sie nun eine grobe Übersicht und versuchen Sie Ihre sozialen Kontakte einzuordnen. Wie viele enge Freunde haben Sie tatsächlich, denen Sie jedes Geheimnis anvertrauen können?

Zu beachten ist hierbei, dass jede Gruppe für Sie im Leben wichtig ist und diese eine bestimmte Funktion übernimmt. Sie sollten also nicht davon ausgehen, dass Kollegen oder Bekannte für Sie im Leben unwichtig wären und Sie diese vernachlässigen sollten. Ebenfalls müssen Sie nicht darauf abzielen, dass jede lose Bekanntschaft zu einem engen Freund wird.

Für Ihren weiteren Weg ist es wichtig, dass Sie die Einteilung zuverlässig vornehmen können und wissen, wie die Beziehung einzuordnen ist. Einem Kollegen ein Geheimnis anzuvertrauen, welches direkt verraten wird, ist nicht förderlich für Ihre Karriere. Möchten Sie neue Freunde gewinnen und mit Ihren Kollegen einen engeren Kontakt pflegen, sollten Sie zudem nichts überstürzt angehen. Es geht nicht darum, die Distanz so schnell wie möglich zu überwinden. Dies könnte eher als aufdringlich wahrgenommen werden und verhindern, dass sich eine echte Freundschaft entwickelt. Versuchen Sie in dem Tempo voranzuschreiten, wie es der anderen Person angenehm ist.

Soziale Kontakte als Grundbedürfnis

Freundschaften sind ein wichtiger Bestandteil des Lebens. Gute Freunde sind Ihnen eine Stütze, wenn Sie mal in Not stecken und auf dem Weg Ihr Ziel zu erreichen, eine helfende Hand benötigen. Das Schließen von Freundschaften kann in fortgeschrittenem Alter zu einem Problem werden.
Im jüngeren Alter ist es noch relativ einfach Freunde zu gewinnen. In der Schule und im Kindergarten werden Sie unvoreingenommen viele verschiedene Persönlichkeiten kennenlernen. Verstehen Sie sich gut, dann entstehen die Freundschaften fast von alleine.

Je älter Sie werden, desto schwieriger wird es allerdings Freundschaften zu schließen. Gründe dafür können die weniger zur Verfügung stehende Zeit sein. Sie haben nun andere Verpflichtungen und gerade der Beruf nimmt einen Großteil des Tagesablaufes ein. Freundschaften auf der Arbeitsstelle sollten nur mit äußerster Bedacht geschlossen werden. Das Vermischen von Privatleben und Beruf kann zu einigen Problemen führen. Ein weiteres Problem ist, dass Sie nicht mehr so viele neue Leute kennenlernen. Die meisten sozialen Strukturen sind bereits gefestigt und es kann schwierig werden, diese in einem höheren Alter neu aufzubauen.

Wenn Sie Ihren Lebensstandort verlagern und Ihren Freundeskreis verlassen oder einfach bemerken, dass Ihr sozialer Kreis nicht sehr ausgeprägt sind, müssen Sie selber die Initiative ergreifen. Der soziale Kontakt gehört zu den Grundbedürfnissen des Menschen. Es wird sogar argumentiert, dass dies das einzige Grundbedürfnis ist, welches nicht alleine befriedigt werden kann.

Werden soziale Kontakte vernachlässigt, entsteht eine Einsamkeit. Dies kann zum Teil auf das eigene Verhalten zurückgeführt werden. Wurden Sie in der Vergangenheit verletzt und Ihnen fällt es schwer, anderen Menschen zu vertrauen, werden Sie den Kontakt eher meiden. Ihre Körpersprache macht anderen Menschen deutlich, dass Sie keine Nähe zulassen wollen. Die Wahrheit hinter diesem Verhalten ist allerdings, dass dies nur einen Teil der Persönlichkeit betrifft. Die anderen Teile der Persönlichkeit benötigen weiterhin soziale Kontakte und leiden darunter, wenn dieses Bedürfnis nicht erfüllt wird.

Ein anderer Grund für die Einsamkeit kann sein, dass Sie keine Gelegenheiten

wahrnehmen, überhaupt neue Kontakte zu knüpfen. Gerade in der Großstadt tritt dieses Phänomen gehäuft auf. Sie leben in einer anonymen Wohnsiedlung und können Ihren Alltag verbringen, ohne überhaupt soziale Kontakte wahrzunehmen.

Der Einsamkeit entfliehen

Verspüren Sie das innere Bedürfnis, nach engeren freundschaftlichen Beziehungen und möchten einen größeren Freundeskreis aufbauen? Dann müssen Sie selber den ersten Schritt wagen. Verändern Sie Ihre Verhaltensweisen nicht und versuchen Sie weiterhin möglichst anonym durchs Leben zu gehen, werden Sie keine neuen Freunde finden. Sie müssen sich also der Welt präsentieren und aktiv versuchen neue Kontakte zu finden.
Um Freundschaften zu knüpfen ist regelmäßige Kommunikation wichtig. Gerade wenn Sie neue Menschen kennenlernen und diese eher noch in die Kategorie „Bekannte“ einordnen würden, ist eine gesunde Kommunikation erforderlich, um diese zu engen Freunden werden zu lassen.

Ein häufiger Fehler, der dazu führt, dass Sie keine intensiven Freundschaften pflegen können, ist das Vernachlässigen der Kommunikation. Warten Sie darauf, dass Sie angesprochen werden oder jemand anderes den Kontakt mit Ihnen sucht, dann ist dies eine sehr optimistische Einstellung. Sie mögen zwar von sich überzeugt sein und finden, dass Sie so interessant sind, dass sich andere Menschen automatisch für Sie interessieren sollten, doch diese können dies von außen gar nicht einsehen.

Wenn Sie neue Freundschaften suchen möchten, müssen Sie selber den ersten Schritt wagen. Hierfür sollten Sie sich einen passenden Ort aussuchen. In der Bar oder in der Kneipe neue ernsthafte Freundschaften zu knüpfen ist nicht gerade einfach. Sie müssen an diesen Orten schon zu den extrovertierten Personen gehören, um wirklich neue Kontakte zu knüpfen.
Besser ist es, wenn Sie sich Gemeinsamkeiten überlegen, die eine Basis für eine Freundschaft sein könnten. Dies kann ein gemeinsames Hobby sein oder ein besonderes Engagement. Freundschaften können Sie zum Beispiel in Sportvereinen oder bei ehrenamtlichen Stellen schließen. Hier finden Sie in jedem Fall Menschen, die ein bestimmtes Gebiet mit Ihnen teilen und dies kann als Basis für die Freundschaft dienen.

Ob in der Bar oder im Sportverein, damit sich eine Freundschaft entwickeln kann, ist Kommunikation notwendig. Hier erhalten Sie Grundregeln, mit denen Sie effektiver Freundschaften schließen können. Es handelt sich hierbei eher um soziale Normen als um Techniken der Neuro-Linguistischen Programmierung. Dennoch ist es natürlich hilfreich, sich diese Grundregeln zu verinnerlichen.

An erster Stelle sollte stehen, dass Sie mit sich selber im Reinen sind. Sie verfügen über ein ausreichend hohes Selbstvertrauen und kennen sowohl Ihre Stärken, als auch Ihre Schwächen. Sie müssen sich nicht dafür fürchten, sich anderen zu öffnen und Sie sind bereit, die Nähe zuzulassen.
Haben Sie eine interessante Person getroffen, gilt es nun den Kontakt aufrechtzuerhalten. Warten Sie nicht ab, bis sich die andere Person bei Ihnen meldet, sondern zeigen Sie selber Interesse. Vermeiden Sie es allerdings, sich ständig aufzudrängen. Es ist in Ordnung, wenn Sie die Kommunikation initiieren. Wenn Sie aber merken, dass Ihr Gegenüber nicht daran interessiert ist, sollten Sie die Signale wahrnehmen und nicht versuchen, den Kontakt weiter zu forcieren.

Eine Freundschaft besteht immer aus einem Geben und Nehmen. So sollten beide Seiten von der Freundschaft profitieren und dies ist ein wichtiger Punkt, der bei vielen Menschen unterbewusst abläuft. Zeigen Sie, weshalb die Freundschaft für die andere Person wichtig sein könnte und in welcher Weise Sie profitiert. Es geht jetzt nicht darum, dass Sie mit Ihren finanziellen Mitteln prahlen, sondern dass Sie Ihre Persönlichkeit zeigen. Sie werden ganz eigene Erfahrungswerte haben, die für die andere Person wichtig sein könnten. Ebenso können Sie zeigen, in welcher Weise Sie Ihre Unterstützung anbieten können, um Ziele zu erreichen.

Stellen Sie sich jetzt ein Mal vor, wie Sie von Außenstehenden beschrieben werden würden. Welche Wirkung haben Sie und was vermitteln Sie nach außen? Menschen sind vor allem auf der Suche nach Personen, die ein positives Gefühl vermitteln. Treten Sie hingegen eher mit einer negativen Geisteshaltung auf, wird dieses negative Denken auch von anderen Menschen wahrgenommen. Diese entscheiden sich wahrscheinlich eher dazu, mit Ihnen den Kontakt zu vermeiden. Möchten Sie Kontakte finden, sollten Sie eine positive Grundhaltung annehmen und diese nach außen vermitteln. Unterstützen können Sie dies, indem Sie das Gute im Gegenüber erkennen

und ein ehrliches Kompliment aussprechen.

Wie wichtig das Zuhören und Verstehen für eine reibungslose Kommunikation sind, sollten Ihnen bewusst sein. Um neue Freundschaften zu schließen, sind diese beiden Eigenschaften ebenfalls notwendig. Werden Sie ein aktiver Zuhörer und gehen Sie auf das Gesprochene ein. Dadurch zeigen Sie, wie wichtig Ihnen der Gesprächsinhalt der anderen Person ist und Sie werden das vorher schon betonte positive Gefühl auslösen können.

Zu guter Letzt sollten Sie sich selber nicht verstellen. Natürlich geht es bei der Neuro-Linguistischen Programmierung darum sich zu verändern, aber Sie sollten keine Rolle einnehmen, die nicht mit Ihren Werten übereinstimmt. Solche Rollen werden schnell durchschaut und Sie werden als unehrlich wahrgenommen. Gerade wenn es Ihnen darum geht enge und echte Freundschaften aufzubauen, sollten Sie sich nicht davor scheuen, Ihre wahre Persönlichkeit zu präsentieren.

Damit schließt sich wieder der Kreis, denn zu Beginn ging es darum, dass Sie mit sich im Reinen sein sollen, damit Sie offen auf andere Personen zugehen können. Es zeigt sich also, dass eine der wichtigsten Eigenschaft, um Freundschaften zu schließen, vor allem bei Ihnen liegt. Sie sollten zu Ihrer Persönlichkeit stehen und nicht davor zurückschrecken, diese mit Selbstvertrauen zu präsentieren.

Die Kommunikation mit sich selber

Die Kommunikation ist eines der wichtigsten Elemente, um Freundschaften zu schließen. Dabei geht es nicht zwingend darum, dass Sie ein Gespräch mit einem anderen Menschen führen. Die eigene Persönlichkeit und das Selbstvertrauen haben ebenfalls einen starken Einfluss darauf, wie Sie auf andere Menschen wirken. Indem Sie selber mit sich kommunizieren, können Sie eine bessere Basis legen und sogar Probleme lösen.

Damit Sie Freundschaften mit anderen Personen schließen, ist die Kommunikation eine wichtige Grundlage. Haben Sie in der Vergangenheit Konflikte mit sich selber gehabt oder leiden Sie vielleicht unter einem niedrigem Selbstvertrauen? Dann ist die Kommunikation notwendig, um die inneren

Spannungen zu lösen. Nur durch die innere Kommunikation können Sie tatsächlich mit sich im Reinen sein. Haben Sie die inneren Konflikte bewältigt, wird es Ihnen viel leichter fallen, positiv auf andere Menschen zuzugehen und Freundschaften zu knüpfen.

Ihre Persönlichkeit ist sehr komplex und besteht aus unterschiedlichen Teilen. Nicht jeder Teil hat immer einen positiven Einfluss auf Sie. So gibt es sehr kritische Stimmen, die vor allem Ihre Fehler in den Vordergrund stellen. An diesen Stimmen können Sie mit Sicherheit wachsen, wenn Sie Ihre Fähigkeiten erweitern wollen. Möchten Sie aber zunächst lernen besser mit sich selber zu kommunizieren, sollten Sie anderen Teilen Ihrer Persönlichkeit mehr Gehör schenken.

Dazu gehört der innere Freund. Dieser Teil Ihrer Persönlichkeit akzeptiert Sie so, wie Sie sind. Dazu gehören sowohl Ihre Stärken, als auch Ihre Schwächen. Der innere Freund ist aber stets bemüht, die positiven Seiten Ihrer Persönlichkeit zum Vorschein zu bringen. Er akzeptiert aber auch, dass Sie nicht fehlerfrei sind und sich weiterentwickeln möchten.
Nehmen Sie im inneren Dialog mit sich selber die Stimme des inneren Freundes kaum wahr? Dann ist dies ein Zeichen dafür, dass Sie ein niedriges Selbstwertgefühl besitzen. Negative Erfahrungen können Sie leicht aus der Bahn bringen und Ihnen fehlt die Unterstützung von innen heraus, mit diesen Problemen klarzukommen. Genauso wie Sie die Unterstützung von Freunden und anderen Personen benötigen, brauchen Sie eine innere Hilfe. Wird diese Ihnen verwehrt, wird es Ihnen sehr schwerfallen, Aufgaben zu bewältigen, die noch vor Ihnen liegen.

Den inneren Freund wahrzunehmen ist aber gar nicht so einfach, wie Sie vielleicht annehmen würden. Es gibt sicherlich einige Stimmen, die Ihnen Mut zusprechen möchten und Sie vor negativen Erfahrungen bewahren. So gibt es schützende Stimmen, die Ihnen sagen werden, dass eine Aufgabe gar nicht so wichtig gewesen sei, wenn Sie diese nicht bewältigen konnten. Damit wird das Ausmaß eines Fehler kleingeredet.

Solche Stimmen des Selbstschutzes kennen Sie wahrscheinlich. Dabei handelt es sich aber nicht um den inneren Freund, der Sie mit voller Sympathie betrachtet. Die innere Stimme, die für Sie wirklich von Bedeutung ist, erkennen Sie daran, dass diese Ihnen ein Lächeln ins Gesicht zaubert. Sie werden

die Stimme sowohl in Glücksmomenten wahrnehmen, als auch in kritischen Situationen. So besteht eine ganz besondere Verbindung.

Durchleben Sie gerade eine Phase, die von sehr negativen Erfahrungen geprägt ist, ist es wichtig, dass Sie mit sich selber im Reinen sind und den inneren Freund wahrnehmen. Dieser wird seine Unterstützung anbieten und Ihnen durch diese schwere Zeit helfen.
Indem Sie einen inneren Dialog führen, können Sie sich selber besser kennenlernen. Bei der Kommunikation mit sich selber sollten Sie die Kommunikationsregeln befolgen. Dies bedeutet, dass Sie lernen sich selber zuzuhören und nicht, dass Sie bestimmte Bedürfnisse Ihrer Persönlichkeit unterdrücken. Indem Sie lernen sich selber besser zu verstehen und wertzuschätzen, werden Sie eine positivere Ausstrahlung auf andere Menschen haben. Damit gelingt es Ihnen leichter neue Kontakte zu knüpfen und Freundschaften zu schließen.

Nun haben Sie gelernt, wie wichtig die Kommunikation ist und welch eine hohe Bedeutung Freundschaften haben. Sie erkennen, dass in jeder Kommunikationsform unterschiedliche Botschaften versteckt sind. Werden diese vom Gegenüber nicht so aufgenommen, wie Sie diese eigentlich vermitteln wollten, können Sie korrigierend eingreifen.

Eine wichtige Grundlage der Kommunikation ist das Zuhören und Verstehen des Gesprächspartners. Indem Sie die Körpersprache und die Sprechweise spiegeln, können Sie schneller eine Vertrauensbasis schaffen.
Freundschaften können Sie nur schließen, wenn Sie mit sich selber zufrieden sind und eine positive Ausstrahlung haben. Auf diese Weise können innerhalb der Freundschaft beide Parteien voneinander profitieren. Wahren Freunden können Sie Ihre tiefgründigsten Geheimnisse anvertrauen und diese werden Sie unterstützen, damit Sie Ihre Ziele erreichen.

Die Kommunikation gilt hierfür als Schlüssel, um Freundschaften aufzubauen und zu pflegen. Lernen Sie also mit sich selber und anderen Menschen besser zu kommunizieren und Sie werden sowohl zufriedener im Leben sein, als auch Ihre Ziele einfacher verwirklichen können.

MUTIGER AUFTRETEN

NACH DEN ERFAHRUNGEN DER bisherigen Kapitel sind Sie in der Lage, Ziele zu setzen. Sie wissen, wohin Sie im Leben gehen möchten. Ihnen sind Ihre Werte bekannt und daraus lässt sich Ihr Lebensziel ableiten. Nachdem Sie die Ziele in Angriff genommen haben und die notwendige Motivation aus den vorherigen Übungen geschöpft haben, sind Sie auf einem guten Weg. Sie kommen Ihren Zielen Schritt für Schritt ein Stück näher.

Dennoch gibt es weiterhin Hürden auf diesem Weg. Diese können Sie nicht immer nur mit einer ausreichenden Motivation meistern. Manche Hindernisse erfordern eine andere Herangehensweise und eine Grundvoraussetzung dafür ist, dass Sie sich den Herausforderungen mutig stellen.

Möchten Sie mit diesem Buch Veränderungen in Ihrem Leben erreichen, haben Sie sich in der Vergangenheit vielleicht davor gescheut, diese bedeutenden Schritte vorzunehmen. Anstatt den Weg einzuschlagen, der am ehesten mit Ihren Werten übereinstimmt und Sie zufriedener machen würde, haben Sie das Risiko lieber gemieden. Stattdessen haben Sie sich für die einfache Variante entschieden und sind diesen leichten Wegen gefolgt.

Nun merken Sie aber, dass diese Wege in eine Sackgasse führen und Sie nicht zufriedener werden lassen. Jetzt ist es an der Zeit, etwas Neues zu wagen und dafür müssen Sie mit mehr Mut an die Aufgaben herantreten. Veränderungen sind mit großen Anstrengungen verbunden und daher müssen Sie nun mit vollem Selbstbewusstsein die Herausforderungen angehen.

Haben Sie Angst vor den Veränderungen und es bisher vermieden, sich Ihren

Ängsten zu stellen? Angst ist ein Gefühl, das jeder Mensch kennt. Selbst die mutigsten Menschen und Abenteurer werden gewisse Ängste haben. Sie teilen diese vielleicht nicht so offen mit, dennoch wird jeder Mensch mit seinen Ängsten im Leben konfrontiert.

Sie müssen die Angst nicht als etwas Negatives empfinden. Schließlich ist die Angst ein wichtiger Überlebensinstinkt. Leiden Sie unter Höhenangst, ist dies nur eine wichtige Warnung, dass die Höhe eine Gefahr für Sie darstellt. Möchten Sie Ihr Leben verändern, dann geht es jetzt darum, wie Sie mit der Angst umgehen.

Wenn Sie den Ängsten im Leben begegnen, welches Gefühl nehmen Sie wahr? Möchten Sie Ihre Angst konfrontieren und zeigen, dass Sie die Angst überwinden können oder werden Sie von den Gefühlen geradezu blockiert. Ängste können nämlich auch dazu führen, dass Sie gelähmt werden. Anstatt sich den Herausforderungen zu stellen, bleiben Sie wie angewurzelt stehen und wissen nicht, wie Sie mit der Situation umgehen sollen. Um Ihr Leben zu verändern und Ihr gesamtes Potenzial auszunutzen, müssen Sie Ihre Angst besiegen.

Ängste sind etwas ganz natürliches. Dennoch ist es ein Unterschied, wie stark Sie die Angst wahrnehmen und ob die Angst logisch erscheint. Die Höhenangst, die Sie verspüren, wenn Sie auf einer hohen Brücke stehen und hinabschauen ist nachvollziehbar. Genauso, wenn Sie aus dem Flugzeug auf den Boden blicken. Diese Situationen stellen eine hohe Gefahrensituation dar und etwas Angst ist in diesen Fällen vollkommen nachvollziehbar. Ist Ihre Höhenangst aber so schlimm, dass Sie schon auf den ersten beiden Sprossen der Leiter von dieser gelähmt werden, ist dies ein ernsthaftes Problem.

Die Angst agiert dabei nicht immer logisch nachvollziehbar. Häufig kommt die Angst von Innen und aus dem Bauch heraus. Sie wissen vielleicht, wie „unlogisch" Ihre Angst ist und versuchen diese mit Argumenten auszutreiben. Diese Taktik ist allerdings wenig erfolgversprechend, sondern Sie müssen zu anderen Mitteln greifen.

Wenn Sie unter Flugangst leiden, dann werden Ihnen die Statistiken auch nicht weiterhelfen, die Ihnen sagen, dass das Flugzeug das sicherste Verkehrsmittel sei. Leiden Sie unter einer starken Angst, die das Leben beeinträchtigt,

werden Sie wahrscheinlich schon selber realisiert haben, dass Sie diese Ängste behandeln sollten.

Genauso einschränkend können aber auch die zahlreichen anderen kleineren Ängste sein, die sich fest in Ihrer Persönlichkeit manifestiert haben. Haben Sie zum Beispiel Angst auf neue Leute zuzugehen, wird dies im Allgemeinen als Schüchternheit bewertet. Schüchternheit mag nicht negativ klingen und Sie können behaupten, dass es sich dabei um eine Charaktereigenschaft handelt. Ursache der Schüchternheit ist aber Angst und diese kann es Ihnen erschweren, Ihre Ziele zu erreichen. Möchten Sie neue Freunde oder den Partner für Leben finden, müssen Sie lernen, wie Sie diese Angst überwinden können.

Eine weitere Angst, die einen großen Einfluss auf Ihr Leben haben kann, ist zum Beispiel die Angst vor Kritik. Wenn Sie am Arbeitsplatz als Perfektionist gelten, kann dies auf den ersten Blick als Lob gewertet werden. Es könnte aber auch bedeuten, dass Sie Aufgaben nicht fristgerecht erledigen und jeder kleinste Fehler einen so hohen Stress auslöst, dass dieser Sie mental belasten kann.

Es gibt also viel mehr Ängste, die Sie im Alltag wahrscheinlich gar nicht mehr wahrnehmen, die eine Belastung für Sie darstellen. Möchten Sie Veränderungen in Ihrem Leben erreichen, geht es nicht nur darum, die großen Ängste zu behandeln, sondern auch die kleinen negativen Angewohnheiten zu besiegen.

Um die Ängste zu überwinden, sollten Sie sich klarmachen, dass diese eigentlich eine positive Absicht haben. Hinter den Ängsten stecken Teile Ihrer Subpersönlichkeiten, die Sie vor Gefahren schützen möchten.

Es liegt nun also an Ihnen, diese Ängste anzuerkennen und Ihr Unterbewusstsein davon zu überzeugen, dass eigentlich keine Gefahr besteht. Mithilfe der Neuro-Linguistischen Programmierung erhalten Sie die passenden Werkzeuge, mit denen Sie Ihre Ängste überwinden können.

Mit dem „Reframing" und „Ressourcen sammeln" die Ängste überwinden

Es gibt wahrscheinlich einige kleinere Ängste, die Sie im Alltag wahrnehmen und lästig finden, aber mit etwas Willenskraft überwinden können. Schließlich ist nicht jede Angst eine ausgewachsene Phobie, die dazu führt, dass Sie Ihr Leben einschränken und nach der Phobie ausrichten.

Diese kleinen Ängste des Alltags haben sich bereits in Ihren Gewohnheiten eingefunden. Sie finden sich mit diesen Ängsten ab und können diese mit kleineren Anstrengungen überwinden. Dennoch kostet das Überwinden dieser Angst immer wieder Energie und diese fehlt Ihnen vielleicht, wenn Sie ein Ziel erreichen möchten.
Sie sollten diese kleinen Ängste nicht einfach so hinnehmen, sondern dahingehend an sich arbeiten, dass Sie auch die Ängste des Alltags ablegen. So werden Sie erfolgreicher, zufriedener und entspannter sein. Die frei gewordene Energie können Sie nun nutzen, um Ihre Ziele zu erreichen.

Um die Angst zu besiegen, können Sie die Technik des Reframings anwenden. Wenn Sie sich in eine Situation begeben vor der Sie Angst haben, können Sie diese nach Ihren eigenen Vorstellungen verändern. Denn die Angst kommt aus Ihrem Inneren und dies bedeutet, dass Sie selber Maßnahmen ergreifen können, um sich davon zu überzeugen, dass die Situation keine Gefahr darstellt.

Haben Sie Angst davor eine Rede zu halten? Dies ist eine der häufigsten Ängste, die gleichzeitig auch einen großen Einfluss auf Ihre Karriere haben kann. Das plötzlich Ihnen die gesamte Aufmerksamkeit zuteil wird, ist Ihnen unangenehm und Sie möchten am liebsten die Bühne verlassen.

Bevor Sie die Rede halten, malen Sie sich alle möglichen peinlichen Situationen aus, die eintreten können. Sie könnten so nervös sein, dass Sie rot anlaufen. Eventuell haben Sie auch Angst davor, dass Sie nicht frei reden, sondern häufiger stottern. Eine der größten Befürchtungen ist, dass Sie von anderen ausgelacht oder kritisiert werden für Ihre Rede. Natürlich sind diese Szenarien nicht besonders angenehm und es ist völlig verständlich, dass Sie vermeiden möchten, dass diese eintreten.

Doch wie realistisch sind diese Szenarien und ist dieser Rahmen, den Sie sich setzen hilfreich? Anstatt immer nur die negativen Seiten zu sehen, versuchen Sie sich doch mal in die Lage der Rede zu versetzen und beschwören Sie positive Szenarien herauf.

Wenn Sie das nächste Mal eine Rede halten müssen, können Sie mit Begeisterung diesem Moment entgegenfiebern. Sie könnten sich vorstellen, dass Sie jetzt Ihre Kenntnisse aus der NLP anwenden und damit sich selber beweisen, dass Sie sich zum Positiven verändert haben. Eine Herausforderung, wie das Halten einer Rede, ist nun kein Problem mehr für Sie.

Sie können sich auch die Situationen vorstellen, die vorher noch zu einer Angst geführt haben und diese zum Positiven wenden. Werden Sie beim Halten der Rede rot, ist dies nichts Negatives. Es zeigt nur, dass Sie leicht nervös sind und das lässt Sie beim Zuhörer sympathisch wirken.

Fangen Zuhörer an zu lachen, liegt dies daran, dass Ihre Rede so humorvoll ist und das Lachen sorgt für eine bessere Atmosphäre im Raum. Sollten Sie Kritik empfangen, ist dies nur eine weitere Möglichkeit zu lernen. Kritik bedeutet zudem, dass Ihnen zugehört wurde und das Ihre Rede offensichtlich einen gewissen Nerv getroffen hat.

Das Reframing können Sie auch im Nachgang an eine ängstliche Situation anwenden. Haben Sie gerade solch eine Situation durchlebt und ist etwas nicht nach Ihren Vorstellungen abgelaufen, können Sie die negativen Erfahrungen positiver darstellen. So werden Sie merken, dass jede Erfahrung auch etwas Gutes hat und dass Sie daraus lernen können. Mit der Technik des Reframings können Sie Ihre Geisteshaltung so beeinflussen, dass Sie deutlich positiver an die Herausforderungen herantreten und Ängste auf natürliche Weise überwunden werden.

Den Begriff der Ressourcen haben Sie bereits kennengelernt. In der Neuro-Linguistischen Programmierung wird grundsätzlich davon ausgegangen, dass Sie über alle Ressourcen verfügen, um Probleme zu bewältigen. Haben Sie das Gefühl, dass Sie dennoch ein Defizit in einem Bereich haben, können Sie dieses beseitigen. Sind Sie zum Beispiel zu schüchtern, um neue Leute anzusprechen, können Sie trainieren etwas offener zu sein. Sie können mit etwas Arbeit also jede Ressource erhalten, wenn diese für Sie erforderlich ist.

Bei dem Beispiel der Rede bedeutet dies, dass Sie vor dem Spiegel das Reden üben können. Oder Sie nehmen sich vielleicht mit einer Kamera auf und spielen das Video später ab, um sich selber zu analysieren. Sehen Sie sich bisher als kein guter Redner, dann gibt es keinen Grund, weshalb Sie dies nicht ändern können. Jede Ressource ist für Sie erreichbar und so können Sie jedes Problem bewältigen.

Nutzen Sie diese beiden Techniken, um Ihre Ängste im Alltag zu bewältigen, können Sie sich viel freier bewegen und Ihr Leben führen. Ihnen steht mehr Energie zur Verfügung und Sie werden merken, wie leicht das Erreichen der Ziele ist.

Weshalb verspüren Sie Ängste?

Geht es um die kleineren oder größeren Ängste des Alltags, sind das Reframing und das Verbessern der inneren Ressourcen hervorragende Techniken, um die Ängste zu überwinden. Sind die Ängste aber so groß, dass die Techniken keine Verbesserung darstellen und Sie unter einer extremen Angst leiden, wird dies als Phobie bezeichnet.

Menschen können grundsätzlich unter sehr vielfältigen Phobien leiden. Bekannt ist vor allem die Spinnenphobie. Phobien können sich auch als Angst vor der Höhe, der Dunkelheit oder dem Autofahren äußern. Bei der Phobie handelt es sich um eine extreme Angst, die Einschränkungen für das Leben darstellen.

Haben Sie Angst vor engen Räumen, werden Sie Fahrstühle meiden und lieber die Treppe nehmen. Bei der Angst vor dem Fliegen können Sie mitunter bestimmte Orte nicht erreichen und Ihrer Welt sind natürliche Grenzen gesetzt.

Phobien können unter Umständen aber auch lebensgefährlich sein. Leiden Sie unter einer Spinnenphobie und Sie sehen eines dieser Tiere während Sie mit dem Auto fahren, kann die Phobie Sie in eine Panik versetzen, sodass Sie einen Unfall bauen.

Die Phobie wird als Angststörung bezeichnet. Wo manche Ängste noch begründet sind, wird bei der Phobie die Bedrohung deutlich überschätzt. Manche Spinnen sind tatsächlich giftig, dies trifft aber nur auf sehr wenige Arten zu und die wenigsten davon leben in Deutschland. Eine Spinnenphobie ist rational nicht zu begründen.

Die Reaktion, wenn die Bedrohung der Phobie wahrgenommen wird, ist zudem nicht verhältnismäßig. Spinnen stellen in der Regel keine Bedrohung dar und greifen nur an, wenn Sie sich selber in einer Gefahrenlage sehen. Verhalten Sie sich ruhig und entspannt, wird Ihnen mit Sicherheit nichts widerfahren. Dadurch, dass Sie aber in eine Panik verfallen, fühlt die Spinne sich bedroht und die Wahrscheinlichkeit, dass diese zum Angriff übergeht, ist höher. Durch die Phobie wird also genau das Gegenteil erreicht und die reale Bedrohung wird verstärkt.

Weiterhin charakteristisch ist, dass die Symptome Ihr Leben stark beeinflussen. Sie vermeiden bewusst bestimmte Situationen und können sich nicht frei entfalten. Im Sinne der Persönlichkeitsentwicklung stellt dies eine große Einschränkung dar.

Phobien sind mit üblichen Ängsten nicht zu vergleichen. Sie können die Phobien nicht selber lösen, sondern müssen dazu die Hilfe eines Psychotherapeuten nutzen. Die hier vorgestellten Techniken können Sie ausprobieren, sie werden aber selten zum Erfolg führen.

Das Gefährliche an Phobien ist, dass diese sich selbst verstärken können. Leiden Sie unter der Höhenangst, werden Sie vielleicht bestimmte Situationen vermeiden, in denen Sie dieser Angst ausgesetzt wären. Dadurch senden Sie aber das falsche Signal und in Ihrem Unterbewusstsein ist nun stark verankert, dass Höhe zu Angst führt. Das Vermeiden der Höhe wird nun zu einer Gewohnheit. Sie können womöglich nicht mehr aus dem Fenster im ersten Stock blicken, ohne die Höhenangst sehr intensiv wahrzunehmen.

Bei anderen Ängsten ist die Beeinträchtigung des Lebens noch viel intensiver. Die Angst vor Menschen oder offenen Plätzen kann so weit gehen, dass Sie gar nicht mehr das Haus verlassen, sondern sich lieber in der vermeintlich sicheren Umgebung aufhalten. Dies hat einen offensichtlich negativen Einfluss auf Ihre Lebensqualität.

Woher die Angst kommt

Oftmals wird behauptet, dass die Angst durch ein vergangenes Ereignis ausgelöst wurde. Die Angst vor bestimmten Tieren kann daher stammen, dass Sie eine negative Erfahrung während der Kindheit hatten. In der Regel sind solche Ereignisse aber nicht als Auslöser für Phobien und Ängste zu sehen. Die Höhenangst betrifft sehr viele Menschen. Nur die wenigsten davon werden tatsächlich von einer größeren Höhe abgestürzt sein. Es gibt also andere Gründe, weshalb die Angst auftritt und diese können Sie ergründen, indem Sie in einen inneren Dialog treten.

Ängste werden häufig auf emotionaler Ebene geformt und sind rational nicht zu erklären. Dahinter steckt meiste eine positive Absicht und diese können Sie kennenlernen, indem Sie in einen Dialog mit sich selber treten. Das Gespräch mit Ihren verschiedenen Subpersönlichkeiten sollten Sie schon kennen und auf ähnliche Weise können Sie auch mit Ihren Ängsten umgehen.

Sie selber nehmen hierbei eine neutrale Position ein. Aus der neutralen Position sprechen Sie mit Ihren Subpersönlichkeiten. Dabei gibt es eine Sichtweise, die die Angst repräsentiert. Dieser gegenüber steht eine Figur, die diese Angst nicht verspürt und als innerer Held agiert.

Nun stellen Sie die positiven Absichten beider Seiten heraus. Diese erfahren Sie im inneren Dialog und Sie sollten dem Dialog freien Lauf lassen, um die Absichten beider Seiten herauszufinden. Aus der neutralen Position greifen Sie nur ein, wenn eine Seite Überhand gewinnt und kein Dialog entsteht, sondern eher ein Monolog.

Dies stellt den ersten Schritt dar, damit Sie ein Verständnis für Ihre Ängste und Phobien entwickeln. Sie erkennen nun an, dass jede Seite eine positive Absicht hat und im Grunde nur Bedürfnisse äußert. Indem Sie dieses tiefere Verständnis entwickeln, können Sie besser mit der Angst umgehen.

Wie Sie Phobien heilen können

Um ein selbstbestimmtes Leben führen zu können, ist es notwendig, dass Sie

lernen die Phobien zu lösen. Phobien sind allerdings keine kleinen Ängste, sondern haben sich über mehrere Jahre entwickelt und sich im Unterbewusstsein tief gefestigt. Am wirkungsvollsten ist es, wenn Sie Ihre Phobien mit professioneller Hilfe behandeln. Sie können aber auch Techniken der NLP anwenden.

Hierfür gibt es eine spezielle Technik, die über das Reframing und Ressourcen sammeln hinausgeht. Mit dieser können Sie gezielt die Ängste bearbeiten und ablegen. Obwohl es Jahre gebraucht hat, bis sich die Phobie in Ihrem Charakter gefestigt hat, können Sie diese innerhalb kurzer Zeit ablegen. Voraussetzung dafür ist, dass Sie stetig daran arbeiten und die neuen Glaubenssätze übernehmen.

Zum Besiegen der Phobien, können Sie folgende Übung durchführen.

Zunächst müssen Sie sich vorstellen, welches Ziel Sie erreichen möchten. Hierbei vergewissern Sie sich, dass Sie sich an die Regeln der Zielerstellung halten. Dies bedeutet, dass das Ziel positiv formuliert wird. Es geht also nicht mehr darum „keine Angst“ vor etwas zu haben. Sondern Sie möchten positiv auf bestimmte Situationen und die Angstauslöser reagieren.

Nachdem Sie das Ziel festgelegt haben, müssen Sie bestimmte Anker setzen. Die Technik des Ankerns wurde bereits mehrfach durchgeführt und auch bei dem Bekämpfen von Phobien können Sie Ihre Gefühle dadurch stark beeinflussen. Bisher haben Sie vor allem negative Assoziationen mit bestimmten Situationen. So können hohe Gebäude für Angst stehen oder die Spinne als Auslöser der Angst gelten. Jetzt müssen Sie positive Anker setzen, um Ihre Ängste zu besiegen. Hierzu versetzen Sie sich zunächst in eine Situation des Wohlbefindens. Diese ist völlig losgelöst von der Angstsituation und versetzt Sie in eine entspannte und starke Haltung. Nun führen Sie eine beliebige Bewegung mit Ihrem Arm oder Finger durch. Welche Bewegung Sie nutzen, bleibt Ihnen überlassen. Danach wiederholen Sie diese Übung und die gleichzeitige Bewegung. Dadurch haben Sie sich einen Anker gesetzt, der Ihnen in den jeweiligen Angstsituationen helfen kann.

Danach gehen Sie näher auf Ihre Angstsituation zu. Versetzen Sie sich in die letzte Situation, bei denen die Angst auftrat. Konfrontieren Sie sich aber nicht direkt mit der Angst, sondern versuchen Sie den Moment zu finden,

bei dem die Angst noch nicht vorhanden war. Wenn Sie über Höhenangst verfügen, werden Sie sehr genau wissen, bis zu welchem Abstand Sie sich einer Klippe nähern können, ohne die Höhenangst zu spüren. Danach stellen Sie sich den Moment vor, der zeitlich hinter der Angst liegt.

Nun liegt die Angstsituation zwischen den beiden Zeitpunkten, die Sie gerade definiert haben. Sie wissen genau, wann die Angst auftritt und können sich diese sehr gut vorstellen. Anstatt sich die Situation selber anzuschauen, sollten Sie sich davon distanzieren. Dies bedeutet, dass Sie die Situation als Film vorliegen haben. Dieser wird in einem Kino abgespielt und Sie beobachten nicht den Film, sondern den einzigen Zuschauer des Kinos. Sie befinden sich selber also komplett in Sicherheit und sind der Angstsituation nicht ausgeliefert.

Sehen Sie den Zuschauer im Kinosaal klar vor sich, können Sie den Film abspielen. Dieser gibt die Angstsituation wieder, wobei er etwas verzerrt wird. Er könnte zum Beispiel in Schwarz-Weiß laufen oder mit einer komischen Musik unterlegt sein.

Nachdem der Film abgelaufen und die Angstsituation überwunden ist, rufen Sie den Wohlfühlanker auf. Danach nehmen Sie die Position des Zuschauers ein und nehmen die Schlussszene des Films wahr. Lassen Sie den Film rückwärts laufen, bis Sie die Anfangsposition erreichen, wo Sie noch keine Angst verspürt haben.

Fühlen Sie sich in der Lage den Film anzuschauen, ohne eine Angst zu verspüren, dann nehmen Sie jetzt die aktive Rolle des Zuschauers ein. Ist dies nicht möglich, müssen Sie die vorherigen Schritte wiederholen, bis Sie sich selber in die Lage des Zuschauers versetzen können. Schauen Sie sich den Film an und vernehmen Sie ein positives Gefühl, dann haben Sie die Angst verloren.

Um die Wirkung dieser Übung zu testen, können Sie sich eine zukünftige Situation vorstellen. Wie würden Sie diesmal damit umgehen, wenn Sie eine Spinne in Ihrem Zimmer entdecken oder eine hohe Brücke überqueren? Stellt sich die Angst wieder ein oder fühlen Sie sich unbeschwert?

Sind die Angstgefühle verschwunden, war die Übung erfolgreich und Sie

sollten die realen Situationen meistern. Haben Sie weiterhin Probleme sich von der Phobie zu lösen, können Sie die Übung wiederholen. In vielen Fällen ist jedoch professionelle Hilfe ratsam.

Der Einfluss des Körpers auf die Angst

Körper und Geist stellen eine Einheit dar, die sich auch in den Ängsten widerspiegelt. Bestimmte Körperhaltungen werden mit Selbstvertrauen und Stärke verbunden. Wenn Sie unsicher sind, werden Sie eine defensive Haltung einnehmen und sich förmlich kleiner machen, als Sie eigentlich sind.

Dieses Wissen können Sie nutzen, um nicht nur den Geist die Körperhaltung beeinflussen zu lassen, sondern umgekehrt. Indem Sie eine bestimmte Körperhaltung einnehmen, können Sie zum Beispiel an Selbstsicherheit gewinnen.

Die Körperhaltung wirkt hierbei als Anker. Es können sowohl positive, als auch negative Gefühle durch die Körperhaltung hervorgerufen werden. Mit der folgenden Technik können Sie sich einen positiven Anker setzen. Diesen können Sie anwenden, wenn Sie eine Stresssituation erwarten. Müssen Sie etwa eine Rede halten oder steht ein Bewerbungsgespräch bevor, können Sie die positiv verknüpfte Körperhaltung einnehmen und mit einem größeren Selbstvertrauen auftreten.

Als Ausgangsposition nehmen Sie die Sonnenhaltung ein. Sie stehen aufrecht, die Schultern etwas nach hinten gezogen, das Kinn ist leicht angehoben. Der Mund ist ein wenig geöffnet und die Mundwinkel werden ganz leicht nach oben gezogen. In dieser Position atmen Sie tief ein und aus.

Danach klatschen Sie in die Hände, um diesen Zustand zu verlassen. Jetzt stellen Sie sich eine Situation vor, die Sie mit einer großen Unsicherheit verbinden. Sie stehen gerade auf der Bühne und müssen die Rede halten. Versuchen Sie Ihre Körperhaltung nicht zu beeinflussen, sondern lassen Sie dieser einen freien Lauf. Ist Ihnen die Situation unangenehm, werden Sie sich wahrscheinlich kleiner machen.

Nachdem Sie sich in dieser Körperhaltung befinden, können Sie diese ganz

langsam zu der selbstbewussten Haltung verändern. Sie vergrößern Ihre Körperfläche, stehen aufrecht und nehmen das Kinn leicht nach oben. Merken Sie, wie sich Ihre Gefühle verändern und Sie alleine durch die Körperhaltung an Selbstvertrauen gewinnen?

Um den Effekt besser wahrzunehmen, können Sie die Körperhaltungen mehrmals abwechseln und die Auswirkungen beobachten. Die Körperhaltung prägt sich tief in das Bewusstsein ein und die Gefühle, die mit einer bestimmten Haltung verbunden werden, sind schwer zugänglich. Mit dieser Übung können Sie Ihr tiefes Bewusstsein erreichen und allein durch die Haltung mehr Selbstvertrauen gewinnen.

Gewohnheiten verändern

Ängste sind tief in Ihrem Bewusstsein verankert und können Ihre alltäglichen Entscheidungen beeinflussen. Gewohnheiten sind tief verwurzelte Vorgänge, die Sie in regelmäßigen Abständen durchführen. Es handelt sich hierbei um einen Automatismus, welcher von einem Auslöser angetrieben wird.

Wenn Sie Raucher sind, werden Sie bestimmte Rituale haben, die Sie mit dem Rauchen einer Zigarette verbinden. Kommen Sie morgens ohne Kaffee und Zigarette gar nicht in Fahrt, ist die Gewohnheit sehr tief verwurzelt.
Gewohnheiten helfen uns im Alltag, nicht allzu viel Energie aufzuwenden. So müssen Sie nicht immer über jede Entscheidung grübeln, ob diese positiv oder negativ ist. Durch den Auslöser werden bestimmte Handlungen durchgeführt.

Obwohl Gewohnheiten etwas Nützliches sein können, gibt es einige negative Gewohnheiten. Diese haben Sie am Beispiel des Rauchens schon vernehmen können. Mit der folgenden Technik und Übung können Sie die negativen Gewohnheiten ablegen. Viele der Elemente der Übungen, die Sie in diesem Buch kennenlernen wiederholen sich. Daher ist es vorteilhaft, wenn Sie sich mit diesen Techniken vertraut machen und anwenden.

Im ersten Schritt beschreiben Sie Ihr Problem und welches Ziel Sie erreichen möchten. Wie Sie das Ziel am besten beschreiben, sollten Sie mittlerweile für sich herausgefunden haben.

Danach beginnen Sie mit der Visualisierung der Zielhandlung. Möchten Sie den Morgen ohne Zigarette verbringen und nicht mehr so abhängig vom Glimmstängel sein, müssen Sie sich Ihre Zielhandlung klar vorstellen. Ein häufiger Fehler ist hierbei, dass Menschen einfach denken, Sie könnten sich eine Morgenroutine ohne Zigarette vorstellen und schon wäre die Zielhandlung verwirklicht. Stellen Sie sich einfach nur vor, dass Sie nicht rauchen, wird Ihr Bewusstsein dennoch mit dieser Handlung beschäftigt sein. Unterbewusst wird weiter nach der Zigarette verlangt. Besser ist es, wenn Sie sich eine Ersatzhandlung vorstellen. Dadurch wird Ihr Unterbewusstsein mit etwas anderem beschäftigt und Sie denken nicht mehr an das Rauchen. Die Ersatzhandlung sollte etwas Positives sein und sich in einem angenehmen Gefühlszustand äußern.

Nachdem Sie die Zielhandlung ausreichend visualisiert haben, nehmen Sie diese sprichwörtlich in die Hand. Sie lassen diese vor Ihrem Auge in der Hand zu einer kleinen Kugel zusammenschrumpfen. Dadurch setzen Sie mit der Hand einen Anker. Wiederholen Sie diesen Vorgang, damit der Anker sich weiter verfestigt.

Sie haben die Energiekugel in der Hand, wie gehen Sie jetzt weiter vor? Die Kugel ist in Ihrer Hand zu einem winzigen Punkt zusammengeschrumpft. Jetzt lassen Sie die Energiekugel in der Hand förmlich explodieren. Unter hoher Geschwindigkeit dehnt sich die kleine Kugel wieder aus und nimmt eine größere Ausdehnung an. Diese Explosion begleiten Sie mit einem hörbarem Zischen, in etwa so, als würden Sie eine Explosion nachahmen. Auf diese Weise setzen Sie durch das Geräusch einen Anker.

Nachdem Sie diese Übung mit Ihrer Zielhandlung durchgeführt haben, rufen Sie nun Ihre Problemhandlung in Ihr Bewusstsein. Vor dem inneren Auge sitzen Sie am Morgen wieder bei der Zigarette. Haben Sie das Problembild vor Augen, überlagern Sie dieses mit dem neuen Zielbild. Dabei schließen Sie Ihre Augen und aktivieren den

positiven Anker, den Sie zuvor gesetzt haben. Sie öffnen Ihre Hand und geben dabei den Zisch-Laut von sich. Gleichzeitig explodiert das positive Bild und überlagert das Problembild. Mit dieser Methode können Sie Ihre Gewohnheiten verändern und eine positive Handlung als Gewohnheit einführen.

Gewohnheiten strategisch bekämpfen

Jedes Verhalten erfüllt einen bestimmten Zweck. Dieser Zweck findet sich in der Strategie wieder, die dafür sorgt, dass Sie die Gewohnheit überhaupt übernommen haben. Wenn Sie das nächste Mal zur Zigarette greifen, versuchen Sie die Strategie bewusst wahrzunehmen und weshalb die Zigarette gerade so wichtig für Sie ist.

Dazu können Sie schrittweise Ihre Gedankengänge verfolgen, die zum Rauchen führen. Im ersten Schritt werden Sie wahrscheinlich an das Rauchen der Zigarette erinnert. Sie stellen sich den Geschmack der Zigarette vor, falls Sie diesen denn mögen und auch, welch beruhigende Wirkung das Rauchen auf Sie hat. Darauf folgen negative Gedanken, die Sie vor dem Rauchen noch erfolgreich abwimmeln.

Indem Sie die Strategie hinter der Gewohnheit aufdecken, können Sie einfacher nachvollziehen, weshalb es zu diesem Verhalten kommt. Damit können Sie leichter das Laster abstellen und Ihre Gewohnheiten ändern. Gerade wenn Sie die Auslöser Ihrer Gewohnheiten kennen, können Sie versuchen diese so zu manipulieren, dass diese nicht mehr mit dem Verhalten verbunden werden.

Dies geht am besten, indem Sie eine neue Strategie konstruieren, bei der Sie das alte Verhaltensmuster durchbrechen. Dafür legen Sie als Erstes das Ziel der neuen Strategie fest. Dieses muss klar und deutlich sein, damit Sie die neue Strategie entwickeln können. Sie sollten zudem in der Lage sein, feststellen zu können, ob die neue Strategie erfolgreich ist. Dafür sollten Sie sich klare Merkmale definieren, die Sie zum Erreichen des Ziels benötigen. Die neue Strategie ist dann am wirkungsvollsten, wenn Sie Ihre Sinne umfassend anspricht. Je mehr Sinne angesprochen werden, desto stärker wird das neue Verhalten verankert.

Indem Sie den Auslöser für die Gewohnheit finden und die Strategie dahinter verändern, können Sie Ihre Gewohnheiten zum Positiven verändern. Anstatt also die Zigarette zu rauchen, können Sie ein paar Schritte in der Wohnung gehen oder eine Atemübung durchführen. Durch solches Ersatzverhalten können Sie die Gewohnheit loswerden. Negative Gewohnheiten können Sie Schrittweise ablegen und durch positive Verhaltensweisen ersetzen.

Vergangene Ereignisse bewältigen

Phobien, Ängste und Gewohnheiten können aus einem Ereignis entstanden sein, welches Sie bis heute prägt. Das Ereignis war so einschneidend, dass es Sie nachhaltig verändert hat. Obwohl die Vergangenheit eigentlich nicht mehr veränderbar und schon geschehen ist, können Sie diese trotzdem anders wahrnehmen.

Im Laufe der Zeit haben Sie einige Dinge gelernt und Ihre Fähigkeiten ausgebaut. Ihre neuen Erfahrungen können Sie nutzen, um die Vergangenheit zu verändern und die Erlebnisse in ein positives Licht zu rücken. Dies ist eine weitere Methode, um Ursachen für Ängste und Gewohnheiten in der Gegenwart zu verändern.

Zunächst stellen Sie sich einen Zeitstrahl vor. Diesen sollten Sie, wenn möglich physisch nachbilden und ein Klebeband in Ihrem Raum auslegen oder einen Zollstock nutzen. Haben Sie die Mittel nicht zur Verfügung, können Sie den Zeitstrahl mit Ihren Fingern bilden. Am Ende des Zeitstrahls sind Sie in der Gegenwart. Diesen Punkt verbinden Sie mit einem körperlichen Anker. Sie können also beim Berühren des Endes des Zeitstrahls eine Bewegung ausführen oder eine bestimmte Gestik zeigen.

Danach bestimmen Sie, welches Ereignis in der Vergangenheit Sie modifizieren möchten. Dabei ist es hilfreich, wenn Sie das Ereignis so genau und intensiv wie möglich beschreiben und wahrnehmen. Diesen Zustand verbinden Sie nun mit einem anderen Anker.

Mit Ihren Fingern folgen Sie dem Zeitstrahl, bis Sie an dem Punkt des Erlebnisses angekommen sind. Spüren Sie diese Belastung, markieren Sie den

Punkt auf Ihrem Zeitstrahl.

Sind Sie an diesem Punkt angelangt, nehmen Sie etwas Abstand von Ihren Erinnerungen und rufen Sie den Anker der Gegenwart auf. Damit wird das Ereignis aus der Vergangenheit in die Gegenwart geholt. Das Ereignis können Sie nochmals durchleben. Dabei sollten Sie die Situation von Außen betrachten. Sehen Sie sich selber, wie Sie das Ereignis neu durchleben? Zu dem damaligen Zeitpunkt haben Sie nicht über die gleichen Ressourcen verfügt, wie dies heute der Fall ist. Nutzen Sie die neuen Ressourcen und veranschaulichen Sie sich, wie sich Ihre Situation zum Positiven ändert. Haben Sie die Ressourcen visualisiert, können Sie diese mit einem dritten Anker festigen.

Bis jetzt haben Sie sich eher aus der Ferne beobachtet. Nun treten Sie wieder in den Zeitstrahl ein und assoziieren Sie sich wieder mit dem Ereignis. Dabei rufen Sie sowohl den Anker für den Problemzustand, als auch den Anker mit den Ressourcen auf. Durch das Aufrufen beider Anker wird der Problemzustand geschwächt und durch die Ressourcen überlagert. Um diesen Effekt zu verstärken, lösen Sie sich vom Anker des Problemzustandes nun vollkommen. Auf dem Zeitstrahl gehen Sie wieder zur Gegenwart und wenn Sie an Punkte gelangen, die Sie mit negativen Erinnerungen verbinden, rufen Sie den Anker der Ressourcen auf.

Sind Sie den gesamten Zeitstrahl abgelaufen, rufen Sie sich den Anker auf, den Sie für die Gegenwart gesetzt hatten. Dadurch kehren Sie wieder vollständig in die Gegenwart zurück und können auf Ihre Vergangenheit zurückblicken. Wenn Sie jetzt auf Ihren Zeitstrahl blicken, wie nehmen Sie die negativen Ereignisse nun wahr? Haben sich Ihre Gefühle verändert und Sie nehmen die Erlebnisse nicht mehr als bedrohlich wahr? Dann werden auch die damit verbundenen Ängste sich verändert und abgeschwächt haben.

Wenn Sie viele Problemstellen auf Ihrem Zeitstrahl finden, können Sie verschiedene Techniken kombinieren, um die Erlebnisse besser zu verarbeiten. So können Sie die Reframing Technik verwenden, um das Erlebte in eine positive Erfahrung zu ändern. Sie können die Problemstellen aber auch so angreifen, wie Sie Phobien bekämpfen würden. Hier müssen Sie selber herausfinden, auf welche Weise Sie Ihre Vergangenheit am besten aufarbeiten können.

In diesem Kapitel haben Sie gelernt, wie Sie mit Ihren Ängsten umgehen und sich diesen stellen können. Denn all die Motivation und der Ehrgeiz, den Sie aus den vorherigen Kapiteln ziehen, wird Ihnen nicht weiterhelfen, wenn Sie vor Herausforderungen treten, denen Sie sich nicht stellen können. Dazu gehören schwerwiegende Phobien genau so, wie alltägliche kleinere Ängste.

Indem Sie Ihre Ängste, Phobien und negativen Erlebnisse verarbeiten, können Sie viel selbstbewusster in der Gegenwart leben. Herausforderungen die nun vor Ihnen liegen, können Sie mit den Ihnen zur Verfügung stehenden Ressourcen bewältigen.

Haben Sie Gewohnheiten, die Ihnen Energie rauben und verhindern, dass Sie sich voll und ganz auf Ihre Ziele konzentrieren können, haben Sie hier Mittel gefunden, diese abzulegen. Im Mittelpunkt der Bewältigung dieser Ängste und Phobien stehen die Anker, die Sie setzen. In der Gegenwart gibt es bestimmte Assoziationen für Ängste. Indem Sie positive Anker setzen, können Sie die negativen Assoziationen überlagern und Ihr Unterbewusstsein beeinflussen.

Die hier vorgestellten Techniken sind sehr umfangreich und nicht immer gelingt das Ändern des Unterbewusstseins nach der ersten Übung. Hier gilt es nun, die Techniken zu verfeinern und so anzuwenden, dass Sie den größten Nutzen daraus ziehen.

Indem Sie Ängste bewältigen, gibt es keine Herausforderungen mehr, denen Sie nicht selbstbewusst gegenübertreten können.

BERUFLICHE ZIELE

IHR BERUF UND DIE Karriere nehmen einen großen Stellenplatz in Ihrem Leben ein. Sie verbringen einen Großteil des Tages in Ihrem Job und Ihr Leben wird von der Wahl der Karriere geprägt. Für manche ist die eigene Arbeit eine Erfüllung und mehr als nur der Monatslohn, der wichtig für die Gestaltung des eigenen Lebens ist.

Für andere ist der Beruf aber auch eine Herausforderung und die Karriereleiter soll so schnell wie möglich erklommen werden. Mithilfe der Neuro-Linguistischen Programmierung haben Sie bereits einige wichtigen Techniken kennengelernt, mit denen Sie Ihr Leben umgestalten können. Sie können Ziele setzen und diese verwirklichen.

In Ihrem Beruf werden Sie wahrscheinlich auch einige Ziele haben, die Sie verwirklichen möchten. Dies kann eine Gehaltserhöhung, die Beförderung oder einfach eine bessere Work-Life-Balance sein. Vielleicht ist es für Sie aber auch wichtig, dass eine gute Atmosphäre unter den Kollegen herrscht und die Arbeit Spaß bereitet.
Egal ob Sie selber in einer Führungsposition sind oder noch am Anfang Ihrer Karriere stehen. Mithilfe der NLP können Sie im Beruf zufriedener werden und Ihre Ziele verwirklichen.

Zunächst sollten Sie sich vor Augen führen, welche Ziele Sie eigentlich in Ihrem Beruf verfolgen. Hierbei sollten Sie vor allem das Gleichgewicht aus dem Beruf und Ihrem Leben beachten. Oftmals wird der Beruf als Gegensatz zum Leben wahrgenommen und eher als Belastung empfunden. Während der Freizeit wird dann die Energie getankt, um im Berufsalltag bestehen zu können. Diese Herangehensweise ist zwar verbreitet, kann auf Dauer

aber zu einem zu großem Stress führen und Ihr Leben nachhaltig negativ beeinflussen.

Sie sollten zunächst darüber nachdenken, was Sie von Ihrem Beruf erwarten. Nehmen Sie diesen tatsächlich als große Belastung wahr und würden Sie lieber viel mehr Freizeit haben? Das sind sicherlich wünschenswerte Faktoren, aber diese würden Sie nicht unbedingt zufriedener werden lassen.

Besser ist es, wenn Sie mit Ihrer beruflichen Situation zufriedener werden. Dafür können Sie sich die folgenden Faktoren anschauen, die zu mehr Zufriedenheit im Beruf führen.

Ein wichtiger Faktor ist die Anerkennung. Sie leisten während Ihrer Arbeitszeit einen wichtigen Beitrag zum Erfolg des Unternehmens. Aufgaben werden von Ihnen zuverlässig erledigt und es ist nur fair, wenn Sie für Ihre Arbeit von Ihrem Vorgesetzten entsprechend gewürdigt werden. Nicht nur der Monatslohn ist wichtig, sondern das Ihr positiver Beitrag anerkannt wird.

Freiheit ist für Menschen eines der höchsten Güter. Sind Sie im Beruf aber vollkommen fremdbestimmt und haben Sie keine Autonomie, werden Sie sich wie ein Roboter vorkommen. Besser ist es, wenn Sie einen gewissen Freiraum erhalten, indem Sie selbst bestimmen können, wie die anfallenden Aufgaben bewältigt werden können. Auch das Einbringen und Umsetzen eigener Ideen kann den Wunsch nach mehr Selbstbestimmung erfüllen. So merken Sie, dass Sie einen höheren Einfluss auf den Unternehmenserfolg haben und als wichtiger Teil gebraucht werden.

Das Erledigen der Aufgaben sollte idealerweise ein Gefühl der Befriedigung oder des Wachstums liefern. Werden Sie mit herausfordernden Aufgaben konfrontiert, die Sie dann zuverlässig erledigen, stärkt das Ihre Persönlichkeit und Ihre Fähigkeiten. Werden Sie nicht herausgefordert und können Ihr Potenzial gar nicht einsetzen, tritt schnell eine Langeweile ein und Sie fühlen sich unterfordert.

Zudem sollte das Unternehmen und Ihre Aufgaben mit Ihren Werten übereinstimmen. Als Vegetarier werden Sie nur ungern in einer Metzgerei arbeiten und wenn die Unternehmensausrichtung mit Ihren persönlichen Werten übereinstimmt, werden Sie viel motivierter an die Aufgaben herantreten.

Der Beruf den Sie ausüben und Ihr derzeitiger Job sollte mit diesen vier Merkmalen im Einklang stehen. Oftmals ist dies aber nicht der Fall und einer der Punkte wird nicht angemessen erfüllt. Sie könnten jetzt auf die Idee kommen, dass es für Sie gar keine Möglichkeit gibt, einen Job zu finden, bei dem alle Punkte erfüllt sein könnten.

Sie sollten sich allerdings nicht davon abschrecken lassen, nach einem Beruf zu suchen, bei dem alle Punkte erfüllt werden. Allein schon der Glaube daran, dass Sie sowieso keinen Beruf finden, der Sie erfüllt und der mit Ihren Werten übereinstimmt ist ein „Limiting Belief". Es findet nur eine unnötige Einschränkung Ihrer eigenen Fähigkeiten statt und Sie müssen sich mit Sicherheit nicht mit einem Beruf für den Rest Ihres Lebens abfinden, mit dem Sie nicht zufrieden sind.

Anstatt sich nun mit den Problemen der derzeitigen Situation zu beschäftigen, wenden Sie sich der Zukunft zu. Sie sollten zu diesem Zeitpunkt bereits ein Lebensleitziel definiert haben. Jetzt können Sie darüber nachdenken, wie Sie das Lebensleitziel mit dem Beruf verbinden können.

Welcher Beruf wäre am besten geeignet, um das Lebensleitziel zu verwirklichen und welche Veränderungen müssen Sie dafür durchführen?
Natürlich wäre es einfacher, wenn Sie einfach alles beim Alten belassen würden. Sie haben unter Umständen einen sicheren Job und das Geld ist wichtig, um Ihre Familie zu ernähren. Dennoch sollten Sie erwägen, ob es nicht besser ist einen anderen Karriereweg einzuschlagen, mit dem Sie am Ende glücklicher und zufriedener werden. Die Neuro-Linguistische Programmierung ermöglicht Ihnen einen tieferen Einblick und stellt Ihnen die Werkzeuge zur Verfügung, um diese berufliche Entscheidung zu treffen.

Jegliches Handeln ist von Motiven geprägt. Welches ist Ihre Hauptmotivation für das Ausüben des Berufes? Geht es Ihnen nur darum den Lebensunterhalt zu bestreiten und die ausreichenden finanziellen Mittel dafür aufzutreiben, dann ist dies keine Motivation, mit der Sie glücklich werden.

Schließlich nimmt die Arbeitszeit einen gewaltigen Raum in Ihrem Leben ein und wenn Sie diese Zeit nur fremdbestimmt verbringen, werden Sie langfristig unzufrieden in Ihrem Job werden. Es ist aber nicht gleich an der

Zeit, den Job zu kündigen und sich nach einer Alternative umzusehen. Vielleicht sehen Sie ja auch die Möglichkeit, das Sie andere Arbeitsmotivationen finden außer des Geldes?

Das Geld als Ziel nicht wirklich zu mehr Zufriedenheit sorgt, wurde in vorherigen Kapiteln ausführlich erläutert. Geld kann zwar für Sicherheit sorgen und ist wichtig, um in Ihrem Leben die Grundbedürfnisse zu sichern, doch wirklich glücklich werden Sie mit Geld allein nicht werden.

Meistens dient das Geld nur einem anderem Ziel, das Sie eigentlich erreichen wollen. Geld ist also das Mittel zum Zweck und auch wenn dies wichtig für Sie sein könnte, sollten Sie lieber darauf hinarbeiten das eigentliche bedeutsame Ziel zu erreichen.

Um eine bessere Motivation zu finden, können Sie zum Beispiel die Reframing Technik verwenden. Nehmen Sie Ihre aktuelle Tätigkeit als relativ langweilig wahr, dann sollten Sie gründlich darüber nachdenken. Vielleicht gibt es ja doch interessante Aspekte, für die Sie sich begeistern können. Mithilfe der Reframing Technik können Sie diese Aspekte verstärken und Ihre Perspektive für den Beruf ändern. So erhalten Sie eine neue Motivation und können etwas mehr Zufriedenheit im Beruf erlangen.

Egal ob Sie selber als Arbeitgeber Verantwortung für Ihre Mitarbeiter haben oder als Angestellter arbeiten. Wichtig ist, dass Sie aus der Tätigkeit, die Sie durchführen einen Sinn für sich sehen. Am besten ist es natürlich, wenn Sie Ihre Arbeit lieben und diese gerne ausführen.

Nicht nur die Liebe zum Beruf und der Tätigkeit ist wichtig, sondern die Arbeitsmotivation. Aus der Arbeitsmotivation können Sie die Kraft schöpfen, um Tage zu bewältigen, an denen es gerade etwas größere Probleme gibt. Denn selbst im besten Job den Sie haben können, wird es immer Tage geben, an denen Sie gerade nicht sehr zufrieden und glücklich sind.

Zwei Faktoren, die als wesentlich für die Arbeitsmotivation gelten sind die Kommunikation und der „Flow“. Zu der Kommunikation gehört vor allem der Umgang mit Ihren Kollegen und wie gut Sie sich in das soziale Gefüge integrieren. Schließlich verbringen Sie die Zeit auf der Arbeit nicht nur mit dem Ausüben Ihrer Tätigkeit, sondern soziale Interaktionen sind ein

wichtiger Bestandteil.

Fühlen Sie sich von Ihren Kollegen nicht akzeptiert oder werden Sie sogar gemobbt, hat dies gravierende Auswirkungen auf Ihre Motivation und Zufriedenheit. Erfahren Sie hingegen Unterstützung und wird Ihnen bei Problemen von Ihren Kollegen geholfen, wird der Job als viel angenehmer empfunden. Schließlich sind Menschen soziale Wesen und die Akzeptanz des eigenen Umfeldes ist ein wichtiger Faktor.

Als „Flow“ wird ein besonderer Zustand beschrieben, bei dem Sie Ihre beste Arbeitsleistung abrufen können. Was es genau mit diesem Begriff auf sich hat, erfahren Sie im folgenden Kapitel.

Ihr volles Potenzial ausschöpfen

In Ihrem Beruf werden Sie sicherlich Tage erleben, wo Sie das Gefühl haben, das einfach alles schiefläuft. Jede Aufgabe, die Sie anpacken ist direkt zum Scheitern verurteilt und Sie haben absolut kein Erfolgserlebnis.

Dann gibt es aber Tage, wo alles rund läuft. Vom ersten Moment an haben Sie das Gefühl, das alles was Sie heute beginnen ein Erfolg sein wird und Sie alles richtig machen werden. Sie treten mit vollem Selbstbewusstsein auf und der Tag vergeht wie im Fluge.

Der „Flow“ ist eine Erklärung für dieses Phänomen und beschreibt einen Zustand, wo Sie vollkommen in Ihrer Tätigkeit aufgehen. Sie sind weder über- noch unterfordert und können Ihre Aufgaben ohne Schwierigkeiten und in einem hohen Tempo erfüllen.

Dieser Zustand kann praktisch bei jeder Tätigkeit auftreten. Sportler werden dies merken, wenn plötzlich alles gelingt und Sie die Konkurrenz abhängen können. Handwerker werden die Situation wahrscheinlich auch kennen, wenn alles Hand in Hand läuft und die Arbeit sehr viel schneller und sauberer erledigt wird, als eigentlich anvisiert war. Selbst beim Autofahren können Sie in einen „Flow“ geraten. Doch was genau wird eigentlich mit diesem Zustand

verbunden und wie erkennen Sie diesen?
Dass Sie sich gerade im „Flow“ befinden ist für Sie in diesem Moment gar nicht so leicht wahrzunehmen. Denn Sie denken nicht darüber nach, wie Sie sich gerade fühlen, sondern Ihr Fokus gilt zu 100 Prozent der Tätigkeit. Sie leben gerade nur in diesem Moment und alles was außerhalb Ihrer Tätigkeit stattfindet, nehmen Sie gar nicht wahr. Ob Sie gerade Probleme in der Familie haben oder noch ein stressiger Tag bevorsteht, spielt in diesem Moment keine Rolle. Sie sind voll und ganz in der Aufgabe vertieft und jegliche Ablenkung wird ausgeblendet.

Dieser Zustand führt zu einem wahren Glücksgefühl. Dieses nehmen Sie während der Ausübung aber gar nicht wahr, sondern erst hinterher, wenn Sie auf die erfüllte Aufgabe zurückblicken. Im Nachhinein werden Sie vielleicht realisieren, dass Sie gerade im „Flow“ waren und das Glücksgefühl erleben.

Offensichtlich ist dieser Zustand erstrebenswert. Er lässt Sie fokussiert arbeiten und Sie scheinen Ihr größtes Potenzial zu entfalten. Sie können eine hohe Arbeitsleistung abrufen und am Ende fühlen Sie sich nicht ein Mal besonders müde, sondern können noch andere Aufgaben bewältigen.
Doch wie können Sie diesen Zustand herbeiführen und welche Voraussetzungen sind dafür notwendig?

Damit Sie in diesen perfekten Arbeitsrhythmus gelangen, müssen verschiedene Bedingungen erfüllt sein.

Als Erstes müssen die Anforderungen klar definiert sein. Die Anforderungen an Ihre Tätigkeit dürfen weder zu hoch, noch zu niedrig sein. Stress sollte nach Möglichkeit nicht vorkommen, da dieses Sie aus dem „Flow“ herausreißen kann. Sind Sie unterfordert, führt dies zu einer Langeweile. Hierbei werden Sie sich nicht vollständig auf die Aufgabe konzentrieren können, sondern sich nach einer Ablenkung sehnen. Die Langeweile gilt zudem als eine Form des Stresses. Sie sollten auf der Arbeit also nicht unbedingt nur die einfachsten Aufgaben wählen, weil diese leicht zu bewältigen sind, sondern nach Möglichkeit Tätigkeiten ausführen, die Ihren Anforderungen entsprechen.

Neben den Anforderungen muss auch das Ziel klar definiert sein. Sie sollten wissen, wofür Sie gerade eigentlich arbeiten und weshalb das Erfüllen dieser Tätigkeit in diesem Moment so wichtig ist. Wichtige Indikatoren sind weitere Rückmeldungen, die Sie in der Aufgabe bestätigen. Dadurch erhalten Sie das Gefühl der Erfüllung und Sie sind viel motivierter, die Aufgabe zu erledigen.

Um die Aufgabe zügig und zuverlässig zu erledigen müssen Sie sich konzentrieren können. Es dauert eine gewisse Zeit, bis die Konzentration Ihren Höhepunkt erreicht. Werden Sie ständig von anderen Aufgaben, Kollegen oder Telefonanrufen abgelenkt, müssen Sie sich wieder neu in die Aufgabe hineinarbeiten. Ihr Fokus wurde gestört und dies verhindert, dass Sie in den „Flow“ geraten. Wenn Sie unbedingt in diesen Zustand geraten möchten, versuchen Sie Ablenkungen zu vermeiden. Finden Sie dazu geeignete Maßnahmen, um Ihren Arbeitsalltag so zu strukturieren, dass Sie sich voll und ganz auf eine Arbeit konzentrieren können.

Welche Tätigkeit Sie dabei ausführen ist unwesentlich. Sie können sowohl einfache Büroarbeiten erledigen und Akten sortieren oder eine aufwendige Software programmieren. Wichtig hierbei ist nur, dass die Tätigkeit Ihren Leistungsfähigkeiten entspricht.

Mit den folgenden Tipps können Sie öfter in diesen optimalen Zustand gebracht werden. Dies hilft Ihnen nicht nur im Berufsleben, sondern im Leben allgemein. So können Sie schneller die Hausarbeit erledigen oder andere Ziele erreichen, die Sie sich gesetzt haben.

Um den optimalen Arbeitsrhythmus zu erreichen, sollten Sie sich klare Ziele setzen. Dieses Ziel sollten Sie noch an diesem Arbeitstag erreichen können. Durch das Stecken dieser kleinen Ziele erhalten Sie viel öfter Belohnungen und die Technik sollte Ihnen bereits als „Chunking“ vertraut sein. Dadurch halten Sie die Motivation aufrecht und können sich viel besser auf eine Aufgabe konzentrieren.

Während Sie die Aufgabe erledigen, sollten Sie überprüfen, ob Sie dem Ziel näherkommen und Ihre Tätigkeit den Zielanforderungen

entspricht. So schweifen Sie nicht von Ihrem eigentlichen Ziel ab, sondern erreichen dies auf geradem Wege.

Bevor Sie die Aufgabe angehen, sollten Sie abklären, ob Ihre Fähigkeiten zum Bewältigen der Tätigkeiten ausreichen und Sie optimal herausgefordert werden.

Zu guter Letzt müssen Sie sicherstellen, dass Sie aus dem Zustand der vollen Konzentration nicht herausgerissen werden. In der Regel dauert es etwa eine halbe Stunde, bis Sie sich so eingearbeitet haben, dass Sie den „Flow“ erreichen. Erst dann kann sich Ihr Bewusstsein voll und ganz der Aufgabe widmen und schaltet alles Nebensächliche aus.
In der Realität werden Sie in Ihrem Arbeitsalltag aber wahrscheinlich gar nicht die Möglichkeit erhalten, diese Regeln umzusetzen. Sie können sich die Aufgaben nicht immer aussuchen und wenn plötzlich etwas Wichtiges dazwischenkommt, muss dies vielleicht zuerst erledigt werden.

Solche Arbeitsweisen, bei denen Sie ständig überfordert sind oder mehrere Aufgaben gleichzeitig absolvieren müssen, sind wenig effizient. Sie können insgesamt nur eine kleinere Leistung vollbringen und dies wirkt sich negativ auf die Leistung des Unternehmens aus.

Viel schlimmer ist allerdings, dass Sie auch einem höherem Stress ausgesetzt sind, wenn Sie ständig unter- oder überfordert werden. Müssen Sie dann noch mehrere Aufgaben gleichzeitig erledigen und werden Sie von Ihrem Vorgesetzten für Ihre Leistung nicht wertgeschätzt, sondern unter Druck gesetzt, ist die Gefahr eines Burn-outs hoch.
Sie sollten diese Situation aber nicht nur einfach nicht nur über sich ergehen lassen. Schließen Sie innerlich schon mit Ihrer Arbeit ab und verweigern Sie vielleicht die Leistung, ist dies sicherlich kein professionelles Auftreten.

Im Folgenden erfahren Sie, wie Sie besser mit diesen Situationen umgehen können.

Perfektionismus vermeiden

In Ihrem Job werden Sie wahrscheinlich hohe Ansprüche an sich selber und

Ihre Leistung stellen. Sie wollen selber Ihr Bestes geben und Ihre Aufgaben so gut es geht erledigen. Wenn Sie aber ständig überfordert sind und Ihr Vorgesetzter immer neue Tätigkeiten verlangt, die Sie nicht leisten können, kann dies zu einem enormen Stress führen.
Sie haben jetzt zwei Möglichkeiten mit dieser Überforderung umzugehen.

Angesichts der vielen Aufgaben blicken Sie ständig auf die Uhr und haben irgendwie die Hoffnung, dass Sie alle Aufgaben doch noch rechtzeitig erledigen können. Dabei steht Ihnen der Schweiß praktisch auf der Stirn geschrieben und der Stresspegel steigt spürbar an. Erleben Sie diese Situation zu oft, werden Sie langfristig krank und nicht mehr lange durchhalten.

Die andere Möglichkeit mit diesen Anforderungen umzugehen ist, dass Sie sich auf eine Aufgabe konzentrieren und diese in Ihrem eigenen Tempo absolvieren. Sie gehen so vor, dass Sie weder eine Über- noch Unterforderung empfinden und erledigen die Aufgaben so gut es geht. Das Positive an dieser Haltung ist, dass der Stress sich in Grenzen hält und Sie gleichzeitig noch Ihre Fähigkeiten verbessern. Denn durch die volle Konzentration können Sie gleichzeitig noch etwas lernen.

Am Ende des Tages werden Sie mit keiner dieser beiden Strategien, die an Ihnen gestellten Aufgaben komplett erledigen können. Doch die unterschiedliche Herangehensweise kann schon positive Auswirkungen haben. Während Sie bei der ersten Möglichkeit unter Versagensängsten, Selbstzweifeln und dem Stress leiden, wird Ihre Energie nicht voll und ganz den Aufgaben gewidmet. Sie sind also nicht so produktiv, wie Sie es eigentlich sein könnten und sind mit Ihren Ängsten beschäftigt. Dies führt zu einer geringeren Lebenszufriedenheit.

Die zweite Strategie mag auf den ersten Blick so klingen, als wäre sie deutlich langsamer. Wenn Sie sich aber vor Augen führen, dass Sie sich auf eine Aufgabe konzentrieren und diese Schritt für Schritt absolvieren, werden Sie am Ende des Tages wahrscheinlich insgesamt eine höhere Leistung vollbracht haben. Ihre Produktivität ist höher, obwohl Sie sich den ganzen Stress nicht aussetzen.

Sie merken also, dass es nichts bringt, wenn Sie sich so sehr von Ihrem Vorgesetzten beeinflussen lassen und Ihre Ängste einbringen. Es bringt nichts,

wenn Sie versuchen all diese Aufgaben zu erledigen, obwohl Sie dazu gar nicht in der Lage sind. Im Rahmen Ihrer Möglichkeiten können Sie nur Ihr Bestes geben und Ihre höchste Produktivität erreichen.

Die Überforderung im Job ist wahrscheinlich häufiger anzutreffen. Vorgesetzte verlangen immer mehr von Ihnen und diese wissen mitunter nicht, wie viel Zeit Sie zum Erledigen der Tätigkeiten wirklich benötigen und welchen Aufwand dies darstellt.

Sind Sie schon lange in einem Unternehmen und so routiniert bei der Arbeit, dass diese sehr leicht von der Hand geht und keine Herausforderung mehr darstellt, kann auch der andere Fall eintreten, dass Sie unterfordert sind. Die Langeweile kann ebenfalls zu einer hohen Belastung führen, da Sie nicht mehr das Gefühl haben, Ihre Fähigkeiten zu verbessern oder sich persönlich zu entwickeln.
Hier haben Sie die Möglichkeit, Ihre Langeweile durch verschiedene Techniken zu vertreiben und die Arbeit als herausfordernder zu gestalten.

Wenn die Arbeit für Sie eine zu niedrige Anforderung darstellt, können Sie die Arbeitszeit auch als eine Art Meditation nutzen. Schweifen Ihre Gedanken häufig von der eigentlichen Aufgabe ab und bemerken Sie, wie Sie gar nicht so richtig bei der Sache sind? Dann können Sie bei der Achtsamkeitsmeditation sich genauer darauf konzentrieren, welche Tätigkeit Sie in diesem Moment ausführen. Versuchen Sie die kleinen Details der Aufgabe zu erkennen und verweilen Sie mit den Gedanken in diesem Moment.

Führen Sie eine einfache Tätigkeit aus, dann können Sie versuchen diese so perfekt wie möglich zu beenden. Auch wenn Sie denken, dass die Qualität kaum einen Einfluss haben wird, wird es für Sie viel zufriedenstellender sein, wenn Sie sich ein höheres Ziel bei der Qualität setzen. Das Streben nach Perfektion sollte allerdings nicht Ihre Arbeit so stark beeinflussen, dass Sie diese zeitlich nicht mehr absolvieren können.

Wenn Ihnen die Tätigkeit zu einfach vorkommt, können Sie mit einer besonderen Neugier sich nähern. Sie können versuchen die detaillierten Abläufe und Zusammenhänge zu erkennen. Dabei können Sie sich vorstellen, wie genau Ihre Tätigkeit den Unternehmenserfolg beeinflusst und welchen Anteil Sie daran haben.

Indem Sie den geistigen Zustand des „Flows“ erreichen können Sie Aufgaben am schnellsten ableisten. Sie werden dem Stress nicht zu sehr ausgesetzt, sondern die Tätigkeiten entsprechen Ihren Fähigkeiten. Vollkommen konzentriert auf die Aufgabe können Sie einen besonderen Zustand wahrnehmen und am produktivsten sein.

Der Umgang mit Kollegen und Mobbing

Der Arbeitsplatz ist kein isolierter Ort, an dem Sie einfach erscheinen und Ihre Aufgaben erledigen können. In jedem Unternehmen werden Sie auch in Kontakt mit anderen Menschen treten. Das soziale Gefüge und das Sie sich akzeptiert fühlen ist wichtig für Ihre Zufriedenheit.

Mobbing ist eine häufige Ursache für die Unzufriedenheit am Arbeitsplatz geworden. Diese Unzufriedenheit kann so stark ausgeprägt sein, dass diese in eine Arbeitsunfähigkeit mündet. Betroffene können sich dann nicht mehr überwinden, den Arbeitsplatz aufzusuchen. Die Lebensqualität leidet darunter und dies stellt eine große Beeinträchtigung dar. Dabei besteht auch die Gefahr, dass der Arbeitsplatz verloren geht.

Der Begriff des Mobbings wurde ursprünglich in den 1960er Jahren definiert. Mit dem Mobbing wurde ein Tierverhalten beschrieben, bei dem eine Gruppe von Angreifern ein eigentlich überlegenes Tier angreift. Dieses Verhalten der Tiere kann auch auf den Menschen und soziale Situationen übertragen werden. Mobbing steht im Bezug auf den Menschen für ein regelmäßiges Schikanieren. Das Verhalten kann in praktisch allen sozialen Gebilden auftreten. Unter Kindern in der Schule tritt dieses häufig auf, aber auch am Arbeitsplatz ist das Mobbing keine Seltenheit mehr.

Unter den Begriff des Mobbings fallen zum Beispiel sich wiederholende sexistische Äußerungen, das Verbreiten von Gerüchten oder eine ungerechtfertigte Kritik. Mobbing muss aber nicht immer nur ein aktives Handeln sein. Auch der Ausschluss aus der Gruppe kann als Mobbing angesehen werden. Werden Betroffene zu sämtlichen Gruppenaktivitäten ungerechtfertigterweise ausgeschlossen, kann dies als sehr verletzend wahrgenommen werden.

Mobbing ist eine ernstzunehmende Gefahr am Arbeitsplatz. Dabei steht nicht nur die Gesundheit des Mobbingopfers auf dem Spiel. Der volkswirtschaftliche Schaden geht in die Milliardenhöhe und etwa die Hälfte der Mobbingopfer werden krank oder arbeitsunfähig.

Die Gründe für das Mobbing können vielfältig sein.

Einer der Hauptgründe ist die eigene Unzufriedenheit. Die meisten Kollegen, die eine andere Person mobben sind selber unzufrieden mit Ihrer aktuellen Situation. Entweder liegt die Unzufriedenheit in der aktuellen Arbeitssituation oder das Privatleben ist für die Unzufriedenheit verantwortlich. Um diese Unzufriedenheit loszuwerden, werden andere Kollegen als Ventil missbraucht. Der eigene Spannungszustand entlädt sich also in den Mobbingattacken gegen einen Kollegen.

Das Mobbing kann aber auch durch das Unternehmen und dem Betriebsklima gefördert werden. Wird kein hoher Wert auf Teamarbeit gelegt, sondern jeder Mitarbeiter muss praktisch für sich selber kämpfen, führt dies zu höherem Leistungsdruck. Dabei kann eine Ellbogenmentalität auftreten, die sich durch das Mobbing äußert. Der Stress, der durch die Arbeit verursacht wird, entlädt sich dann bei den Mobbingattacken.

Die wenigsten Angreifer der Mobbingattacken treten alleine auf. Die Gruppendynamik kann so gefestigt sein, dass Personen sich der Gruppe anschließen möchten und selber mit dem mobben anfangen.

Als Mobbingopfer werden häufig Menschen ausgewählt, die unter einem niedrigem Selbstbewusstsein leiden und nicht in der Lage sind, sich gegen die Attacken zu wehren. Dennoch sind die Mobbingopfer nicht Schuld an diesen Attacken, sondern Sie stellen das einfachste Ziel dar.

In der Neuro-Linguistischen Programmierung wird der Grundsatz angenommen, dass hinter jedem Verhalten eine positive Absicht steckt. Wie könnte diese also beim Mobbing aussehen und wie kann das Verständnis über dieses Verhalten helfen, das Mobbing zu vermeiden?
Eine grundlegende Maßnahme, um gegen das Mobbing vorzugehen ist die Kommunikation. Sind Sie selber in einer verantwortungsvollen Position, können Sie mit der richtigen Kommunikation das Mobbing unterbinden.

Auch als eher unbeteiligter Kollege, können Sie eingreifen, um das Mobbing zu verhindern. Das Mobbingopfer hat hierbei die schlechteste Position und kann sich nur sehr schwer aus dieser misslichen Lage befreien.
Erkennen Sie das Mobbingverhalten an Ihrem Arbeitsplatz und möchten dagegen vorgehen, können Sie folgende Verhaltensweisen und Techniken der NLP nutzen.

Möchten Sie die Kommunikation nutzen, um die Mobbingattacken zu verhindern, sollten Sie den Mobber zur Rede stellen. Dies sollte in einem vertraulichem Einzelgespräch stattfinden. Dort können Sie Ihre Meinung darlegen und Ihren Gesprächspartner davon überzeugen, dass Mobbing keine Lösung ist.

Um im Gespräch überzeugend zu sein, sollten Sie den Rapport herstellen. Hierzu können Sie die Techniken des Spiegelns und Pacings nutzen. Sie passen sich also zunächst dem Gesprächspartner etwas an, um ein Vertrauensverhältnis herzustellen.

Im Gespräch sollten Sie im Hinterkopf behalten, dass den Handlungen eine positive Absicht zugrunde liegt. Um tiefer in das Gespräch einzusteigen, können Sie die Kompetenz des Mobbers betonen. Sie können zum Beispiel um einen Rat für die aktuelle soziale Situation fragen. Dadurch entsteht das Bewusstsein, dass ein Problem vorliegt.

Zuletzt sollten Sie darauf achten, dass Sie angesprochene Probleme mithilfe des Reframings modellieren. So werden stark negativ wahrgenommene Probleme etwas positiver dargestellt.

Sind Sie selber Opfer des Mobbings, sollten Sie die Situation nicht einfach aussitzen oder abwartend reagieren. Durch das Zurückziehen zeigen Sie Schwäche und der Mobber fühlt sich in seinem Handeln bestätigt. Stehen Sie gerade am Anfang der Attacken, haben Sie noch gute Chancen, mit den passenden Instrumenten der NLP diese abzuwehren.
So können Sie mit der Methode des Reframings, die Attacken so deuten, dass diese eine Herausforderung darstellen. Sie können dies als Test dafür verwenden, wie gut Ihre Fähigkeiten in der Kommunikation sind. So können Sie das Spiegeln oder den Aufbau des Rapports testen und herausfinden, wie gut Sie mit diesen Techniken schon umgehen können.

Vielleicht wurden durch das Mobbing alte Glaubenssätze wieder bestätigt. Wird Ihre Kompetenz angegriffen, kann sich dies als Limiting Belief bei Ihnen äußern. Es können aber auch andere Limiting Beliefs wieder auftreten, die Sie schon vorher in Ihrem Leben belastet haben. Mit der richtigen Methode können Sie die Limiting Beliefs lösen.

Generell ist es wichtig, dass Sie an Ihrem Selbstbewusstsein arbeiten. Als Mobbingopfer wurden Sie wahrscheinlich gewählt, weil Sie ein einfaches Ziel darstellen und nicht genügend durchsetzungsfähig sind. Mithilfe der Technik des Zeitstrahls können Sie in einen inneren Dialog treten und Probleme in der Vergangenheit lösen. Diese können als Ursache für das geringe Selbstbewusstsein gelten. Haben Sie in der Vergangenheit Probleme mit Konflikten gehabt und sind Sie diesen vorwiegend aus dem Weg gegangen, sollten Sie lernen, dass Konflikte zum sozialen Leben dazugehören. Mit genügend Selbstbewusstsein und etwas mehr Durchsetzungsfähigkeit, können Sie die Konflikte zufriedenstellend lösen.

Diese Techniken können Sie vor allem anwenden, wenn Sie gerade merken, dass das Mobbing gegen Sie anfängt. Ist die Situation aber schon so festgefahren und das Mobbing etabliert, können die Techniken nur bedingt weiterhelfen. Sehen Sie selber keinen Ausweg, sollten Sie sich an den Betriebsrat oder einen Psychologen wenden. Auch Ihr Vorgesetzter kann als Ansprechpartner hilfreich sein, um das Mobbing zu verhindern.

Verharren Sie weiter in einer Starre und wissen nicht, wie Sie auf das Mobbing reagieren können, werden Sie langfristig unter dem Stress zusammenbrechen. Als Folge werden Sie unter Burn-out oder einer ähnlichen Erkrankung leiden. Daher sollten Sie in jedem Fall selber aktiv werden, bevor es zu spät ist.

Die Gefahren des Burn-outs

Mobbing kann lang anhaltend zu Burn-out führen. Für diese Erkrankung gibt es aber noch weitere Gründe. Das Burn-out betrifft nicht nur die Angestellten und Arbeitnehmer, sondern auch immer mehr Menschen, die in verantwortungsvollen Führungspositionen sitzen. Ein Problem bei dem Burn-out ist, dass dieses oft zu spät erkannt wird. Die Symptome werden gar nicht wahrgenommen und das Burn-out nur als Scheinerkrankung bezeichnet.

Das Burn-out ist international tatsächlich nicht als Krankheit anerkannt und definiert. Dennoch ist die Häufigkeit des Auftretens des Syndroms in den vergangenen Jahren stark angestiegen. Dabei ist nicht nur das Syndrom des Burn-outs an sich gefährlich, sondern das es mit anderen Begleiterkrankungen einhergeht.

So sind Betroffene des Burn-outs einer höheren Suchtgefahr ausgesetzt. Der Alkoholismus oder die Sucht nach Drogen können in der Folge vermehrt auftreten. Auch Depressionen können auf das Burn-out zurückgeführt werden. Der volkswirtschaftliche Schaden durch das Burn-out wird in der gesamten EU auf etwa 20 Milliarden Euro geschätzt.

Leiden Sie unter Burn-out ist definitiv eine professionelle Hilfe notwendig, um mit dieser Krankheit umzugehen. Unbehandelt können die Begleiterkrankungen noch stärker auftreten und die Lebensqualität stark belasten.

Als Burn-out wird ein ausgebrannter mentaler oder körperlicher Erschöpfungszustand bezeichnet. Betroffene sind kaum noch in der Lage Aufgaben zu erledigen und kaum mehr leistungsfähig. Als Ursache für das Burn-out können das Mobbing, ein zu hoher Leistungsdruck, eine chronische Überforderung oder eine fehlende Unterstützung gelten. Die Krankheit wird den Stresserkrankungen zugeschrieben.
Erkennen Sie die ersten Anzeichen eines Burn-outs, fühlen Sie sich etwa schwach und ausgebrannt, können Sie versuchen mit eigenen Mitteln das Burn-out zu vermeiden.

Eine wichtige Maßnahme, um den Stress zu besiegen ist die Entspannung. Mit dem Burn-out wird häufig ein mentaler Erschöpfungszustand beschrieben, aber Körper und Geist bilden eine Einheit. Dies bedeutet, dass Sie die körperliche Entspannung suchen sollten, um die mentale Anspannung zu verlieren. Hierfür können Sie Tätigkeiten wählen, bei denen das Zusammenspiel aus Körper und Geist sehr wichtig ist. Dazu gehört das Yoga, Taiji, Qigong oder das autogene Training.

Die Achtsamkeitsmeditation wurde schon angesprochen, wenn Sie Langeweile im Job verspüren. Liegt der gegenteilige Fall vor und Sie leiden unter zu viel Stress, können Sie die Achtsamkeitsmeditation ebenfalls durchführen.

Dabei sollten Sie Ihren Körper und die Seele im Hier und Jetzt beobachten. Eine wertende Haltung sollte unbedingt vermieden werden. Bezeichnen Sie sich also nicht selber als erschöpft oder schwach, sondern verzichten Sie auf jegliche Bewertungen. Dadurch erhalten Sie mehr Gelassenheit und Ihr Geist kann sich etwas entspannen.

Die mentale Anspannung können Sie auch lösen, indem Sie als Ausgleich sich sportlich betätigen. Leichte Ausdauersportarten, die keine allzu große Belastung oder Verletzungsrisiko darstellen, können Sie nutzen, um das Gleichgewicht in Ihrem Organismus wiederherzustellen. Denn der Körper gerät aus der Balance und mit dem geeigneten Sport, können Sie die Balance wieder herstellen und Freude verspüren. Führen Sie den Sport im Freien durch, dann stellen sich gleich noch mehrere positive Wirkweisen dar.

Burn-out ist eine ernstzunehmende Krankheit. Es handelt sich nicht nur um eine kurzzeitige Überlastung bei der Arbeit und Sie kommen einen Tag etwas erschöpft nach Hause. Die Erschöpfung tritt dauerhaft auf und Sie sind in einer seelischen Krise, die Sie selber nur sehr schwer bewältigen können. Unter Anwendung einiger Techniken der NLP, können Sie versuchen diese Krise zu überwinden.

Sie können zum Beispiel versuchen die Kommunikation zu verbessern. Dadurch haben Sie die Möglichkeit mit Ihren Vorgesetzten über den aktuellen Erschöpfungszustand zu reden. Oder Sie können versuchen während der Arbeit den „Flow“ anzustreben. Dadurch vermeiden Sie eine Überforderung durch die an Ihnen gestellten Aufgaben und können sich besser auf eine Tätigkeit konzentrieren.

Das Gefühl der Erschöpfung tritt nicht plötzlich auf, sondern ist ein langer Prozess. Erste Anzeichen werden zunächst noch durch die Motivation und den Spaß am Job überstrahlt. Mit der Zeit werden Sie jedoch merken, wie Sie die Lust am Job verlieren und immer weniger leistungsfähig werden.
Um dem Burn-out zu begegnen, können Sie auch den Weg zu sich selber finden. Sie können in einen inneren Dialog treten und herausfinden, wo Ihre Ziele im Leben gelagert sind. Können Sie Ihren derzeitigen Job mit Ihren eigentlichen Werten nicht verbinden und nehmen deshalb den hohen Stress wahr? Dann ist es Zeit, dass Sie sich überlegen, wie Sie auf andere Weise Ihre Ziele verwirklichen können.

In jedem Fall sollten Sie professionelle Hilfe in Anspruch nehmen. Aus dem Burn-out werden Sie alleine nur sehr schwer wieder herauskommen und je länger die Erschöpfung anhält, desto größer werden die Einbußen der Lebensqualität.

Jetzt haben Sie kennengelernt, wie Sie die Neuro-Linguistische Programmierung im Beruf anwenden können. Es gibt zwar keine magischen Techniken, die Sie nutzen können, um Ihren Chef von einer Gehaltserhöhung zu überzeugen, aber Sie wissen nun, wie Sie Ihre höchste Produktivität erreichen. Indem Sie sich auf eine Aufgabe konzentrieren und sich nicht durch die Außenwelt ablenken lassen, erreichen Sie den Zustand des „Flows".

Sie erledigen Aufgaben, die weder zu leicht, noch zu schwer sind und Sie können jeder Tätigkeit etwas Positives abgewinnen. Kommt es zu Problemen, können Sie diese mit der Kommunikation lösen und für eine positive Arbeitsatmosphäre sorgen.

Tritt Mobbing an Ihrem Arbeitsplatz auf, wissen Sie wie wichtig die direkte Kommunikation ist. Sind Sie selber Opfer von Mobbing, können Sie an Ihrem Selbstbewusstsein arbeiten und deutlich besser mit Konfliktsituationen umgehen.

Die Gefahren des Burn-outs sind Ihnen bewusst und wie Sie mit den richtigen Entspannungstechniken den ersten Anzeichen begegnen können.

Mithilfe dieses Wissens, können Sie nicht nur zufriedener im Beruf werden, sondern Sie haben auch eine bessere Chance erfolgreicher zu sein und Ihre Ziele zu erreichen.

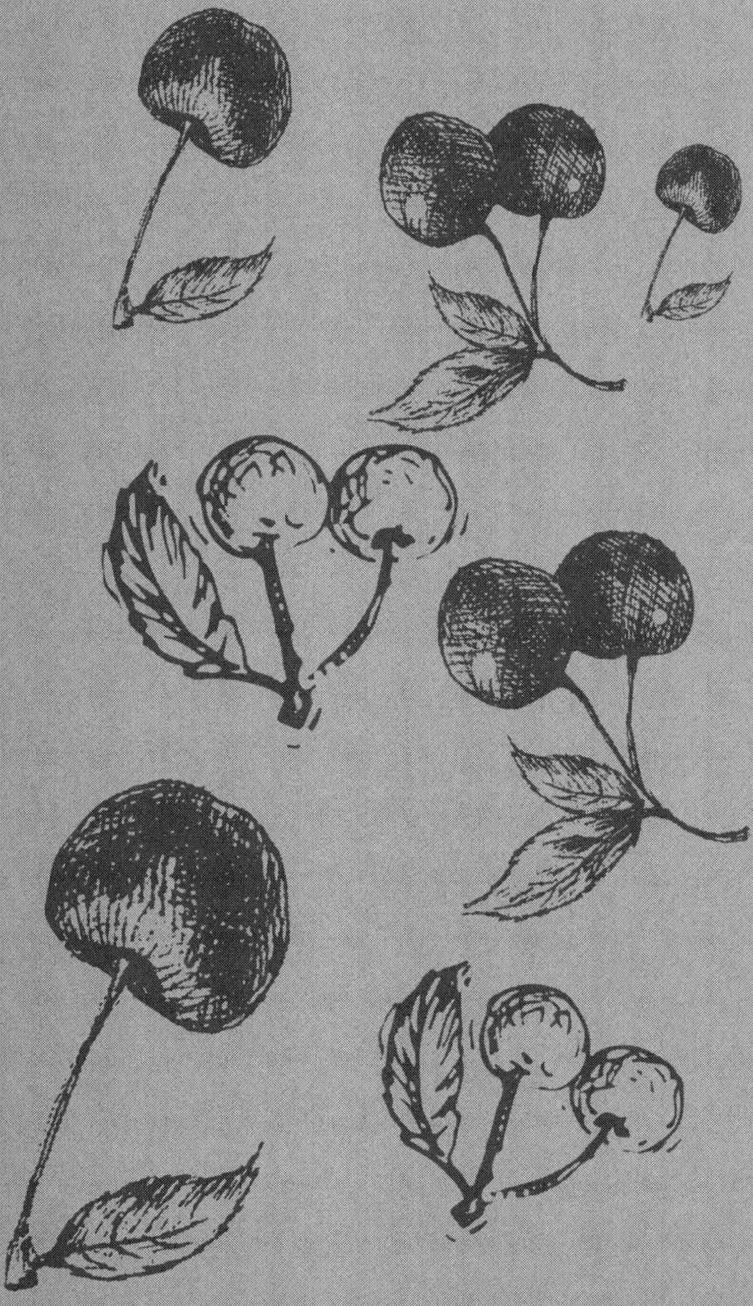

COACHING UND NLP

WENN SIE ALLEINE VERSUCHEN die NLP-Techniken zu verinnerlichen, ist dies ein Weg, der zum Erfolg führen kann. Sie können im eigenen Tempo lernen und sich selber die Techniken aneignen. Möchten Sie möglichst effizient, die hier vorgestellten Techniken lernen, ist die Zuhilfenahme eines Coaches vorteilhaft. Mithilfe des Coaches stehen Ihnen viel mehr Ressourcen zur Verfügung und Sie werden Ihre Ziele schneller erreichen können.

Sie können einen Coach nutzen, um sich in einem ganz speziellen Bereich weiterzubilden. Nicht immer geht es bei der Neuro-Linguistischen Programmierung darum, das gesamte Leben neu auszurichten. Möchten Sie bestimmte Fähigkeiten trainieren oder mehr Erfolg im Sport haben, kann der Einsatz eines Coaches hilfreich sein.

Im Rahmen dieses Coachings können Sie die psychologischen Blockaden überwinden und Ihre gesteckten Ziele erreichen. So können Sie Ihr Potenzial in diesem Bereich besser verwirklichen.
Arbeiten Sie als Coach und möchten bestimmte Techniken der NLP integrieren oder sind Sie auf der Suche nach einem geeigneten Coach, dann werden Sie jetzt einige Tipps erhalten, wie Sie zu zweit von der NLP profitieren können.

Die Neuro-Linguistische Programmierung erfordert es, dass Sie sich öffnen und schmerzhafte Gedanken zulassen. Daher ist es wichtig, wenn Sie auf der Suche nach einem Coach sind, dass dieser schon auf den ersten Blick vertrauenswürdig erscheint. Sie sollten einen guten Eindruck gewinnen und sofort auf einer Wellenlänge liegen. So wurde die Vertrauensbasis geschaffen,

auf der Sie im späteren Verlauf des Coachings zurückgreifen können.

Arbeiten Sie als Coach, ist die Kontaktaufnahme für Sie genauso wichtig. Sie sollten Ihren Kunden so gut es geht versuchen kennenzulernen. Welche Vorgeschichte hat dieser und welche Besonderheiten müssen Sie beachten. Was ist das Ziel Ihres Kunden und wie können Sie Ihn am besten dort hinführen?

Jeder Mensch und somit auch jeder Kunde ist anders. Wenn Sie als Coach auftreten, können Sie nicht alle Ihre Kunden nach dem gleichen Konzept behandeln. Sie müssen auf die Menschen individuell eingehen, um den optimalen Weg zum Ziel zu finden. Ein gutes Einfühlungsvermögen ist eine Grundvoraussetzung, damit Sie als Coach die NLP anwenden können. Um die Historie und Persönlichkeit eines Kunden kennenzulernen, können Sie das folgende Schema verwenden. Dieses gibt einen groben Ablauf vor. Sie sollten diesen aber nach Bedarf anpassen.

Im ersten Schritt sollten Sie als Coach sich über Ihren Kunden informieren. Über die Informationen können Sie das Vertrauen aufbauen. Zudem ist es wichtig, dass Sie verständlich erklären, wie die Neuro-Linguistische Programmierung wirkt und welche Erwartungshaltung realistisch ist. Oftmals gibt es eine falsche Vorstellung von der NLP und Kunden erwarten sprunghafte Verbesserungen, indem Sie wenige Techniken erfolgreich anwenden.

Mittlerweile sollten Sie aber verstanden haben, dass die NLP ein lebenslanger Prozess ist und Hilfestellungen gibt, wenn Sie auf Hindernisse stoßen. Es ist aber keinesfalls eine magische Technik, mit der Sie innerhalb kürzester Zeit Ihr Leben und Ihren Charakter komplett ändern können. Beim Erklären der NLP sollten Sie noch nicht mit den Fachbegriffen auftreten, sondern die Sprache relativ simpel halten. Erklären Sie die Grundannahmen der NLP und welche Absichten dem Verhalten zugrunde liegen.

Dadurch erhält Ihr Kunde eine realistische Vorstellung davon, worum es sich bei der NLP handelt und er kann selber entscheiden, ob dies der richtige Weg für Ihn ist. Manchmal kann es auch besser sein, wenn er sich für die Psychotherapie entscheidet und auf diesem Wege versucht die Probleme zu lösen.

Dennoch sollten Sie Ihrem Kunden Zuversicht vermitteln und herausstellen, dass die NLP Ihm helfen kann. Als Sie selber mit der NLP angefangen haben,

waren Sie wahrscheinlich von den schnellen Fortschritten begeistert. Sie haben gemerkt, wie sehr Sie Ihr Leben verbessern können und dies hat Ihnen eine Motivation gegeben, diesen Weg weiterzuverfolgen. Diese Begeisterung sollte sich in dem ersten Treffen widerspiegeln. Beobachten Sie auch, wie sich Ihr Kunde verhält und mit welcher Einstellung er die Neuro-Linguistische Programmierung betrachtet. Sind Zweifel und Skepsis vorhanden, sollten Sie Ihre eigene Begeisterung etwas zurückfahren und eher sachlich darüber aufklären, was im Rahmen der NLP alles möglich ist. Vermitteln Sie Zuversicht, aber gehen Sie auch auf die Zweifel des Kunden ein.

Im weiteren Verlauf der Zusammenarbeit ist das Vertrauen die wichtigste Basis. Ist kein Vertrauen vorhanden, werden die meisten NLP-Techniken keine Wirkung zeigen und kaum aufgenommen werden. Gerade wenn es darum geht schwere Traumata aus der Vergangenheit zu bewältigen, sollte Ihr Kunde sich Ihnen gegenüber öffnen können. Wie Sie Vertrauen aufbauen sollten Sie mittels des Rapports wissen. Das Spiegeln und Pacing wird Ihnen als Coach hierbei helfen.
Nachdem Sie etwas Vertrauen aufgebaut haben, können Sie tiefer in die Historie des Kunden blicken. Jetzt geht es darum, dass Sie einen möglichst umfassenden Blick auf das Leben des Kunden werfen. Jede Geschichte ist unterschiedlich und Sie müssen Ihre Vorgehensweise und die Methoden, die Sie anwenden dem Menschen anpassen. Die Lebensumstände sind ein wichtiger Indikator dafür, wie Sie am besten Hindernisse bewältigen und Ziele erreichen können. Um ein möglichst umfassendes Bild zu erhalten, sollten Sie sich vor allem auf die folgenden Punkte konzentrieren.

Die Familie und das soziale Umfeld prägen jeden Menschen. Ein Sprichwort besagt, dass eine Person der Durchschnitt seiner 10 engsten Freunde sei. Dass die Eltern und die Familie sehr prägend für den Charakter und das weitere Leben sind, sollte naheliegen. Hier sollten Sie Informationen zum sozialen Umfeld sammeln und erörtern, inwiefern dieses mit den aktuellen Zielen und Wünschen verbunden ist.

Prägend ist zudem die Ausbildung und der Beruf. Der Beruf nimmt einen sehr großen Anteil am Leben ein. Karrieren stehen für viele Menschen im Mittelpunkt und danach wird die gesamte Lebensplanung ausgerichtet. Der Beruf kann durch seine Ziele, die verfolgt werden einen hohen Stellenwert haben. Auch das soziale Umfeld in der Ausbildung oder im Job sind wichtig,

um eine Person besser zu verstehen.

Um die Probleme mithilfe der NLP lösen zu können, sollten Sie die Fähigkeiten und Interessen des Kunden näher kennenlernen. Wie hoch ist die soziale Kompetenz und wurden in der Vergangenheit schon Versuche unternommen, um bestimmte Probleme zu bewältigen? Gerade die Kommunikation und die Selbstreflexion sind wichtig, um Fortschritte zu erzielen.

Ängste und Phobien können ebenfalls eine große Auswirkung auf die Lebensqualität haben. Hier sollten Sie herausfinden, inwiefern diese Ängste als Ursache für mögliche Probleme gelten und verantwortlich dafür sind, dass Ihr Kunde nicht sein volles Potenzial entfalten kann.

Nachdem Sie diese Analyse durchgeführt haben, gilt es die Ziele zu setzen. Was möchte Ihr Kunde erreichen und wobei soll die Neuro-Linguistische Programmierung konkret eine Hilfestellung bieten?

Probleme können erörtert und in das Bewusstsein geholt werden. Aus diesem Problembewusstsein sollte sich aber schnell ein Zielbewusstsein entwickeln. Die Probleme stehen jetzt nicht mehr im Mittelpunkt und die Ziele, die verwirklicht werden sollen, rücken in den Fokus. In der zukünftigen Arbeit geht es darum, die wohlgeformten Ziele zu erreichen und auf diese Weise die Probleme zu lösen.

Ihre Fähigkeiten als Berater

Möchten Sie einem Freund helfen und diesen dabei unterstützen, mit der NLP sein volles Potenzial zu entfalten, sollten Sie selber über einige Fähigkeiten verfügen. Eine der Grundfähigkeiten, die Sie besitzen sollten ist das Zuhören und Verstehen. Innerhalb der Kommunikation wurde bereits angesprochen, welche hohe Bedeutung das Zuhören hat und was Sie darunter verstehen können. Neben dem Zuhören und Verstehen, gilt der Aufbau von Rapport als eine der grundlegenden Fähigkeiten.

Diese Fähigkeiten sind nicht nur in der Rolle als Coach oder Berater für Sie wichtig. Sie werden merken, dass Sie mit dem Zuhören und Aufbau von Vertrauen in praktisch allen sozialen Interaktionen Vorteile erfahren

werden. Zuhören bedeutet aber nicht, dass Sie die andere Person einfach nur aussprechen lassen und ein offenes Ohr haben. Aktives zuhören bedeutet, dass Sie Ihrem Gegenüber auch vermitteln, dass Sie den Worten folgen und diese verstehen. Oder zumindest versuchen das Gesprochene zu verstehen.

Innerhalb der Kommunikation sollten Sie darauf hinarbeiten, dass Ihr Kunde oder Gesprächspartner versucht sich selber zu erforschen. Dies bedeutet, dass er selber über sein Gespräch nachdenkt und versucht herauszufinden, was eigentlich dahintersteckt. Als Coach ist es nicht Ihre Aufgabe, Lösungen und Anweisungen zu liefern. Vielmehr sollten Sie darauf hinarbeiten, dass Ihr Kunde in der Lage ist, seine Probleme selber zu lösen. Dies geht vor allem, indem er auf sich selber hört.

Viele Kunden könnten mit dieser Herangehensweise überfordert sein. Schließlich erwarten diese durch die Zusammenarbeit, dass Sie als Coach die passende Lösung liefern können. Merken Sie, dass Ihr Gesprächspartner Ihren Hinweisen nicht folgt und eher Widerstand zeigt, hat dies mehrere Gründe. Es kann sein, dass dieser noch nicht genügend Vertrauen aufgebaut hat, um sich völlig zu öffnen und seine Probleme zu analysieren. Ein weiterer Grund für den Widerstand kann eine Überforderung sein. Ihr Kunde weiß nicht so recht, wie er mit Ihren Hilfestellungen umgehen soll und ist überfordert. Gehen Sie lieber langsam und behutsam vor und versuchen Sie sich in die Lage Ihres Gesprächspartners zu versetzen.

Nutzen Sie die Technik des Spiegelns, um Einfühlungsvermögen zu zeigen. Mithilfe der Körpersprache können Sie vermitteln, dass Sie Ihrem Kunden zuhören und Verständnis aufbringen. Sie sollten auch immer vor Augen haben, dass jedem Verhalten eine positive Absicht zugrunde liegt. Dadurch können Sie eher nachvollziehen, weshalb Ihr Kunde bestimmte Verhaltensweisen zeigt.

Das höchste Streben des Menschen liegt in der Selbstverwirklichung. Um glücklich und zufrieden zu sein, möchte jeder Mensch seine eigenen Ziele verwirklichen. Damit Ihre Beratung erfolgreich ist, müssen Sie diesen Grundsatz immer im Hinterkopf behalten. Darüber hinaus gibt es einige Merkmale, die für eine erfolgreiche Beratung sprechen und auf welche Sie ebenfalls Acht geben sollten.
In Ihrer Rolle als Coach müssen Sie zu jedem Zeitpunkt echt sein und sich

nicht verstellen. Um Vertrauen aufzubauen und Ihrem Kunden zu helfen sich zu öffnen, müssen Sie selber mit gutem Beispiel vorangehen.

Ihr Gesprächspartner wird wahrscheinlich auf Sie zukommen, weil dieser sich von der Unterstützung eine Problembewältigung erhofft. Er befindet sich möglicherweise in einer schwierigen Situation und verfügt nur über wenig Selbstbewusstsein. Wichtig ist, dass Sie Ihren Gesprächspartner wertschätzen und die Probleme ernst nehmen.

Das Einfühlungsvermögen ist für eine erfolgreiche Beratung ebenfalls grundlegend. Als Coach sind Sie in der Lage, die Gefühle Ihres Kunden zu verstehen und aufzunehmen. Indem Sie die Gefühle wahrnehmen, können Sie diese sowohl verbal, als auch körperlich spiegeln. Dadurch beweisen Sie ein echtes Verständnis und die Beratung kann erfolgreicher verlaufen. Erinnern Sie sich noch an die verschiedenen Ebenen der Kommunikation?

Häufig wird Ihr Gesprächspartner sich im Rahmen der Beratung nur unklar ausdrücken. Er wird vielleicht einen Sachverhalt darlegen und Sie müssen mit Ihren empathischen Fähigkeiten herausfinden, was eigentlich gemeint wurde. Um Ihre Empathie zu beweisen, können Sie versuchen zu verbalisieren, wie sich Ihr Gesprächspartner in dieser Situation gefühlt hat. Hat dieser beschrieben, dass er auf der Arbeit wieder von einem Kollegen nicht wertgeschätzt wurde, können Sie damit reagieren, dass Ihr Gesprächspartner sich in der Situation nicht wohlgefühlt hat. Eventuell können Sie auch so weit gehen und beschreiben, dass Ihr Gesprächspartner darunter leidet, auf der Arbeit des Öfteren von den Kollegen nicht wertgeschätzt zu werden.

Um die Beratung erfolgreich durchzuführen, müssen Sie also selber authentisch sein, Ihren Gesprächspartner wertschätzen und Ihm eine Empathie entgegenbringen. Wird ein Teil davon vernachlässigt, kann die Beratung nicht erfolgreich stattfinden, sondern wird im Widerstand enden.

Um Vertrauen aufzubauen ist das Spiegeln und Führen essenziell. So erhalten Sie einen besseren Zugang zu Ihrem Kunden und können die innere Einstellung verändern. Unter dem empathischen Spiegeln wird das Anpassen der eigenen Kommunikation verstanden. Die Kommunikation wird nicht nur als das gesprochene Wort aufgefasst, sondern umfasst auch alle nonverbalen Signale. Dies bedeutet, dass Sie neben der eigenen Sprechweise,

auch die Körpersprache und sogar den Atemrhythmus anpassen sollten. In kurzen Abständen können Sie bestätigen, dass Sie verstanden haben, was Ihr Gesprächspartner gerade ausgedrückt hat.
Haben Sie genügend Vertrauen aufgebaut, können Sie selber das Gespräch führen. Anstatt das Sie nun dem Kunden folgen, versuchen Sie selber Ihre Körperhaltung etwas zu verändern und zu hoffen, dass Ihr Kunde Ihnen nun unbewusst folgt. Durch die Körpersprache können Sie auch die Geisteshaltung beeinflussen. So können Sie eine entspannte Körperhaltung einnehmen und wenn Ihr Kunde Ihnen folgt, wird dieser ebenfalls diese Entspannung wahrnehmen.

Haben Sie selber gerade die Neuro-Linguistische Programmierung für sich entdeckt, ist die Zusammenarbeit mit einem Coach deshalb so effektiv, weil dieser Sie führen kann. Indem Sie sich Ihrem Coach anpassen, werden Sie schnellere Erfolge sehen und die NLP-Techniken viel besser anwenden können. Kennen Sie jemanden, der bereits über mehr Erfahrung innerhalb der NLP verfügt, dann sollten Sie nicht zögern und die Zusammenarbeit suchen.

Arbeiten Sie alleine, haben Sie nicht die Möglichkeit, dass Sie entweder selber führen können oder geführt werden. Bei einigen Techniken sind Sie zudem gezwungen, sich von sich selber zu lösen und wenn Sie dies alleine durchführen, ist dieser Schritt schwieriger zu bewältigen. Mithilfe eines Coaches erhalten Sie einige Vorteile, die Sie nutzen können.
Als Coach sollten Sie sich vor allem Ihrer Verantwortung bewusst sein. Sie führen Ihren Kunden regelrecht in eine Richtung und Sie müssen sich sicher sein, dass dies den Wünschen des Kunden entspricht. Vor allem dürfen Sie nicht den Fehler begehen, dass Sie eine Richtung vorgeben, die eher Ihren eigenen Werten entspricht und nicht denen des Kunden. Sie müssen also Ihre eigenen Ziele außer Acht lassen und sich nur auf den Kunden fokussieren.

Emotionen deuten

Was den Menschen ausmacht, sind vor allem seine Emotionen. Der Mensch ist kein Roboter oder Computer, der immer nur den gleichen rationalen Verhaltensweisen folgt. Er unterliegt seinen Emotionen, die ebenfalls die Handlungen beeinflussen und Aufschluss darüber geben, in welcher

Gefühlslage er sich gerade befindet. Über die Emotionen können Sie herausfinden, ob Ihr Gesprächspartner gerade etwa ängstlich oder zuversichtlich ist. Je nach emotionaler Lage können Sie das Gespräch anpassen und einen höheren Erfolg erreichen.

Die Körpersprache ist ein wichtiges Signal und Sie können lernen, diese zu deuten. Am deutlichsten ist die Körpersprache im Gesicht ablesbar. Dort spiegeln sich die Emotionen wider und es ist nur sehr schwer möglich, die eigenen Emotionen im Gesichtsausdruck zu verstecken.
Im Gesicht können die verschiedenen körperlich-seelischen Zustände wahrgenommen werden. Diese unterschiedlichen „Physiologien“ können Sie nutzen, um geeignete NLP-Techniken anzuwenden. Erkennen Sie zum Beispiel, dass Ihr Gegenüber sich in einer entspannten Haltung befindet, können Sie einen Anker setzen. Über diesen Anker kann der entspannte Zustand gefestigt und in geeigneten Moment wieder aufgerufen werden.

Innerhalb der Neuro-Linguistischen Programmierung hat die Physiologie eine eigene Bedeutung. Diese stimmt nicht mit der wissenschaftlichen Definition überein, bei der es vor allem um physikalische und biochemische Vorgänge geht. Bei der NLP bedeutet die Physiologie vor allem, dass Sie anhand äußerlicher Kennzeichen die inneren Zustände erkennen können. Als Merkmale, die Sie für die Interpretation nutzen können, zählt die Hautfarbe, die Atemfrequenz und der Gesichtsausdruck. Dies sind Merkmale, die durch den Gesprächspartner kaum bewusst beeinflusst werden können. Der innere Zustand wird also nach Außen getragen und dieses Wissen kann von Ihnen genutzt werden.

Vor allem die Veränderungen der Physiologie können Sie als Anhaltspunkte dafür nutzen, ob Sie sich auf dem richtigen Weg befinden. Bemerken Sie zu Beginn des Gespräches noch, dass Ihr Gesprächspartner sich in einer angespannten oder verzweifelten Lage befindet, werden Sie versuchen diese Situation zu ändern. Im Verlaufe des Gespräches merken Sie vielleicht, dass sich die Körperhaltung ändert. Ihr Gesprächspartner wird offener, entspannter und die angespannte Haltung beginnt sich zu lösen. Sie haben offensichtlich die richtigen Techniken und Methoden genutzt, die zu einer Verbesserung der emotionalen Lage geführt haben. Über die Physiologie können Sie also klar erkennen, ob Ihre Beratung erfolgreich ist, oder ob Sie diese noch etwas verändern sollten.

Zu Beginn des Gespräches wird Ihr Gesprächspartner sich oftmals in einer Problemphysiologie wiederfinden. Er ist mit der aktuellen Situation unzufrieden oder hat Probleme in der Vergangenheit wahrgenommen, die nun gelöst werden sollen. Je intensiver die negativen Gedanken sind, desto größer werden die Gefühle sein und desto mehr wird sich dies in der Physiologie widerspiegeln. Aber auch während des Gesprächs, kann diese Physiologie darauf hindeuten, dass gerade ein Problem in das Bewusstsein geraten ist.

Das Problembewusstsein zeigt sich sehr deutlich in der Muskelspannung. Eine hohe Muskelspannung kann auftreten, wenn starke Emotionen wie Zorn oder Angst mit der Situation verbunden sind. Die Muskeln können aber auch komplett schlaff sein, wenn schon die Resignation eingetreten ist und nur noch wenig Hoffnung besteht.

Die Atmung wird etwas schneller und flacher. Durch die veränderte Atmung wird weniger Sauerstoff im Blut transportiert. Dadurch ergibt sich die charakteristische Blässe, wenn Sie an ein Problem denken. Die Mundwinkel sind leicht nach unten gezogen. Dieses Zeichen kann stärker oder nur sehr subtil zum Vorschein kommen. Die Augen blicken nach unten und meistens etwas zur rechten Seite.

Bieten Sie als Coach eine gute Hilfestellung, sollten Sie diese Veränderungen in der Physiologie ablesen können. Nun verändert sich die Problemhaltung und Ihr Gesprächspartner ist offen für die Veränderungen, die Sie anbieten.

Dies äußert sich in der Körpersprache, indem die Augen etwas angehoben werden. Der Blick wandert jetzt nach oben und leicht nach links. Die Mundwinkel hängen nicht mehr nach unten, sondern werden etwas angehoben. Am deutlichsten ist die Veränderung an der Muskelspannung zu bemerken. Der Zustand der Anspannung ändert sich nun zu einer Normalspannung.

Wird eine Hoffnung in Ihrem Gesprächspartner geweckt und dieser hat das Gefühl, ein positives Ziel gefunden zu haben, verändert sich die Physiologie sehr deutlich. Jetzt wird der Zielzustand erreicht und eine euphorische Stimmung wahrgenommen.

Die Augen öffnen sich und blicken zielgerichtet nach vorne. Es ist, als könnte

Ihr Gesprächspartner nun das Ziel klar vor Augen haben. Die Körperhaltung wird selbstbewusster. Wo vorher noch die Körperfläche verkleinert wurde, folgt nun ein sehr aufrechter Gang. Die Haut wird wieder normal durchblutet und nimmt eine gesündere Farbe an.

Diese allgemeingültigen Signale der Physiologie müssen aber nicht bei jedem Menschen auf diese Weise auftreten. Es kann sein, dass sich bestimmte Gefühle anders äußern und zum Vorschein gebracht werden. Schließlich ist jeder Mensch individuell und die Erfahrungen, die Ihn geprägt haben können dazu führen, dass sich die Körpersprache etwas verändert.

Um diesem Umstand gerecht zu werden, müssen Sie lernen, wie Sie die Signale besser interpretieren können. Dies wird als Kalibrieren bezeichnet und innerhalb dieser Vorgänge, versuchen Sie die Reaktionen und emotionalen Zustände abzulesen.

Mit gezielten Fragen können Sie die gewünschten physiologischen Zustände hervorrufen. So können Sie zum Beispiel nach dem unangenehmsten Erlebnis in der Schulzeit fragen. Durch diese Frage wird die Problemphysiologie aufgerufen. Jetzt können Sie beobachten, wie sich die Körpersprache verändert und dies als Referenz nehmen. Werden bestimmte Gesten ausgeführt oder ist eine bestimmte Haltung ganz charakteristisch? Mit gezielten Fragen können Sie nun die Zustände der Veränderungsphysiologie und der Zielphysiologie herbeiführen.

Die Körpersprache und das Kalibrieren beziehen sich nicht nur auf das Visuelle. Die Art zu sprechen ist ein wichtiger Gradmesser zur Interpretation der Emotionen. Eine schwache hohe Stimme zeugt eher von Unsicherheit. Wird hingegen langsam und tief gesprochen, deutet dies auf Zuversicht und Selbstbewusstsein hin.

Versuchen Sie am besten alle Signale, die Sie von Ihrem Gesprächspartner erhalten zu nutzen, um dessen emotionalen Zustand zu erfahren. Die emotionalen Zustände lesen zu können, kann im Leben für Sie noch ein wichtiges Instrument werden. Dadurch müssen Sie sich nicht auf die Inhalte verlassen, sondern können die nonverbale Kommunikation sehr viel direkter für sich nutzen.

Das Ankern

In vielen Übungen und NLP-Techniken werden Sie das Ankern anwenden. Es gehört zu den wichtigsten Werkzeugen, die Sie innerhalb der Neuro-Linguistischen Programmierung anwenden können. Wenn Sie zusammen mit einem Kunden arbeiten, ist das Ankern weiterhin ein sehr wichtiges Instrument, das Sie anwenden sollten, um bestimmte emotionale Zustände zu speichern und abzurufen.

Erkennen Sie zum Beispiel, dass Ihr Gesprächspartner sich in der Zielphysiologie befindet, ist es hilfreich, wenn Sie diese Situation mittels eines Ankers festigen. Bemerken Sie, dass Ihr Gesprächspartner sehr zuversichtlich ist und jede Menge Selbstbewusstsein ausstrahlt, sollten Sie diesen Moment festhalten. Indem Sie diese Momente mit einem Anker belegen, können Sie diesen Zustand zu einem späteren Zeitpunkt wieder aufrufen.

Hierbei ist es jedoch wichtig, dass Sie sehr genau den passenden emotionalen Zustand treffen. Sie müssen sehr vertraut in der Körpersprache des Gegenübers sein und zweifelsfrei erkennen können, wie er sich gerade fühlt. Haben Sie Probleme dabei, den emotionalen Zustand zu erkennen, können Sie mit einem falsch gesetzten Anker mehr Schaden anrichten, als einen Nutzen hervorzurufen. So könnten Sie einen negativen Gefühlszustand auslösen, wenn Sie eigentlich positive Emotionen erwartet hätten. Dies würde Sie in der Arbeit sehr weit zurückwerfen und Ihren Kunden sogar von seinem Ziel distanzieren.

Bevor Sie einen Anker setzen, müssen Sie also sehr überzeugt davon sein, dass Sie den physiologischen Zustand korrekt identifiziert haben. Dafür ist vor allem die Kalibrierung eine wichtige Voraussetzung und wenn Sie die Kalibrierung gewissenhaft durchgeführt haben, können Sie die emotionalen Zustände besser erkennen.

Das Setzen von Ankern werden Sie bisher selber an sich durchgeführt haben. Sie haben bereits gelesen, wie hilfreich die Anker sein können und wie verschiedene positive Emotionen und Zustände mit Ankern gefestigt werden. Wenn Sie selber die Anker bei sich setzen, bedeutet dies allerdings, dass Sie sich etwas von sich selber distanzieren müssen. Anstatt voll und ganz Ihre Gefühle wahrzunehmen, müssen Sie diese interpretieren. Dies bedeutet,

dass Sie sich von sich selber distanzieren müssen. Dieser Vorgang ist für das Setzen von Ankern unvorteilhaft.

Daher ist es hilfreich, wenn Sie einen Coach bemühen, welcher Ihre Physiologie interpretieren kann. Er kann Ihren Gefühlszustand neutral beobachten und Sie haben die Möglichkeit, sich nur auf Ihre Emotionen zu konzentrieren. Der Coach kann Ihnen an den passende Punkten die Anweisung geben, einen Anker zu setzen. Diese Anker sind kraftvoller und stärker vorhanden, da Sie sich voll und ganz auf Ihre Gefühle konzentrieren konnten. Die Anker an den richtigen Momenten zu setzen, gehört zu den wichtigsten Aufgaben eines NLP-Coaches. Möchten Sie selber anderen Menschen die NLP beibringen, gehört das Identifizieren des physiologischen Zustands und das Ankern zu den bedeutsamsten Merkmalen, für eine erfolgreiche Zusammenarbeit.

Wenn Sie einen bestimmten emotionalen Zustand erkennen und diesen bei Ihrem Kunden mit einem Anker festigen möchten, können Sie dies mit einem kinästhetischen Anker selber durchführen. Dies bedeutet, dass Sie Ihren Kunden am Arm oder an der Schulter berühren. Die Berührung wird deutlich wahrgenommen und mit dem emotionalen Zustand in Verbindung gebracht.

In der menschlichen Kommunikation spielen Berührungen eine wichtige Rolle. Beim Ankern machen Sie sich durch die Berührung nicht nur diese Verbindung zwischen der Berührung und der Emotion zunutze. Die Berührung ist überdies ein Symbol für Unterstützung und es wird ein positives Gefühl vermittelt.

Gerade positive Anker sollten mit einer Berührung durchgeführt werden. Der Vorteil ist hierbei, dass die Berührung über einen längeren Zeitraum anhalten kann und dadurch noch viel intensiver verankert wird. Sie können auch mehrere Anker verbinden, wenn Sie verschiedene Zustände aufrufen möchten. Dies ist vor allem bei der Bewältigung von vergangenen Erlebnissen wichtig. Dort können Sie auf dem Zeitstrahl entlanggehen und die negativen Gefühle, welche durch den Anker ausgelöst werden, mit positiven Zuständen überlagern.

Berührungen werden aber nicht immer positiv aufgenommen. Gerade wenn Sie mit dem anderen Geschlecht arbeiten, müssen Sie vorsichtig mit Berührungen umgehen. Diese können als sehr intim empfunden werden, selbst

wenn Sie nur den Arm oder die Schulter berühren. Als seriöser Coach müssen Sie selber abschätzen können, inwiefern die Berührungen als unangenehm empfunden werden können.

Neben den Berührungen können Sie auch Geräusche nutzen, um Anker zu setzen. Diese haben den Vorteil, dass Sie eher unbewusst wahrgenommen werden und nicht direkt offensichtlich sind. Als Coach können Sie zum Beispiel ein Räuspern oder ein ähnliches Geräusch nutzen und dieses im natürlichen Gespräch einsetzen. Wiederholen Sie diesen Anker mehrmals, wird sich dies im Unterbewusstsein einprägen.

Anker sind sehr mächtige Möglichkeiten, um bestimmte Zustände hervorzurufen. Dabei sind nicht nur positive, sondern auch negative Zustände in bestimmten Momenten nützlich. Die Anker sollten so gewählt werden, dass diese nicht aus Versehen im Alltag aktiviert werden können. Verankern Sie einen negativen emotionalen Zustand mit einer Körperberührung, die auch im Alltag vorkommen kann, kann dies zu unerwünschten Gefühlsänderungen führen. Das Räuspern ist daher nur sehr bedingt als Anker nützlich.

Während Sie mit Ihrem Gesprächspartner daran arbeiten die Ziele zu erreichen, ist das Setzen von Ankern eine der wichtigsten therapeutischen Mittel. Sie können positive Gefühle verstärken und daran arbeiten, dass negative Gefühlszustände beendet werden. Damit die Anker eine feste Verbindung aufweisen, müssen Sie diese wiederholt durchführen.

Der Anker kann entweder ganz bewusst gesetzt werden, sodass dies von Ihrem Gesprächspartner wahrgenommen wird oder Sie können den Anker nebenher setzen. Nehmen Sie etwa eine spontane positive Emotion wahr, können Sie diese mit einer kurzen Berührung ebenfalls verankern. Solche Anker werden von Ihrem Gesprächspartner in diesem Moment gar nicht wahrgenommen, können im Nachhinein aber eine große Wirkung entfalten. Das Ankern gehört also innerhalb der Neuro-Linguistischen Programmierung zu einer der bedeutsamsten Techniken und Sie sollten diese unbedingt einstudieren, um gewünschte emotionale Zustände herbeiführen zu können.

Die Strukturen der Sprache

Neben den Ankern ist die Sprache eines der wichtigsten Mittel, um die Gefühle und Emotionen zu beeinflussen. Die Sprache ist komplizierter, als oftmals angenommen wird und verfügt über mehr Elemente, als nur die gesprochenen Worte. Im Kommunikationsmodell wurde diese Tatsache bereits über die sechs unterschiedlichen Ebenen aufgezeigt. So ist die Sprache sehr viel komplexer, als nur die reine Wahrnehmung des Wortes.

Alle sechs Ebenen in einem Gespräch bewusst wahrzunehmen und diese zu analysieren ist in diesem Moment weder umsetzbar, noch zielführend. Der Aufwand wäre viel zu hoch, wenn Sie probieren würden diese zu analysieren und Sie könnten dem Gespräch nicht mehr folgen. Daher eignet sich die Analyse der sechs Ebenen eher im Nachhinein, wenn Sie bestimmte Aussagen tiefgründiger bewerten möchten.

Eine andere Herangehensweise, die in der Praxis besser umsetzbar ist, ist das Modell zweier Ebenen. Hierbei werden die Oberflächen- und die Tiefenstruktur unterschieden. Die Oberflächenstruktur bezieht sich auf das gesagte Wort und nimmt nur den Inhalt auf, der ausgesprochen wurde. Im Gespräch ist die Oberflächenstruktur stark verzerrt. Die Äußerungen werden verkürzt und unterliegen Veränderungen.

Wenn Sie mit Ihrem Kunden arbeiten, sollten Sie vor allem auf die Tiefenstruktur achten. In dieser finden sich alle Informationen wieder, die Sie nutzen sollten, um das gesprochene Wort zu verstehen. In der Tiefenstruktur finden sich die Erfahrungen des Gesprächspartners wieder und Sie erhalten die Möglichkeit, die Realität des Gegenübers besser zu verstehen.

Im Gespräch wird Ihrem Gesprächspartner gar nicht bewusst sein, dass dieser sich über mehrere Ebenen äußert. Im Bewusstsein ist vor allem das gesprochene Wort vorhanden und die Tiefenstruktur wird gar nicht wahrgenommen. Dies kann ein Problem darstellen denn die Tiefenstruktur kann Hinweise darauf liefern, wie das gesprochene Wort zu verstehen ist. Alleine ist dieses Verständnis aber nur schwer aufzubringen und als Coach sind Sie jetzt in der Position, die Tiefenstruktur hervorzuholen.

Durch gezielte Fragen können Sie Ihren Gesprächspartner dazu anregen,

über seine Aussage nachzudenken. Dadurch wird Ihm die Tiefenstruktur bewusst und es besteht die Möglichkeit, diese als Hilfe heranzuziehen, wenn Probleme gelöst werden sollen.

Bei der Oberflächenstruktur gibt es verschiedene Kategorien, welche Sie mit gezielten Fragen erörtern können. Gerade bei Beziehungsproblemen können durch die Tiefenstruktur die eigentlichen Probleme aufgedeckt werden. Denn oftmals werden an der Oberfläche andere Argumente aufgegriffen, die nur als Vorwand dienen. In der Tiefe kommen die eigentlichen Probleme zum Vorschein, die zu den negativen Gedanken führen.

Eine Kategorie ist zum Beispiel, dass Handlungen verallgemeinert werden. Darunter gehören Aussagen, dass der Mann immer nur vor dem Fernseher sitze. Mit der Nachfrage, ob er denn wirklich immer vor dem Fernseher sitzen würde, können Sie dem eigentlichen Problem auf die Spur gelangen. So könnte herauskommen, dass der Mann vielleicht wirklich häufig vor dem Fernseher sitze und dabei das Bedürfnis der Kommunikation vernachlässigt. Während die Frau lieber ein Gespräch führen würde, scheint er sich mit anderen Dingen abzulenken und dies kann zu Kommunikationsschwierigkeiten führen.

Eine andere Kategorie kann in den Kausalzuschreibungen gesehen werden. Hierbei geht es darum, dass Ereignisse und Vorgänge eine bestimmte Assoziation besitzen. Im Winter kann dies zum Beispiel die Aussage sein, dass das Wetter depressiv mache. Hier können Sie mit der Frage, wie das Wetter dafür verantwortlich sei, den wahren Grund für die schlechte Stimmung herausfinden. Denn nicht das Wetter ist möglicherweise als Ursache für die schlechte Stimmung zu bestimmen, sondern dass es kaum Möglichkeiten gibt, etwas im Freien zu unternehmen. Ständig in den eigenen vier Wänden zu bleiben kann das Gefühl des Eingesperrtsein vermitteln und für die Depressionen verantwortlich sein.

Limiting Beliefs zählen ebenfalls zu einer dieser Kategorien. Raucher behaupten häufig, dass Sie nicht in der Lage seien, mit dem Rauchen aufzuhören. Fragen Sie genauer nach, was passieren würde, falls dennoch der Versuch unternommen würde mit dem Rauchen aufzuhören. Hier kommt der Limiting Belief zum Vorschein, der einfach nur die Angst vor dem Versagen ausdrückt. Beim Gedanken mit dem Rauchen aufzuhören kann schon eine

Nervosität und vermehrter Stress auftreten.

Im Gespräch sollten Sie aber nicht anfangen, jeden Satz infrage zu stellen. Dies führt eher zu der unangenehmen Situation, dass sich das Gespräch zu einem Verhör entwickelt und für den Befragten unangenehm sein kann. Übertreiben Sie es mit den Fragen, rufen Sie negative Gefühle hervor und das Vertrauen, das Sie vorher aufgebaut haben könnte dadurch wieder verloren gehen.

Daher sollten Sie nur vorsichtig anfangen, das Gespräch zu leiten und mit den Fragen die eigentliche Meinung unter der Oberfläche herauszufinden. Indem Sie sehr bedacht die Fragen einstreuen, können Sie Ihrem Gegenüber die Tiefenstrukturen in das Bewusstsein rücken und die wahre Aussage hinter den Worten verdeutlichen.

Dies stellt eine sehr wertvolle Erfahrung dar, die Sie nur erleben können, wenn Sie das Gespräch suchen. Alleine können Sie sich zwar auch in der Selbstreflexion üben und versuchen Ihre Gedankengänge tiefer zu ergründen, Sie werden dabei aber nicht immer den gleichen Erfolg haben. So kommt es vor, dass Sie vielleicht nicht ehrlich genug zu sich sind und sich der Wahrheit verschließen. Erst durch das gemeinsame Gespräch und wenn Sie gezwungen werden, über die Fragen nachzudenken, können Sie sich öffnen und Ihre Gedankengänge besser verstehen.

Die Neuro-Linguistische Programmierung wird in den meisten Fällen per Selbststudium angefangen. Über das Internet oder anderen Quellen entstehen die ersten Berührungspunkte und nach der erste Recherche beginnen Sie vielleicht schon mit manchen Übungen.

Wenn Sie Ihr volles Potenzial ausschöpfen möchten, können Sie diesem Ziel effektiver näherkommen, indem Sie die NLP gemeinsam durchführen. Sie können sich einen erfahrenen Coach suchen, der Sie unterstützt und mit den geeigneten Techniken Probleme lösen kann.

Oder Sie haben selber bereits lange Erfahrungen im Umgang mit der NLP und möchten dieses Wissen an andere Personen weitergeben. Dies stellt eine gute Möglichkeit dar, um Menschen zu helfen, Ihre Ziele zu erreichen. Möchten Sie ein Coach sein, sollten Sie vor allem das aktive Zuhören beherrschen. Im

gemeinsamen Gespräch ist es wichtig, dass Sie eine Vertrauensbasis schaffen und mit den richtig gesetzten Ankern die Emotionen verändern können.

Als Coach sollten Sie sich aber vor allem Ihrer Verantwortung bewusst sein. Setzen Sie die Anker an ungünstigen emotionalen Zuständen oder interpretieren Sie die Physiologie ungenau, können Sie mehr Schaden anrichten, als eine Hilfestellung zu leisten. Daher sollten Sie erst entsprechende NLP-Techniken an anderen Personen anwenden, wenn Sie zweifellos über die Erfahrung verfügen und dies von objektiven Stellen bescheinigt bekommen.

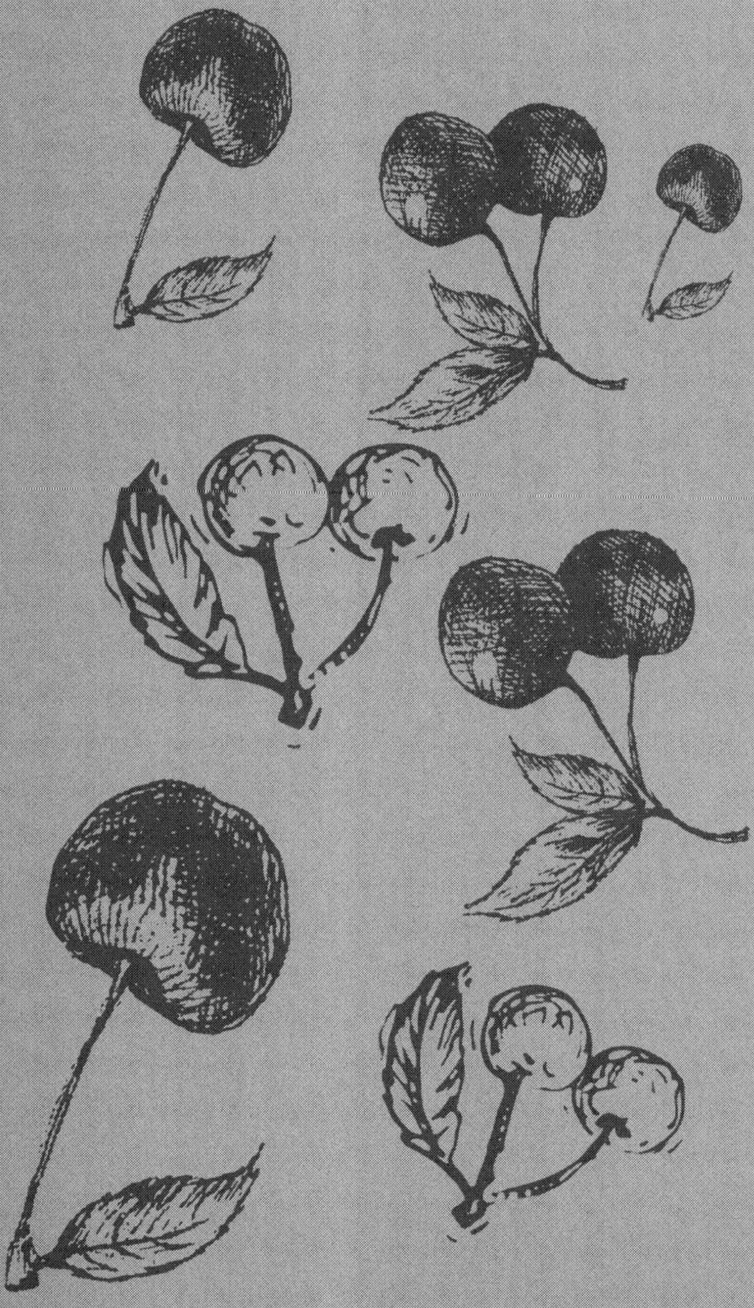

HÄUFIGE KRITIK AN DER NLP

* * * * * *

DIE NEURO-LINGUISTISCHE PROGRAMMIERUNG WURDE mit dem Ziel entwickelt, dass Menschen lernen Ihr volles Potenzial auszuschöpfen. Auf Basis dieser Idee haben Psychologen und Wissenschaftler das System der NLP begründet.

Ein wichtiger Grundsatz, der für eine Weiterentwicklung der NLP steht, ist die Forderung, dass etwas anderes ausprobiert werden sollte, wenn es nicht funktioniere. Dabei geht es um Methoden und Techniken, die innerhalb der NLP angewandt werden. Scheinen diese nicht zu funktionieren und der gewünschte Effekt stellt sich nicht ein, sollen andere Wege beschritten werden.

Dies schließt ein, dass die Neuro-Linguistische Programmierung weder perfekt, noch abgeschlossen ist. Sie unterliegt einem ständigen Wandel, der der Selbstkritik geschuldet ist. Nur indem die Kritik geäußert und umgesetzt wird, findet eine Weiterentwicklung statt.

Allerdings wird dies nicht von allen Personen so gesehen, die sich eng mit der Neuro-Linguistischen Programmierung auseinandersetzen. Diese sehen die Techniken als Allheilmittel an, die bei jedem Problem eine Wirkung zeigen sollen. Diese Personen verletzen allerdings die Grundsätze der NLP.

Neben dem Grundsatz, dass etwas anderes ausprobiert werden sollte, gibt es auch die Aussage, dass ein kein Scheitern gebe, sondern nur Feedback. Dies bedeutet, dass selbst aus Fehlern und Rückschlägen, Erkenntnisse gewonnen werden können, die bei der Weiterentwicklung der NLP helfen.

Die Kritik von außerhalb, die auf die Neuro-Linguistische Programmierung trifft, ist seit Beginn der Begründung dieser psychologischen Richtung zu beobachten. Um zu wachsen, ist die Kritik wichtig und sollte ernsthaft betrachtet werden. So können Erkenntnisse aus der Kritik gewonnen werden und in die zukünftige Entwicklung der NLP einfließen.

Die Kritik bezieht sich auf einige verschiedene Punkte. Dies beginnt schon beim Namen. Denn in der Neuro-Linguistischen Programmierung gehe es weder um die Neurologie, der Linguistik oder der Programmierung. Damit sei der Name irreführend und dürfe gar nicht verwendet werden.

Andere Kritiker beziehen sich darauf, dass die wissenschaftliche Basis und Theorie fehle. Nach Ihrer Ansicht fehlt die Forschung auf diesem Gebiet und damit auch wissenschaftliche Belege dafür, ob die Methoden tatsächlich funktionieren. Dies kann noch einen Schritt weitergeführt werden, da es keine empirischen Studien gibt.

Im Zuge der gestiegenen Popularität und der Verbreitung der NLP, wird die zunehmende Kommerzialisierung kritisiert. So würden zu viele Coaches und Angebote bestehen, an deren Seriosität gezweifelt werden kann. Dies untergrabe die Autorität der wissenschaftlichen Basis und werfe ein schlechtes Licht auf diejenigen, die tatsächlich über die Fachkenntnisse verfügen, die Techniken korrekt anzuwenden.

Viele Personen kommen mit der NLP zum ersten Mal im Rahmen von Verhandlungsgesprächen oder ähnlichen „Tricks" in Berührung. So wird oftmals versprochen, dass man mit den richtigen Techniken viel höhere Verkaufserfolge erzielen könne. Dies wird allerdings als Manipulation und Beeinflussung von anderen Menschen empfunden. Durch das Anwenden der Techniken können diese gegen Ihren Willen manipuliert werden. Daher wird das Praktizieren der NLP als unmoralisch angesehen.

Wie vorher schon beschrieben, kann die Neuro-Linguistische Programmierung nur wachsen, wenn Sie sich der Kritik stellt und diese annimmt. Einige der Punkte sind sicherlich mehr oder weniger stark zutreffend. Daher ist es wichtig, dass diese Kritik ernst genommen und in die Entwicklung der NLP aufgenommen wird.

Äußern Sie diese Kritik, werden Sie auf das Problem stoßen, dass die Empfänger der Kritik versuchen würden diese abzublocken. Treffen Sie auf Vertreter der NLP, sind diese natürlich mit diesen Techniken vertraut und können daher sehr effektiv auf Ihre Kritik reagieren. So können Aussagen folgen, die Ihnen den Hinweis gäben, dass Sie doch etwas positiver denken sollten. Oder Sie könnten mit der Aussage kontern, dass es Ihnen nichts bringe zu denken, dass die NLP oder die damit verbundene Technik nutzlos wäre.

Mit diesen Aussagen und Fragen könnte Ihre Kritik an die NLP von dessen Vertretern abgeblockt werden. Das Weltbild der Anhänger der NLP wird auf diese Weise aufrechterhalten.

Sie sollten sich von diesen Fragen aber nicht einschüchtern lassen. Ihre Kritik kann berechtigt sein und die Vertreter der NLP fühlen sich dadurch angegriffen. Dennoch steckt in den Aussagen auch etwas Wahrheit. So könnte es für Sie in der Tat besser sein, wenn Sie sich mehr auf die positiven Aspekte der NLP konzentrieren könnten. Denn nicht alle Techniken und Methoden werden erfolgreich sein. Das heißt aber nicht, dass die NLP als Ganzes abzulehnen ist, sondern das bestimmte Aspekte aus Ihrer Sicht verbesserungswürdig wären.

Genauso kann es sinnvoll für Sie sein, wenn Sie Ihre Kritik hinterfragen. Leiden Sie unter einschränkenden Glaubensgrundsätzen, die vor allem Sie betreffen und mit der Realität nur wenig zu tun haben? Sie sollten also genau analysieren, ob die Kritik an der NLP berechtigt ist oder eher von Ihnen abgeleitet wird.

Die Kunst ist es, dass Sie erkennen, welche Techniken und Verhaltensweisen nutzlos sind. Hier müssen Sie die Fähigkeit mitbringen, selber zu erkennen, was für Sie wichtig und nützlich sein könnte. Es gibt so viele Methoden und Techniken, die von verschiedenen Personen als Bestandteile der NLP betrachtet werden, dass es kaum möglich ist, all diese anzuwenden. Daher müssen Sie schon im Vorfeld für sich die Entscheidung treffen, welche Methoden und Techniken für Sie überhaupt sinnvoll erscheinen.

Sind Sie selber der Kritik ausgesetzt und hören Sie von Außenstehenden häufig, dass die NLP keinen Nutzen bringe und nicht sinnvoll sei? Dann

sollten Sie nicht mit einfachen Gegenfragen antworten, sondern etwas Selbstreflexion betreiben. Bei der Annahme der Kritik geht es nicht darum Ihr Weltbild zu verteidigen. Dadurch nehmen Sie eine ablehnende Haltung gegen jegliche Kritik ein. Diese Haltung ist nicht sinnvoll, da Kritik auch immer die Möglichkeit zum Wachsen bringt und für die weitere Entwicklung von großer Wichtigkeit ist.
Begegnen Sie Kritikern, sollten Sie reflektieren, ob in der Kritik auch etwas Wahrheit versteckt ist. So können Sie daraus lernen und diese Kritik für sich nutzen, um sich selber weiterzuentwickeln.

Methoden die nicht funktionieren

Die Neuro-Linguistische Programmierung sieht sich selber als Teilgebiet der Psychologie. Innerhalb der Wissenschaften herrschen strenge Regeln und Grundsätze. Mit diesen können Behauptungen bewiesen werden und die Wissenschaft wird vorangetrieben.

Dies sieht in der Regel so aus, dass eine Behauptung aufgestellt wird. Eine Hypothese wird formuliert und anhand dieser Formulierung wird der Gegenbeweis angetreten. Danach können weitreichende Untersuchen und Studien durchgeführt werden, um die Aussagekraft der Hypothese zu belegen.

Bei der NLP könnte dies so aussehen, dass Sie eine Technik anwenden und sich davon versprechen, dass Traumata oder Phobien gelöst werden. Möchten Sie jemandem die Phobie vor Spinnen nehmen, können Sie praktische Ergebnisse und Versuche durchführen, die beweisen, dass die Vorgehensweise bei der NLP wirksam ist.

In der Psychologie sind diese Untersuchungen aber nicht ganz so einfach. Sie könnten jetzt 100 Probanden nehmen, die unter einer Spinnenphobie leiden und die NLP-Technik anwenden, um die Phobie zu lösen.
Menschen sind individuell und dies bedeutet, dass nicht jeder Mensch auf diese Technik positiv reagiert. Bei manchen bleibt sie wirkungslos und die Phobie bleibt weiterhin bestehen. Tritt etwa bei 70 Probanden eine Verbesserung ein und bei 30 passiert kaum etwas, dann gibt es starke Gründe dafür zu behaupten, dass die Technik bei dem überwiegendem Teil der Menschen funktionieren würde.

Solche Versuche stellen aber erst den Anfang von weiteren wissenschaftlichen Studien dar. Jetzt geht es darum, die Methodik und die Technik tiefer zu ergründen. Wenn 70 Probanden Ihre Phobie erfolgreich ablegen konnten, ist es interessant zu erfahren, weshalb dies geschehen ist. Weshalb sind die Techniken erfolgreich und können zu einem spürbaren Erfolg führen?

In der nächsten Phase geht es darum, die Theorie etwas zu präzisieren. So können Sie genauer beschreiben, weshalb Augenbewegungen mit bestimmten mentalen Vorgängen verbunden sind. Oder Sie könnten genauer erörtern, wie die Sprache des Menschen seine Geisteshaltung beeinflusst.

Die Aussagen sollten so formuliert werden, dass Sie überprüfbar sind. Im Rahmen der wissenschaftlichen Überprüfbarkeit, unterliegen die Ergebnisse keinem Zufall, sondern können reproduziert werden. Es liegen hierbei keine subjektive Fälle vor, sondern die Wissenschaft beruht auf objektiven Erkenntnissen. Damit ist sie zum Beispiel von der Kunst abgrenzbar. Bei dieser gibt es einige subjektive Einflüsse und die Ergebnisse sind nicht so eindeutig reproduzierbar.

Die Neuro-Linguistische Programmierung hat sich den Grundsätzen der Wissenschaft unterworfen. Dies bedeutet, dass die Methoden untersucht und nach anerkannter wissenschaftlicher Vorgehensweise erforscht wurden. Dabei gab es die Erkenntnis, dass nicht alle Ergebnisse positiv waren.

Da die Neuro-Linguistische Programmierung sich aber darauf beruht, nach strengen wissenschaftlichen Grundsätzen zu handeln, müssten daraus bestimmte Schlüsse gezogen werden. Methoden und Techniken, die als wissenschaftlich unwirksam eingestuft wurden, dürften eigentlich nicht mehr durchgeführt werden. Oder Sie müssten so angepasst werden, dass Sie nach wissenschaftlichem Erkenntnisstand eine Wirkung aufzeigen.

In der Realität wird dies allerdings nicht konsequent umgesetzt. Techniken, die von der Wissenschaft als nicht wirkungsvoll anerkannt wurden, werden weiterhin angewandt. Dies ist nicht auf die Hartnäckigkeit der Anwender der NLP zurückzuführen, sondern kann in den meisten Wissenschaften beobachtet werden. Bis die wissenschaftlichen Erkenntnisse eine spürbare Wirkung in der Praxis zeigen, können Jahre oder Jahrzehnte vergehen. Dies zeigt sich

in der Medizin genauso, wie in anderen Wissenschaften, bei denen es einige Zeit dauert, bis alte Vorgehensweisen und Gewohnheiten geändert werden.

Zu Ihrer Beruhigung können Sie sich sicher sein, dass alle Techniken, die in diesem Buch angewandt und beschrieben wurden, von der Wissenschaft als wirksam anerkannt wurden. Sie müssen also nicht die Angst haben, dass Sie Techniken erlernt haben, die vielleicht morgen schon als wirkungslos eingestuft würden.

Zweifelhafte Methoden

In den heutigen Lehren der NLP gibt es dennoch Methoden, die von der wissenschaftlichen Seite stark angezweifelt werden. Dies muss nicht heißen, dass diese Methoden komplett unbrauchbar wären, sondern dass diese innerhalb der Wissenschaft umstritten sind.

Eines dieser Konzepte ist die Interpretation von Augenstellungen. Durch die Position der Blickrichtung wird ein bestimmter innerer Vorgang beschrieben. Vielleicht kennen Sie selber die Aussage, dass Menschen, die gerade lügen in eine bestimmte Richtung schauen. In der NLP wird praktisch jeder Blickrichtung eine andere Funktion zugeordnet. Durch die Blickrichtung werden zum Beispiel bestimmte Erinnerungen hervorgerufen, die einen Rückschluss auf das Verhalten zulassen.

Die Augenmuster werden in der Therapie, innerhalb der NLP gerne verwendet, um besser zu verstehen, welche Gedanken gerade im Inneren ablaufen. Viele Anwender begehen hierbei den Fehler, dass Sie den Augen fast schon blind vertrauen. Es können zwar sehr allgemeine Aussagen getroffen werden, die einen Rückschluss der Augen auf die Gedankengänge zulassen, allerdings können diese individuell verschieden sein.

Ein Unterschied liegt schon bei Links- und Rechtshändern vor. Um die individuelle Komponente besser zu verstehen, muss vor der Interpretation eine Kalibrierung durchgeführt werden. Durch die Kalibrierung können die Augenmuster sehr viel genauer interpretiert werden. Die mentalen Vorgänge lassen sich nun einfacher ablesen.

In der Realität wird diese Kalibrierung aber gerade von unerfahrenen Anwendern der NLP unterlassen oder nur unzureichend vorgenommen. Dies führt dazu, dass die Augenmuster nicht korrekt verstanden werden und der Therapieerfolg ausbleibt. Es muss hier also berechtigterweise kritisiert werden, dass die Interpretation der Augenmuster nicht allgemeingültig ist.

Passen Sie sich aber Ihrem Therapiepartner an und lernen Sie, wie seine Augen sich in bestimmten Situationen verhalten, können Sie mit dieser Technik weiterhin sehr gut arbeiten. Gehen Sie dabei nicht nur auf die Augen ein, sondern nehmen Sie die kompletten Sinne wahr. Generell geht es bei der NLP nicht darum, dass Sie eine Technik starr anwenden. Dies wird nur selten zum Erfolg führen. Sie müssen lernen, sich dem Partner anzupassen und die Techniken individuell abzustimmen.

Dadurch kann erklärt werden, dass diese Interpretation der Augen in wissenschaftlichen Untersuchen wenig überzeugend war. Die Wissenschaft kann auf die individuelle Komponente nur wenig Rücksicht nehmen. Sie versucht in einem standardisierten Verfahren die Wirksamkeit zu beweisen oder zu widerlegen.

Ein weiteres Konzept, dass gerne innerhalb der NLP angewandt wird, das ist das Hauptrepräsentationssystem. Hierbei geht es darum, dass anhand der Sprache herausgefunden werden soll, ob es sich um einen visuellen, auditiven oder kinästhetischen Wahrnehmungstypen handelt.

Menschen können die Welt auf verschiedenen Wegen wahrnehmen. Dieses könnten Sie in der Therapie nutzen, um sehr stark mit Bildern, Geräuschen oder Berührungen zu arbeiten. Beim Ankern könnten Sie auf den entsprechenden Typ eingehen und indem Sie das bevorzugte Repräsentationssystem nutzen, können Sie die Anker sehr viel intensiver setzen.
Aus der Theorie der Hauptrepräsentationssysteme geht hervor, dass die Einschätzung des Typus aus der Sprache abgelesen werden kann. Negative Gefühle können je nach Typ unterschiedlich ausgesprochen werden. Der visuelle Typ würde etwas in die Richtung sagen, dass er schwarz sehe. Ein auditiver Typ hingegen beschreibt eher, dass sich eine Idee nicht gut anhöre.

In der Kommunikation können Sie auf solche Hinweise achten. Vielleicht stellen Sie fest, dass Ihr Gegenüber eine Sprache verwendet, die darauf hindeutet,

dass er einem bestimmten Typus zugeordnet werden kann?

Diese Theorie ist allerdings mit Vorsicht zu genießen. In der Neuro-Linguistischen Programmierung wird sie zwar häufig angewandt. Es gibt aber keine wissenschaftlichen Beweise dafür, dass durch Sprachmuster diese Typen zugeordnet werden können. Die psychologische Forschung bestätigt diese Hypothese nicht.

Daher ist dies eine Methode, die Sie kritisch betrachten und nicht einfach blind anwenden sollten. Achten Sie im Gespräch auf besondere Äußerungen, versuchen Sie aber nicht zwingend, Ihr Gegenüber aufgrund des Sprachgebrauchs einem bestimmten Typus zuzuordnen.

Die Kommerzialisierung in der NLP

Die Versprechen der Neuro-Linguistischen Programmierung sind sehr hoch gegriffen. Es wird nicht weniger versprochen, als ein erfolgreicheres und glücklicheres Leben zu führen. Wer würde denn nicht über mehr Erfolg im Leben verfügen und glücklicher werden wollen? Die Aussichten nach einem größerem finanziellen Vermögen und das Leben so zu gestalten wie es einem beliebt, zieht viele Menschen an. Schließlich sind dies Grundziele, die wohl jeder Mensch auf einer gewissen Weise verfolgt. Oder würden Sie sich dagegen wehren, dass Ihr Vorgesetzter Ihnen ein höheres Gehalt auszahlt und gleichzeitig mehr Urlaubstage einräumt?

Diese Versprechen nach einem besseren Leben ziehen ein großes Publikum an. Es gibt eine Vielzahl von Menschen, die diesen Versprechen glauben schenken und durch die Anwendung der Neuro-Linguistischen Programmierung diese Ziele erreichen möchten.

Vielen gelingt es aber nicht, diese Ziele im Selbststudium zu verwirklichen. Sie können sich nicht an die Konzepte heranwagen und haben Probleme damit, diese tatsächlich umzusetzen. Der natürliche Weg ist nun durch die Hilfe eines Coaches die Neuro-Linguistische Programmierung zu erlernen. Dabei werden die Kosten für die Coachings nicht wirklich als ausgegebenes Geld betrachtet, sondern eher als Investition. Viele Coaches versprechen, dass durch die Teilnahme der berufliche Erfolg steigen wird und sich die

Investition innerhalb kürzester Zeit auszahlen würden.
Wenn Sie daran interessiert sind, Coachings im Bereich der Neuro-Linguistischen Programmierung zu besuchen, ist dies sicherlich nachvollziehbar und kann für Sie sinnvoll sein. Sie sollten aber darauf achten, welcher Art von Coach Sie begegnen. Steht bei den Coaches die Wirtschaftlichkeit im Vordergrund und diese möchten durch das Vermitteln der NLP, selber nur so viel Geld wie möglich erwirtschaften, sollten Sie dies kritisch betrachten. Wenn die Wirtschaftlichkeit in den Vordergrund rückt, kann gerne vernachlässigt werden, dass es eigentlich darum geht Menschen zu helfen.

Die Kommerzialisierung der NLP stellt also ein Problem dar. Die marktwirtschaftlichen Aspekte spiegeln leider nicht wider, dass sich die besten Coaches durchsetzen und am erfolgreichsten werden. Ein häufiger Widerspruch ist hierbei der Grundsatz der NLP, dass ein hohes Maß an Selbstkritik vorherrschen muss. Um sehr erfolgreich als Coach zu werden, ist die Selbstkritik aber nicht immer förderlich. Kann die Selbstkritik von außen doch auch als Zweifel anerkannt werden. Von dem Coach wird aber erwartet, dass er in jedem Moment selbstsicher auftritt und weiß, was zu tun ist. Dies steht im Widerspruch dazu, dass bestimmte Techniken bei manchen Personen nicht funktionieren.

Die Kommerzialisierung kann also durchaus als Kritik an der gesamten Umwelt der Neuro-Linguistischen Programmierung ernst genommen werden. So gab es mit der steigenden Popularität einen hohen Zuwachs an Coaches, die vor allem die monetäre Seite im Blick haben.

Über die Effektivität der Neuro-Linguistischen Programmierung sagt dies aber nichts aus. Wählen Sie Ihren Coach gründlich aus und treffen Sie auf jemanden, der ehrlich daran interessiert ist, Ihnen auf Ihrem Weg zu helfen, dann ist NLP weiterhin eine sehr geeignete Methode.

Die fehlende Theorie

Als die Neuro-Linguistische Programmierung in den 1960er Jahren entwickelt wurde, stand vor allem der Praxisbezug im Fokus. Damit sollten die damaligen vorherrschenden Zustände geändert werden, dass die Psychologie sich hauptsächlich mit krankhaftem Verhalten beschäftigte. Während diese

krankhaften psychologischen Merkmale im Fokus der Wissenschaft stand, wurde kaum Forschung über die positiven Eigenschaften der Psychologie angestrebt und welche Kräfte die Menschen ungenutzt lassen.

Dies wird nun als Kritik angenommen und gesagt, dass es kaum eine theoretische Basis für die Erkenntnisse der NLP gebe. So würden die Methoden in der Praxis angewandt werden, ohne dass diese jemals in der Theorie begründet würden.

Für Außenstehende mag dieser Einwand nicht unbedingt nachvollziehbar sein. Schließlich gilt auch in der Medizin oft der Grundsatz, dass genutzt wird, was wirkt. Ob die Wirkung nun in der Theorie bestätigt wurde, scheint für die Menschen unwesentlich zu sein. Wenn diese sich besser fühlen und tatsächlich von der Neuro-Linguistischen Programmierung profitieren, dann sei dies doch schon Beweis genug für die positive Wirkung.
Tatsächlich wäre das Fehlen einer theoretischen Basis ein berechtigter Kritikpunkt. Denn auch wenn die Praxis die Wirksamkeit der Techniken und Methoden untermauern würde, wäre dies im wissenschaftlichen Zusammenhang nicht Beweis genug. In der Wissenschaft gilt der Grundsatz, dass die Praxis von der Theorie begründet wird. Es wird also zunächst die theoretische Grundlage gelegt, welche danach in der Praxis angewandt wird.

In der wissenschaftlichen Definition gibt es einige Voraussetzungen, die eine Theorie erfüllen muss. Sie muss in sich widerspruchsfrei und überprüfbar sein. Dies ist bei der Neuro-Linguistischen Programmierung durchaus ein Problem, da die Überprüfbarkeit von den Probanden abhängt und diese auf die Methoden und Techniken individuell reagieren könnten. Eine Theorie muss zudem unnötige Annahmen vermeiden und Voraussagen ermöglichen.

Diese Voraussetzungen sind in anderen wissenschaftlichen Disziplinen einfacher zu erfüllen, als in der Psychologie. In der Physik oder Chemie werden bei gleichen Voraussetzungen und Versuchsdurchführungen immer gleiche Ergebnisse erwartet. In der Psychologie ist dies durch den Faktor Mensch nicht unbedingt der Fall.

Damit lässt sich auch begründen, dass die Theorie in der Neuro-Linguistischen Programmierung nicht so ausgeprägt ist und eher auf die Praxis Wert gelegt wird. Coaches, die Ihnen zudem eine Erfolgsgarantie bescheinigen

und versprechen, jedes Ihrer Leiden lösen zu können, sollten Sie von vornherein als unseriös betrachten.

Die Neuro-Linguistische Programmierung und die damit verbundenen Techniken und Methoden sind nicht als vollständige Theorie zu verstehen. Vielmehr wird hier ein Werkzeugkasten angeboten, aus denen sich die Probanden und Therapeuten bedienen können. Diese Werkzeuge müssen zum Lösen des Problems geeignet sein und an den Probanden angepasst werden.

Die NLP hat also nicht den Anspruch eine wissenschaftliche Theorie zu begründen, sondern setzt auf den Praxisbezug. Die Erfolge bestätigen insofern, als die NLP über mächtige Instrumente verfügt, die Sie anwenden können. Sie sollten aber nicht davon ausgehen, dass alle Techniken bei Ihnen zu einem Erfolg führen. Hier gilt der Grundsatz, dass Sie nur die Techniken nutzen sollten, die bei Ihnen eine Wirkung zeigen.

Der Verdacht der Manipulation

In den Medien wird oftmals die Angst beschrieben, dass die Neuro-Linguistische Programmierung vor allem ein Werkzeug sei, um andere Menschen zu beeinflussen. Mit bestimmten Techniken könnten diese dazu gebracht werden Handlungen durchzuführen, die eigentlich gegen Ihren Willen seien.

Verkäufer könnten mittels bestimmter psychologischer Tricks Käufer dazu bringen, die Produkte oder Dienstleistungen zu kaufen. Im Berufsleben könnten Sie Ihre sozialen Beziehungen so beeinflussen, dass Sie schneller die Karriereleiter erklimmen und dies ethisch nicht vertretbar sei.

Hierbei steht der Vorwurf im Raum, dass durch die Manipulation Menschen einen Schaden zugefügt wird. Gerade in Verbindung der Kommunikation mit anderen Personen steht der Vorwurf der Manipulation im Raum. Insbesondere die NLP-Techniken des Spiegelns und Führens gelten als gebräuchliche Techniken, um die Gesprächspartner zu manipulieren.

Die Kritik ist insofern berechtigt, als verantwortungslose Personen tatsächlich die Techniken gebrauchen können, um Menschen damit zu beeinflussen. Dies entspricht zwar nicht den ethischen Vorstellungen der Neuro-Linguistischen

Programmierung, letztlich bleibt es den Anwendern aber selbst überlassen, in welchen Situationen Sie die Techniken nutzen.

Das Vermitteln und ein breiteres Wissen über die Techniken der NLP sind in diesem Zusammenhang aber umso wichtiger. Diese Beeinflussungen des Gesprächspartners sind weniger effektiv, wenn dieser über diese Methoden aufgeklärt ist. Besteht ein Grundwissen über die NLP, können die Versuche der Manipulation eher aufgedeckt werden. Das Wissen kann also als Selbstschutz genutzt werden.

Des Weiteren zielt die Technik des Spiegelns nicht darauf ab, das Menschen beeinflusst werden. Es geht vielmehr darum, dass Sie sich in die andere Person besser hineinversetzen können. Indem Sie die gleiche Körpersprache annehmen, können Sie eher die Gefühle wahrnehmen und nachvollziehen, in welcher Situation sich Ihr Gesprächspartner gerade befindet. Indem Sie sich in die Person hineinversetzen und die Gleichen Gefühle wahrnehmen, werden Sie weniger dazu neigen diese zu Ihrem Schaden zu manipulieren.

Zudem muss angemerkt werden, dass diese Techniken nur ein Teilgebiet der Neuro-Linguistischen Programmierung darstellen. Im Kern geht es darum, die eigenen Fähigkeiten zu verbessern und in gewisser Weise, sich selbst so zu manipulieren, dass das volle Potenzial ausgeschöpft wird. Es ist also keinesfalls die Idee hinter der NLP, andere Menschen zu seinen eigenen Gunsten zu beeinflussen. Es wird vor allem zur Selbsttherapie genutzt und stellt wichtige Werkzeuge zur Verfügung, um sich selber zu helfen.

Zudem muss anerkannt werden, dass Menschen auch ohne die NLP über verschiedene soziale Fähigkeiten verfügen. Gerade wenn Sie über ein niedriges Selbstbewusstsein verfügen, sind Sie der Gefahr ausgesetzt, dass Sie von anderen Menschen gegen Ihren Willen manipuliert werden. Durch das Wissen in der Neuro-Linguistischen Programmierung erhalten Sie nicht nur ein größeres Selbstvertrauen, sondern können besser erkennen, wenn Sie gerade von der Gegenseite beeinflusst werden.

Daher ist das Wissen über die NLP und die verschiedenen Weisen der Beeinflussung als defensives Werkzeug zu verstehen. Sie können sich besser zur Wehr setzen und sind den Angriffen anderer Menschen nicht mehr schutzlos ausgeliefert. Dies ist ein wichtiger Bestandteil der Lehre der

Neuro-Linguistischen Programmierung.

Offene Fragen

Die Psychologie ist ein sehr komplexes Gebiet. Wenn Sie sich tiefgründig mit diesem Buch befasst haben, werden Sie die meisten Antworten auf Ihre Fragen schon erhalten haben. Dennoch tauchen im Zusammenhang mit der NLP wahrscheinlich einige Fragen auf. In diesem Abschnitt finden Sie die häufigsten Fragen und Antworten.
Kann die NLP als Ersatz für eine Psychotherapie genutzt werden?

Wenn Sie psychologische Probleme haben, könnten Sie auf die Idee kommen, diese mit der NLP selber behandeln zu können. So könnten Sie versuchen vergangene Traumata eigenständig zu bewältigen. Leiden Sie unter klinisch relevanten psychologischen Problemen, ist immer die professionelle Hilfe eines Therapeuten notwendig. Die NLP und auch kein Coach, kann Ihnen bei schwerwiegenden Erkrankungen helfen. Zu den Erkrankungen gehören zum Beispiel Depressionen, Psychosen oder Phobien. Gerade bei der Depression ist es wichtig, dass Sie sich in Behandlung begeben. Sie können durch die NLP zwar Ihr Leben ein Stück weit verbessern, damit lösen Sie aber nicht die zugrundeliegenden Probleme. Für solche klinischen Gebiete ist die NLP nicht geeignet und Sie sollten einer herkömmlichen Therapie eher vertrauen.

Die Versprechen der NLP kommen sehr übertrieben vor. Ist es wirklich möglich innerhalb weniger Minuten die Geisteshaltung nachhaltig zu beeinflussen?

Normalerweise benötigen Veränderungen eine lange Zeit und viel Arbeit. Gerade wenn es um Gewohnheiten geht, die sich seit vielen Jahren bei Ihnen eingeprägt haben, kann es unvorstellbar klingen, wenn diese Gewohnheiten innerhalb weniger Minuten in Angriff genommen werden.
Die Versprechen, dass innerhalb weniger Minuten Veränderungen garantiert werden, sind allerdings nicht seriös. Bei der Neuro-Linguistischen Programmierung werden keine wundersamen Heilungen durchgeführt. Es handelt sich immer noch um eine komplexe Herangehensweise, um mentale Blockaden zu lösen oder Ziele zu erreichen. Um diese nachhaltigen Veränderungen zu erreichen, sind in der Regel mehrere Interventionen

notwendig. Gerade wenn eine langfristige Veränderung herausbilden soll, ist die langfristige Zusammenarbeit zwingend.

Dennoch kann schon eine einzige Sitzung und Intervention zu einem herausragendem Ergebnis führen. Jeder Mensch nimmt diese Erfahrungen unterschiedlich wahr. Für manche, kann schon die Durchführung einer einzigen Sitzung eine große Veränderung des Lebensgefühls bedeuten. Damit sich dieses aber dauerhaft einprägt, muss nachhaltig daran gearbeitet werden.

Grundlegend für den Erfolg ist auch die Zusammenarbeit zwischen den Gesprächspartnern. Liegen diese nicht auf einer Wellenlänge und ist hier jede Menge Arbeit notwendig, damit diese harmonisch zusammenarbeiten, sind mehrere Sitzungen anzusetzen.

Wie vorher angesprochen, sind Veränderungen bei schwerwiegenden Krankheiten ohnehin nicht zu erwarten. Hier sollten Sie niemanden Vertrauen, der Ihnen verspricht durch die NLP die Depression heilen zu können.
Werden die Probleme überhaupt nachhaltig gelöst?

Eine Frage, die häufig gestellt wird, ist die der Problembewältigung. Ein häufiges Ziel bei der Anwendung der NLP ist das Bewältigen von vergangenen negativen Erfahrungen. Dabei werden Anker genutzt, um die negativen Gefühle zu überlagern und durch neue positive zu ersetzen.

Dies kann zu dem Verdacht führen, dass die Probleme gar nicht grundlegend gelöst, sondern lediglich verdrängt werden. Liegen seelische Probleme vor, kann es aber kaum eine richtige Antwort darauf geben, wie mit diesen umgegangen werden soll.

Das Bewusstsein ist zu komplex, als dass das es hierfür eine „richtige“ Herangehensweise gibt. Bei der NLP werden diese Probleme zudem nicht verdrängt. Ganz im Gegenteil, sie werden durch die Techniken aufgedeckt und durch den Probanden nochmals erlebt. Die Konfrontation mit der Angst oder den vergangenen Erlebnissen ist eine zentrale Komponente der NLP.

Diese Erfahrungen nochmals zu durchleben, ist ein wichtiger

Bestandteil, um diese lösen zu können. Mithilfe der verschiedenen NLP-Techniken wird der Zugang zu diesen Erfahrungen erleichtert. So wird zunächst eine Dissoziation vorgenommen, damit sich der Proband den Ängsten besser stellen kann. Danach wird er immer stärker mit den Problemen konfrontiert.

Erst nach der Konfrontation findet eine Manipulation der Gefühle und der Erfahrungen statt. Es werden also keine einfachen Erlebnisse und Probleme überlagert, sondern diese werden aufgearbeitet und mit anderen Emotionen verknüpft. Ohne die Probleme in das Bewusstsein zu holen, wäre eine Veränderung gar nicht möglich. Die Kritik,

dass Probleme lediglich überlagert würden, ist also unberechtigt.
Modelle wie die der „Subpersönlichkeiten" sind zu abstrakt und wie solle man sich das überhaupt vorstellen?

Einige der hier vorgestellten Methoden und Techniken scheinen auf den ersten Blick sehr abstrakt zu klingen. Wenn Sie davon hören, dass Sie Ihren verschiedenen Subpersönlichkeiten zuhören sollen, werden Sie damit wahrscheinlich gar nichts anzufangen wissen. Genauso könnte es Ihnen schwerfallen, in den inneren Dialog zu treten und als Moderator den verschiedenen Stimmen zuzuhören.

Es sollte Ihnen bewusst sein, dass die Neuro-Linguistische Programmierung keine Realität beschreibt. Es geht hier nicht darum, dass Sie den Anweisungen streng folgen und darauf hoffen, dass diese Sie zum Erfolg führen.
Vielmehr sollen mit den abstrakten Modellen der Subpersönlichkeiten, komplexe Vorgänge erleichtert werden. Rational könnten Sie sich ansonsten wahrscheinlich gar nicht erklären, was es mit dem inneren Dialog auf sich hat. Es gibt allerdings einige komplexe Vorgänge, die bei näherer Betrachtung ähnlich abstrakt sind. Möchten Sie Ihren Arm bewegen, werden eine Vielzahl von Muskeln aktiviert. Das Aktivieren der Muskeln geschieht in Ihrem Unterbewusstsein und allein durch die Kraft Ihrer Gedanken.

Indem Sie sich also in das Bewusstsein rufen, dass Sie eine komplexe Persönlichkeit sind, die über verschiedene Bedürfnisse verfügt, können Sie diese abstrakte Modelle überhaupt erst verstehen. Sie sollten sich darauf einlassen und mit der Zeit werden Sie merken, wie hilfreich diese Vorstellungen überhaupt sind.

Ist jeder Mensch für die Anwendung der NLP geeignet?

Die Anwendung einiger Techniken ist mit einer hohen Vorstellungskraft verbunden. Sie müssen sich in vergangene Erfahrungen wieder hineinversetzen können oder Sie müssen Ihre Gefühle in der Gegenwart mit einer hohen Vorstellungskraft visualisieren.

Gehören Sie zu den Menschen, die Schwierigkeiten haben, sich solche Situationen wieder vor dem inneren Auge vorzustellen? Tatsächlich ist es so, dass die Neuro-Linguistische Programmierung nicht für jeden Menschen geeignet ist.

Eine Grundvoraussetzung ist, dass Sie sich gut konzentrieren können. Leiden Sie unter Konzentrationsstörungen und können sich nicht so gut auf die Situation fokussieren, wird es Ihnen schwerfallen die Übungen erfolgreich zu absolvieren.

Genauso werden Sie nur wenig Erfolg verspüren, wenn Sie Probleme haben, Bilder im Kopf entstehen zu lassen. Fehlt Ihnen die Vorstellungskraft und die Möglichkeit, Bilder vor Ihrem inneren Auge entstehen zu lassen, werden die Übungen kaum von Erfolg gekrönt sein.

Dies muss aber nicht heißen, dass Sie die NLP direkt vergessen sollten. Mit gezielten Übungen können Sie zunächst Ihre Vorstellungskraft verbessern. Sie können zum Beispiel versuchen, Ihre Umgebung ganz intensiv wahrzunehmen. Danach schließen Sie die Augen und rufen sich die Umgebung wieder auf. Mit der Zeit werden Sie merken, dass Ihre Fähigkeiten zur Visualisierung besser werden. Sind Sie mit den Ergebnissen zufrieden, können Sie mit den Techniken der NLP beginnen.

Besteht die Gefahr, dass die NLP von Menschen missbräuchlich genutzt wird?

Wie bereits in der Kritik deutlich wurde, besteht durchaus die Gefahr, dass die Techniken und Anwendungen der NLP von Menschen missbraucht werden, die eigentlich nicht im Sinne dieser Lehre sind. Die Werbung ist ein beliebtes Beispiel, bei welcher durch die NLP immer mehr Leute zum Kauf

angeregt werden sollen. Verkäufer können bestimmte Techniken ebenfalls anwenden, um die Verkaufszahlen zu steigern. Dennoch gibt es wichtige Punkte, die gegen die missbräuchliche Anwendung sprechen und zeigen, weshalb die Lehre der NLP so wichtig ist.

Für die Lehre der NLP spricht, dass es sich dabei um Wissen handelt. Wissen ist zunächst immer positiv zu betrachten und es ist durchaus zutreffend, wenn behauptet wird, dass Wissen auch Macht sei. Dabei besteht die Gefahr, dass Wissen in jeglicher Form missbraucht wird. Physikalisches und chemisches Wissen kann genutzt werden, um Waffen herzustellen. Dennoch ist dieses Wissen positiv zu bewerten und es sollte angestrebt werden, das Verständnis für die Psychologie zu erweitern.

Das Wissen über die NLP kann zudem helfen, die Manipulation zu durchschauen. Wenn die Werbung demnächst wieder das Belohnungszentrum anspricht und Sie vom Kauf überzeugen soll, können Sie diese Verkaufstricks durchschauen. Damit bekommt dieses Wissen nicht nur ein Angriffspotential, sondern auch eine defensive Bedeutung, damit Sie sich schützen können.

Zudem ist der Missbrauch nicht so einfach, wie oftmas angenommen wird. Sie können nicht mit ein paar Körperbewegungen oder Techniken jemanden gegen seinen Willen beeinflussen. Damit Techniken wie das Spiegeln einen Erfolg haben, ist ein hohes Einfühlungsvermögen notwendig. Eine Voraussetzung dafür ist, dass Sie mit dem Gesprächspartner auf einer Wellenlänge liegen. Damit solche Kommunikationstechniken einen Effekt haben, muss also einige Zeit investiert werden. Einfach jemanden praktisch auf Knopfdruck so zu programmieren, dass dieser dem eigenen Willen folgt, ist also unmöglich. Dennoch besteht natürlich die Möglichkeit, dass dieses Wissen missbräuchlich eingesetzt wird.

Dies waren einige wichtigen Fragen, die bei vielen Personen auftauchen, die beginnen sich mit der Neuro-Linguistischen Programmierung auseinanderzusetzen. Damit verfügen Sie nun über die notwendigen Werkzeuge und Instrumente, um Ihr Leben so zu verändern, dass es Ihren Zielen entspricht.

Dabei ist es wichtig, dass Sie langfristig planen und nicht direkt entmutigt sind, wenn es nicht nach Ihren Vorstellungen verläuft. Der Prozess der Verbesserung, damit Sie Ihr volles Potenzial ausschöpfen wird Sie Ihr gesamtes

Leben begleiten und ständig vor neue Herausforderungen stellen.

Mit den hier vorgestellten Methoden können Sie Ihre Potenziale selber verwirklichen und den Zielen näherkommen.

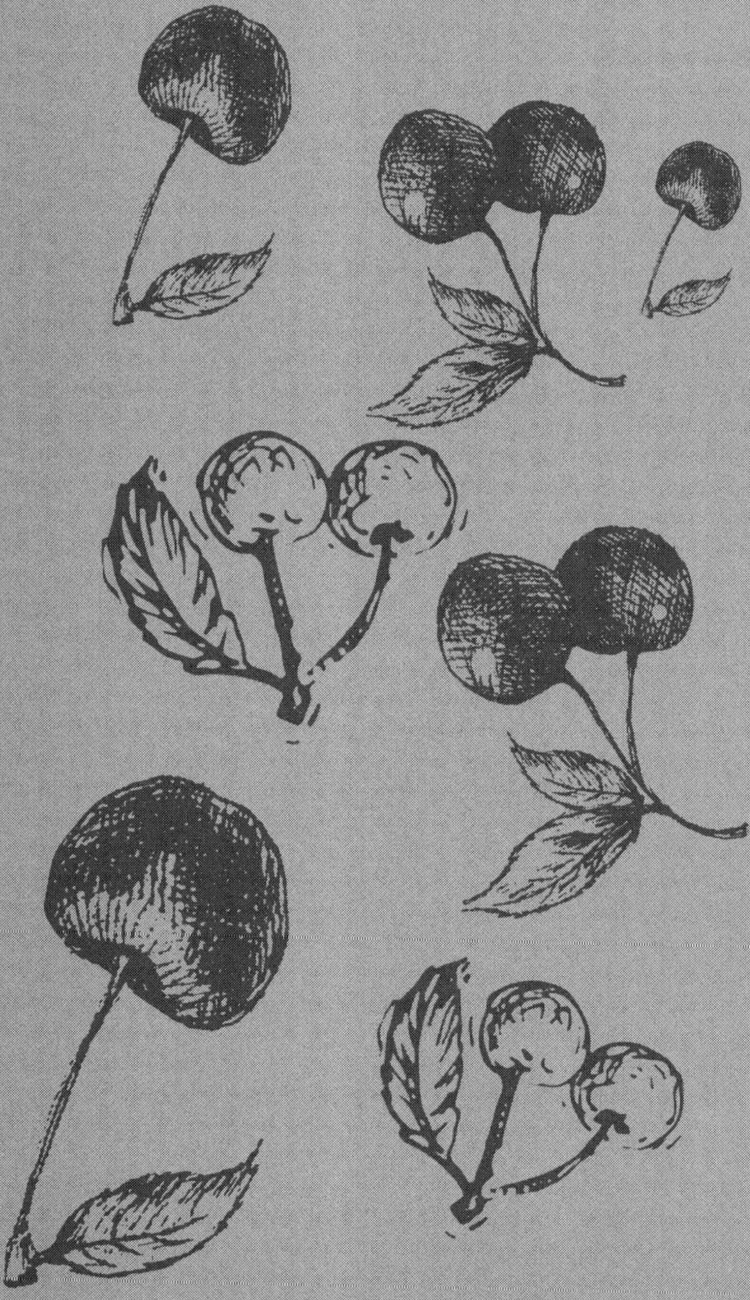

SCHLUSSWORT

* * * * * *

DIE NEURO-LINGUISTISCHE PROGRAMMIERUNG WURDE mit dem Ziel gegründet, einen Gegenpol zur herkömmlichen psychologischen Wissenschaft in den 1960er Jahren zu bilden. Wurden vor allem Krankheiten und Auffälligkeiten in der Psychologie untersucht, gab es keine Richtung, die sich mit der höheren Leistungsfähigkeit des menschlichen Geistes beschäftigte. Dabei liegt schon lange die Erkenntnis vor, dass Menschen nur einen geringen Teil der zur Verfügung stehen Leistung tatsächlich abrufen.

Mit der Neuro-Linguistischen Programmierung sollten diese Potenziale nun abgerufen werden. Dem Geist sollten seine Ängste und Grenzen genommen werden. Dazu haben sich verschiedene renommierte Wissenschaftler und Forscher in Kalifornien zusammengefunden.

Aus dieser nun fast 60-jährigen Geschichte sind einige Erkenntnisse und Techniken hervorgegangen, die Ihnen helfen sollen, Ihre Fähigkeiten besser einzusetzen. Dabei geht es nicht darum, Menschen mit bestimmten Techniken zu manipulieren oder von der eigenen Meinung zu überzeugen. Es geht vielmehr darum, seinen eigenen Geist so zu verändern, dass Sie in der Lage sind Ihre Ziele zu erreichen und glücklicher im Leben zu werden.

Grundlagen dieser Erkenntnisse wurden schon lange vor der Einführung der Neuro-Linguistischen Programmierung erlangt. Dabei ist vor allem die Konditionierung von Hunden ein wichtiger Hinweis darauf, wie das Gehirn beeinflusst werden kann. Eine objektive Realität, scheint es nicht zu geben, sondern diese ist immer von den eigenen Wertvorstellungen abhängig.

Mit diesem E-Book wird Ihnen ein umfassender Überblick über die Neuro-Linguistische Programmierung geliefert. Sie haben Techniken kennengelernt, mit denen Sie Ihre Ängste besiegen können und zuversichtlicher in die Zukunft schauen können. Sie wissen nun, dass der Geist wirklich Berge versetzen kann und das bestimmte Grenzen nur in Ihrem Bewusstsein vorhanden sind.

Eine der wichtigsten Techniken, die Sie verinnerlichen sollten ist das Ankern. Bei dem Ankern können Sie bestimmte emotionale Zustände praktisch abspeichern und zu einem beliebigen Zeitpunkt wieder abrufen. Diese Übungen können Sie im Alltag durchführen und dabei immer darauf hinarbeiten, dass Sie selbstbewusster werden und sich allen Situationen stellen.

Haben Sie gerade ein Erfolgserlebnis gehabt oder sind besonders motiviert, können Sie diese Zustände einspeichern. Dazu führen Sie bestimmte Gesten oder Berührungen durch. Durch das Wiederholen dieser Anker prägt sich das Bewusstsein diese emotionalen Zustände ein. Dies mag auf den ersten Blick ziemlich abstrakt wirken und Sie werden daran vielleicht gar nicht glauben. Das Experiment mit den Hunden zeigt aber schon sehr deutlich, dass das Bewusstsein auf diese Weise beeinflusst werden kann.

Sie werden wahrscheinlich auch über bestimmte Kindheitserinnerungen verfügen, die mit einem Gefühl verbunden sind. Waren Sie im Urlaub am Meer, werden Sie mit dem Geruch des Meerwassers bestimmt eine besondere Erinnerung assoziieren. Diese Erinnerung versetzt Sie unter Umständen in eine Urlaubsstimmung und Sie entspannen sich. Diesen Zustand können Sie auch Zuhause aufrufen. Deshalb sind Souvenirs und Andenken so beliebt. Sie ermöglichen es, die Erinnerungen und emotionalen Zustände des Urlaubs direkt wieder in das Gedächtnis zu holen.

Zu Beginn des E-Books ging es hauptsächlich darum, dass Sie Ihre Ziele finden. Dabei geht es darum, dass Sie wissen, was Sie wirklich im Leben möchten. Für viele Menschen scheint Geld im Mittelpunkt zu stehen. Sie streben nach einer perfekten Karriere und möchten in vielerlei Hinsicht das Geld vermehren.

Geld ist sicherlich ein wichtiges Mittel in der heutigen Gesellschaft. Kann es Ihnen doch einige Möglichkeiten eröffnen und Freiheiten bieten. Studien

zeigen allerdings, dass Geld alleine nicht glücklich macht. Gerade wenn Sie bereits über ein sehr solides Einkommen verfügen und sich keine Sorgen mehr über Ihre Grundbedürfnisse machen müssen, ist es an der Zeit andere Ziele zu verfolgen. Der persönliche Nutzen des Geldes nimmt ab, je mehr Sie bereits besitzen.

Bei der kurz- und mittelfristigen Zielsetzung kommt es also darauf an, wo Sie gerade stehen. Sind Sie jung und noch in einer Findungsphase, dann wird es vernünftig sein, wenn Sie sich für einen Weg entscheiden, bei dem Sie eine finanzielle Sicherheit erreichen. Dabei sollten Sie immer Ihre eigenen Werte betrachten und hinterfragen, ob Ihre Ziele mit diesen Werten übereinstimmen.
Entstehen Konflikte und Sie merken, dass Ihre Karriere oder Ihre eigentlichen Zukunftspläne nicht mit Ihren Werten übereinstimmen, werden Sie es schwer haben ein glückliches Leben zu führen. Selbst wenn Sie sehr viel Geld verdienen würden, wären Sie nicht glücklicher.

Wenn Sie sich die Maslow'sche Bedürfnispyramide vor Augen halten, dann wird wahre Zufriedenheit nur über die Selbstverwirklichung erreicht. Haben Sie Ihr ganzes Leben so verbracht, dass dies im Widerspruch zu Ihren Werten steht, werden Sie die Selbstverwirklichung nur noch schwer erreichen können.

Es mag zwar sehr kompliziert klingen, aber Sie sollten sich in jedem Moment im Klaren darüber sein, dass Sie ein großes Lebensziel haben, dessen Sie alle anderen Ziele unterordnen. Egal welches „Lebenswerk“ Sie vollbringen möchten, jede Tätigkeit von Ihnen sollte Sie in irgendeiner Weise diesem Ziel näherbringen.

Die Neuro-Linguistische Programmierung ist also nichts weniger als die Bereitstellung von Werkzeugen, damit Sie sich Ihrem Ziel bewusst werden und diesem näherkommen.
Um die Ziele zu erreichen, benötigen Sie vielmals die Unterstützung von anderen Personen. Das Leben als Einzelkämpfer zu verbringen mündet nicht nur in einer Einsamkeit, sondern ist in vielen Bereichen mit zusätzlichen Schwierigkeiten verbunden. Menschen sind soziale Wesen und die Interaktion ist notwendig, um ein erfülltes Leben zu verbringen.

Dabei gehört die Beziehung mit dem Partner genauso dazu, wie enge Freundschaften und entfernte Bekannte. Haben Sie sich mit den Theorien und Techniken der Neuro-Linguistischen Programmierung auseinandergesetzt, sollten Sie zwar Ihre Energie dafür einsetzen, Ihre Ziele zu erreichen, aber die zwischenmenschlichen Kontakte dürfen nicht vernachlässigt werden. Nicht jedem Menschen fällt es jedoch leicht, Kontakte und Freundschaften zu knüpfen. Während manche Personen anscheinend spielend leicht mit neuen Bekanntschaften umgehen, haben andere Menschen es deutlich schwerer, aus sich herauszugehen. Sie können sich nicht so stark öffnen und werden als schüchtern bezeichnet.

Soziale Fähigkeiten sind aber weiterhin sehr stark gefragt. Gerade im Berufsleben sind diese Fähigkeiten teilweise mehr Wert, als das eigentliche Fachwissen. Lernen Sie nicht, sich gegen die Kollegen zu behaupten oder schaffen Sie es nicht, einen positiven Eindruck zu vermitteln, werden Sie schnell übergangen, wenn es um die nächste Beförderung geht. Nicht jeder Mensch wird mit den gleichen Fähigkeiten geboren und wenn Sie es in jungen Jahren noch nicht gelernt haben, mit diesen sozialen Situationen zurechtzukommen, dann können Sie die Techniken der Neuro-Linguistischen Programmierung nutzen.

Personen, denen nachgesagt wird gut im Umgang mit anderen Menschen zu sein, wenden diese Techniken vielleicht unbewusst an. Sie können diese nach dem Lesen dieses E-Books ebenfalls nutzen.

Für jede Form der Kommunikation ist das Vertrauen die Basis. Ist kein Vertrauen vorhanden, können sich Freundschaften nicht formen und Sie werden sich nicht öffnen. Sie oder Ihr Gegenüber haben die Angst, dass die Kommunikationsinhalte zum Nachteil genutzt werden, wenn kein Vertrauen vorhanden ist. Schließlich zeigen Sie auch Schwächen und Sie möchten nicht jeder Person eine Angriffsfläche bieten.

Um Vertrauen aufzubauen, hilft die Technik des Spiegelns. Hierbei nehmen Sie eine ähnliche Grundhaltung wie Ihr Gesprächspartner an. Sie schauen, ob dieser zum Beispiel eher aufgeschlossen ist und eine Nähe aufbaut oder ob zunächst noch eine Distanz vorhanden ist. Indem Sie eine ähnliche Körperhaltung und Sprechweise übernehmen, vermitteln Sie das Gefühl, dass Sie sich ähnlich sind.

Durch das Anwenden dieser Technik werden Sie aber nicht direkt zu besten Freunden. Ein weit verbreiter Irrglaube ist, dass die Neuro-Linguistische Programmierung zur Manipulation genutzt werden kann und dies der Hauptzweck dieser psychologischen Richtung sei. Allerdings sind diese Kommunikationsregeln nur ein sehr kleines Teilgebiet.

Zudem benötigen Sie weiterhin sehr viel Zeit, um das Vertrauen aufzubauen. Es bringt auch nichts, wenn Sie sich zu stark verstellen. Dies wirkt unnatürlich und kann von Ihrem Gegenüber sehr schnell durchschaut werden. Bei beliebten Techniken wie dem Spiegeln geht es also eher darum, dass Sie wissen, wie Sie sich in solchen sozialen Situationen am besten verhalten können.

Ihre eigene Persönlichkeit und Ihre Werte sollten zu jedem Zeitpunkt, weiterhin eine wichtige Rolle spielen. Am Beispiel der Kommunikationsregeln zeigt sich, dass es bei der Neuro-Linguistischen Programmierung darum geht, die eigenen Potenziale so gut es geht zu nutzen. So lernen Sie, was im Rahmen der Kommunikation von Ihnen erwartet wird, um eine Freundschaft aufzubauen.

Es ist also nicht möglich, dass Sie praktisch wie in Hypnose bestimmte Techniken oder Handgriffe anwenden und Ihr Gesprächspartner gegen seinen Willen handelt. Indem Sie mehr Selbstbewusstsein aufbauen, lernen Sie sich besser durchzusetzen und können Ihre Qualitäten viel besser im Berufsleben beweisen.

Menschen werden durch Erfahrungen geformt. Aus den Erfahrungen resultiert die Erkenntnis, dass jede Person individuell ist und einen anderen Charakter hat. Die Vergangenheit kann Sie zu einem optimistischen und frohen Menschen geformt haben oder Sie haben unter Ängsten zu leiden.

Ängste und Phobien hindern Sie daran, Ihre volles Potenzial nutzen zu können. Sie verschwenden Energie in Ihrem Alltag, um die Konfrontation mit der Angst zu vermeiden. Dies bedeutet, dass diese Energie nicht mehr zur Verfügung steht, um Ihren eigentlichen Zielen näherzukommen.

Die Neuro-Linguistische Programmierung bietet Ihnen die Möglichkeit, solche Ängste und Phobien aufzuarbeiten. Sie können sich mittels

der vorgestellten Techniken, behutsam der Angst nähern und diese durch positive Emotionen anders wahrnehmen. Das Reframing gehört mit dem Ankern und Spiegeln zu den Grundtechniken, die Sie beherrschen sollten.

Denn die Wahrnehmung ist immer subjektiv und wenn Sie eine Situation mit einer negativen Erfahrung verbinden, können Sie diese im Nachhinein ändern. Dies ist zugleich eine weitere Erkenntnis, die die Neuro-Linguistische Programmierung liefert. Die Vergangenheit ist kein abgeschlossener und unveränderlicher Zeitraum. Obwohl Sie das Ereignis und die Geschehnisse an sich nicht mehr ändern können, haben Sie immer noch einen Einfluss auf die Wahrnehmung.

Mit der Technik des Reframings können Sie Ihre Wahrnehmung so ändern, dass diese keine Belastung mehr für Sie darstellt. Dennoch ist diese Selbsttherapie mittels der Neuro-Linguistischen Programmierung mit Vorsicht zu genießen. Kleine Ängste und Gewohnheiten können Sie versuchen zu verändern. Möchten Sie mit dem Rauchen aufhören, können Sie die Ansätze der Neuro-Linguistischen Programmierung ebenfalls nutzen, um eine andere Wahrnehmung zu erhalten.

Leiden Sie allerdings unter sehr starken Angstzuständen, sollten Sie sich in eine professionelle Therapie begeben. Durch die falsche Anwendung der NLP-Techniken, setzen Sie fehlerhafte Anker, die unerwartete Auswirkungen haben können.

Generell gilt der Grundsatz, dass die Neuro-Linguistische Programmierung mächtige Werkzeuge bietet. Dies bedeutet, dass Sie sehr verantwortungsvoll damit umgehen sollten. Sowohl bei der Anwendung an sich selber, als auch bei der Unterstützung anderer Personen. Sie sollten sich mit den Grundlagen und Hintergründen gründlich befassen, bevor Sie die Techniken anwenden.

So mächtig diese Werkzeuge sind, so sehr kann das Wissen darüber nützlich sein, wenn Sie selber der Gefahr ausgesetzt sind beeinflusst zu werden. Befinden Sie sich in einer Karriere, bei der die Kommunikation eine hohe Bedeutung hat, dann werden Sie schnell merken, welche Personen Sie versuchen in eine Richtung zu beeinflussen. Indem Sie die Werkzeuge kennen, können Sie sich der Beeinflussung entziehen und sich ein eigenes Urteil bilden.

Dennoch ist die Neuro-Linguistische Programmierung nicht für jede Person geeignet. Haben Sie dieses Buch gelesen und können Sie mit den vorgestellten Übungen nicht viel anfangen, dann kann dies daran liegen, dass es Ihnen an bestimmten Fähigkeiten mangelt. Damit die Techniken zur Selbsttherapie erfolgreich sind, benötigen Sie eine hohe Vorstellungsgabe. Sie müssen sich Bilder ausmalen und diese mit Emotionen verbinden.

Fällt es Ihnen schwer, sich diese Bilder vorzustellen oder können Sie sich nicht richtig öffnen, um die Emotionen zuzulassen, sollten Sie zunächst daran arbeiten. Erst wenn Sie sich wohlfühlen und öffnen können, ist es Ihnen möglich die Emotionen tatsächlich zu spüren. Sie sollten zudem die Übungen vorurteilsfrei angehen. Auf den ersten Blick mag es für jeden Außenstehenden befremdlich wirken, wenn Sie erfahren, dass Sie über verschiedene Persönlichkeiten verfügen. Dann noch mit diesen Persönlichkeiten zu kommunizieren wirkt erst recht merkwürdig.

Genauso merkwürdig würden Sie aber auch das Verhalten der Hunde betrachten, denen beim Läuten der Glocke das Wasser im Munde zusammenläuft. Psychologie ist ein sehr komplexes Gebiet und deshalb dauert das Studium einige Jahre. Therapeuten benötigen zusätzliche Jahre und Praxiserfahrung, um mit Patienten arbeiten zu können.
Damit sollte Ihnen klar sein, dass auch bei der Neuro-Linguistischen Programmierung nicht immer Erfolge in kürzester Zeit eintreten werden. Sie müssen zunächst einige Zeit investieren, um die Grundlagen zu verstehen und später anwenden zu können.

Wenden Sie sich an Coaches, die Ihnen Erfolge innerhalb weniger Sitzungen versprechen, sollten Sie sehr vorsichtig sein. Mit der steigenden Popularität dieses Teilgebietes gibt es immer mehr Menschen, die vor allem die kommerzielle Seite ausnutzen möchten. Vertrauen Sie Ihrem eigenem Instinkt und wenn ein Angebot schon zu gut klingt, sollten Sie davon wahrscheinlich Abstand nehmen.

In diesem Sinne bietet die Neuro-Linguistische Programmierung eine sehr gute Grundlage und einige wichtige Werkzeuge, mit denen Sie ein erfülltes und glückliches Leben führen können. Sie haben sich wichtige Ziele im Leben gesetzt und das notwendige Wissen, um diese zu erreichen.

Einschränkungen des Geistes sind Illusionen, die Sie zu Ihren Gunsten verändern können. Die Neuro-Linguistische Programmierung hilft Ihnen, Ihr volles Potenzial zu entfalten und dieses Angebot sollten Sie annehmen und lebenslang nutzen. So können Sie sich selbst verwirklichen und eine tiefgründige Zufriedenheit empfinden.

Ihr NLP Quiz

Testen Sie Ihr Wissen und stellen Sie sicher, dass Ihr Fachwissen zum Thema Neurolingusitisches Programmieren on-point ist! mit unserem Online - NLP Test.

Scannen Sie jetzt einfach den QR Code oder öffnen Sie die unten angeführten Website.

https://link.cherrymedia.de/NLP2QUIZ

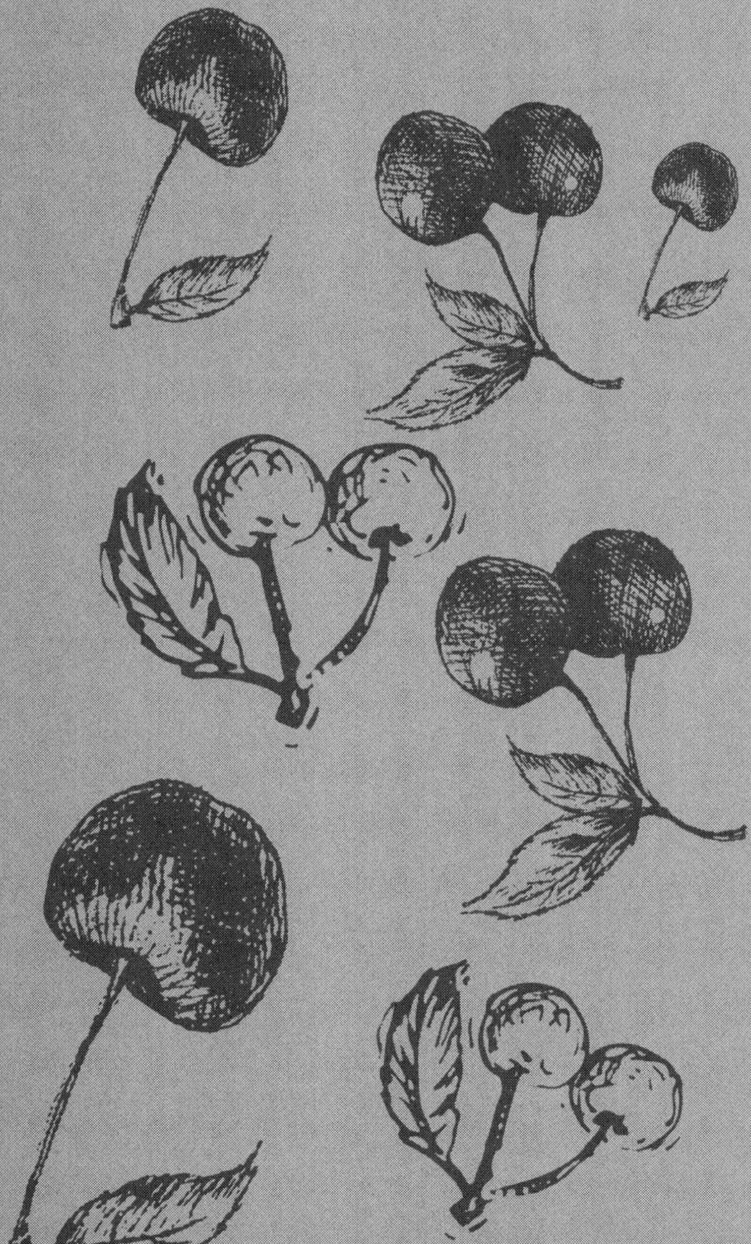

Zugangscode - Kostenfreies e-Book

Gehen Sie auf **https://link.cherrymedia.de/EPUB** und geben Sie Ihren Zugangscode ein um Ihr kostenfreies e-Book herunterzuladen.

T1R5-9JK2-WD43

Index

A

B

C

I

K

L

M

N

O

P

R

S

T

V

W

Z

Printed in Poland
by Amazon Fulfillment
Poland Sp. z o.o., Wrocław

50212082R00119